国家哲学社会科学成果文库

NATIONAL ACHIEVEMENTS LIBRARY
OF PHILOSOPHY AND SOCIAL SCIENCES

古希腊铭文辑要

张 强　译注

中华書局

张　　强　　1960 年生，河北滦县人。东北师范大学世界古典文明史研究所教授、博士生导师。兼任西文版《世界古典文明史杂志》(JAC) 主编，中国世界古代中世纪史研究会副会长。主要从事西方古典文献的整理与教学工作，发表《西方古典文献学的名与实》《西方古典文献早期写本的行款》《西方古典著作的稿本、抄本与校本》等文。

《国家哲学社会科学成果文库》
出版说明

　　为充分发挥哲学社会科学研究优秀成果和优秀人才的示范带动作用,促进我国哲学社会科学繁荣发展,全国哲学社会科学规划领导小组决定自 2010 年始,设立《国家哲学社会科学成果文库》,每年评审一次。入选成果经过了同行专家严格评审,代表当前相关领域学术研究的前沿水平,体现我国哲学社会科学界的学术创造力,按照"统一标识、统一封面、统一版式、统一标准"的总体要求组织出版。

全国哲学社会科学规划办公室
2011 年 3 月

目　　录

三　希腊化时代

CONTENTS

Part III   Hellenic Period

Appendixes

叙　　例

　　甲、本书所举铭文从古代希腊历史之分期，排序从原刻的刻勒年代；复刻者视铭文内容而定，如"德拉古法"。

　　乙、希腊铭文本无标题，后人追题，或因发现地而名，如"帕罗斯碑"（Marmor Parium）；或据铭文的内容而定，如"雅典帝国币制法令"（Athenian Decree enforcing the use of Athenian Coins, Weights, and Measures）。本书所据底本之篇名，汉译有所改动；无追题者，为自拟，如"迪普隆陶罐"（西文目录篇名带星号者）。中文目录篇名带星号者为已刊译注，本书复录多有补正。

　　丙、题解项除铭文的发现地、藏地、所据底本外，主要介绍相关的历史背景，兼及全篇的简析。

　　丁、西文校勘符号从莱顿体例（Leidener Klammersystem，详见附录1），本书据中文惯例略有改动，具体标识如次：

　　□根据原刻所能确定之缺失字母个数者，一字母一"□"。十个字母以上附注说明。

　　▨ 缺失字母个数不确者。

　　⊠ 可辨识之字母个数者，一字母一"⊠"。十个字母以上附注说明。

　　上述符号另视原刻现状分别组合使用，如"□▨""□⊠""▨⊠"或"□▨⊠"等。凡两行以上者从略，附注说明。

　　［ ］内容为校勘拟补者。因中文文字异于字母文字，汉译无法逐一对应标出，校勘审定者亦同。

　　〈 〉内容为审定者。

　　戊、缺文拟补，差异间见层出。本书仅据所选底本迻译，出入较大者附注说明。

　　己、西方古典文献均援据《洛布古典丛书》；铭文辑录、辞书等按西文缩略之惯例，取大题实词的首字母或仅标注著作者名的首字母（见附录 2）。

　　庚、为方便计，本书所附希腊文为拉丁化形式（附录 4 除外）。字母"η"转作"ē"，"k"作"c"，"ω"作"ō"。以"-os"结尾的希腊人名，西方语文惯与"-us"结尾的拉丁人名混用。本书从希腊文音译，如"Demetrios"，作"德莫特里奥斯"，"Leostratos"作"莱奥斯特拉托斯"。除"约定俗成"者外，非常用地名、神名等专名亦据此法迻译。

导　言

古希腊语中，铭文作"epigraphē"，系由介词"epi"（在…之上）与名词"graphē"（书文）复合而成，指的是陶、金属、石灰石或大理石等硬质载体上的刻文以及书写在陶器上的字母文字[1]。

作为希腊字母文字起源的重要史料，已知最早的希腊铭文为古风时代的器物铭，时在公元前 8 世纪中晚期。因铭文定年的差异，有关字母文字起源的讨论复见"公元前八世纪早期说"[2]与"公元前八世纪中期说"[3]。更早的年代则以假设为前提，认为草纸、兽皮或木片作为文字的载体似应始于公元前 850 年前后[4]。如果说草纸与腓尼基字母同时传入希腊的话，书写材料初为草纸的推论却也不无道理[5]。但是，鉴于草纸的易腐特性，已发现的实物中，最早的遗存也只是公元前 5 世纪晚期的残篇[6]。目前，较为普遍的观点认同"公元前八世纪中期说"，亦即古风时代[7]的起始年代。

---

[1]　希腊语的起源可追溯到迈锡尼时代的线文乙，但就语言的连续性及其传播的范围而论，刻勒在泥板上的线文乙并不属于铭文学的研究范畴。参见 A.G.Woodhead, *The Study of Greek Inscriptions*, Cambridge：Cambridge University Press, 1981, p.12。

[2]　*OCD³*, 2003, p.66.

[3]　*LSAG*, pp.11−21.

[4]　J.B.Bury and Russell Meiggs, *A History of Greece*, London−Basingstoke：The Macmillan Press LTD, 1975, pp.520−521, n.107.

[5]　相关讨论，详见拙文《西方古典文献早期写本的行款》,《外国问题研究》2016 年第 2 期，第 14−15 页。

[6]　Martin L.West, "The Oldest Greek Papyrus and Writing Tablets：Fifth−Century Documents from the 'Tomb of the Musician' in Attica", *ZPE* 180(2012), pp.1−16.

[7]　已知最早铭文的定年不同，亦影响到古风时代的定年，也有着"公元前八世纪早期说"与"公元前八世纪中期说"。

不唯字母文字的滥觞肇迹,希腊文明的演进历程均可见诸铭文资料;从刊布的法律、法令、账目到墓志铭、题献、随意刻勒等,与时人的政治、文化、宗教、经济以及日常生活息息相关,无一不承载着历史的瞬间。正如法国著名历史学家、铭文学家 L.罗贝尔(1938 年—1984 年)所言,"……或可把希腊、罗马的历史视为一种'铭文文明'"①。

发端于希腊古风时代的这种"铭文文明",形同中国的青铜器文明,早期也经历过所谓的"简铭期"。其时的铭辞简短,传世者少,初为器物铭,残泐且漫漶多见。作为断代的重要依据,铭文字母的书体因地、因时而各有不同,差异间见;铭文的行款则先右书(显然亦受腓尼基的影响)而牛耕刻写法,经左书而定式作行列布局。在西方古典文献学研究中,述及写本行款的沿革势必要借助早期铭文方可推断其可能的形态②,而作为"第一手资料"与传世抄本相比,在校勘实践中铭文的"他校"意义往往更大。"萌生"(此即英语中所谓的"archaic")于这一时期的法律、法令以及盟约等铭辞亦见证了希腊城邦的发展以及邦际间的互动。随着雅典的崛起,古典时代的文化成就显赫,民主昌盛,以石刻为主的铭文也进入"长铭期",数量上亦以雅典为最。其中,雅典相继出台的诸多帝国法令补苴了文献记载的阙如。希腊化时代,亚历山大大帝对波斯帝国的征服加速了东西方的交往,小亚、黑海等地的遗存极大丰富了这一"过渡时代"的历史记录,现存铭文的多样性反映出希腊文化的影响以及希腊文化与当地文化的融合。

据统计,现存希腊铭文的数量约在十万上下③,大致可分为"官刻"(public inscriptions)与"私刻"(private inscriptions)两大类:"官刻"指的是法律、法令、建筑账目、拍卖公告等与公共事务相关的记录;与此相对的"私刻"包括墓志铭、契约、祈愿或还愿题献等关乎个人行为的铭辞④。比较而言,流传下来的铭文多为私刻。以雅典为例,铭文遗存约计两万,其中墓志铭过半,各种题献亦

---

① Louis Robert,"Les épigraphies et l'épigraphie grecque et romaine",in *L'histoire et ses méthodes*,*Encyclopédie de la Pléiade*,1961,p.454.

② 参见《西方古典文献早期写本的行款》,第 14—18 页。

③ Adele Scafuro,"Keeping Record,Making Public:The Epigraphy of Government",in Hans Beck(ed.),*A Companion to Ancient Greek Government*,John Wiley & Sons,2013,p.401.

④ A.G.Woodhead,*The Study of Greek Inscriptions*,pp.35-36.

逾数千①。

在西方古典学界，官刻被视为档案的一种保存形式，一种公共记录，但对城邦、德莫抑或部落所刊布的这种公共记录是否自底本出、底本是否归档、档归何处、始藏于何时等诸多问题的进一步追问，则因相关史料的匮乏、零乱而新论迭出。大体上讲，公共记录的出现、藏地与数量盖与城邦文明的发生、发展相始终，如前所述，其载体在刊布前应为草纸或书板，决议成文后保存在公民大会所在地、议事厅或神母殿（Metroon）。例如，公元前 409/408 年复刻德拉古法的明文规定（铭文 14），该法中"有关凶杀的法律将由法律司书——继从王者执政官处得该法后——会同议事会司书勒石刊布，并置于王者执政官官署前"。"继从王者执政官处得该法后"句表明，德拉古法应抄写在草纸或书板上，保存在"王者执政官处"。提洛岛的规定更加明确，"市场管理者继把判决刻写在书板上或完成其余记录后，须交与议事会存档（dēmosion）"②。该部法律颁布于公元前 235 年至前 200 年之间，在议事会存档当时似已成定制，流传下来的官刻也似应源自业已通过的文本③，但也并非照搬全刻，有时也只是摘录其中的部分内容④。尚需指出的一点是，有关古希腊官方记录的相关讨论多以雅典史料为据，所得结论也各有见地。在后来的罗马，法律与元老院的决议（senatus consulta）度置于国库（aerarium）、备案后方能生效却是不争的事实⑤。

在古代希腊，以石刻为主的官刻多见于神庙、圣地、大型建筑、广场以及剧场等所谓的"公共空间"，其作用形同现今之公告；另外，作为垂诸久远的公共记录，勒石刊布的法律、法令、建筑支出等政务信息亦间接地反映出城邦公开、

①　Adele Scafuro, "Keeping Record, Making Public: The Epigraphy of Government", p.401.

②　*IG* XI, 3, 509, p.8.

③　有关公共记录的相关讨论参见 A. L. Boegehold, "The Establishment of a Central Archive at Athens", *American Journal of Archaeology*, Vol.76, No.1 (Jan., 1972), pp.23-30; "Andokides and the Decree of Patrokleides", *Historia: Zeitschrift für Alte Geschichte*, Bd.39, H.2 (1990), pp.149-162; James P. Sickinger, *Public Records and Archives in Classical Athens*, Chapel Hill: University of North Carolina Press, 1999; John K. Davies, "Greek Archives: From Records to Monument" in M. Brosius (ed.), *Ancient Archives and Archival Traditions: Concepts of Record-Keeping in the Ancient World*, 2003, pp.323-343。

④　Louis Robert, "Les épigraphies et l'épigraphie grecque et romaine", p.459.

⑤　F. Millar, "The Aerarium and Its Officials under the Empire", *The Journal of Roman Studies*, Vol.54, Parts 1 and 2 (1964), pp.33-35.

透明的运行机制,如本书所举的《雅典殖民萨拉米令》(铭文 29)以及《埃莱赫塞奥斯神庙建造账目》(铭文 57)等。历史上,最早措意铭文价值的盖为西方"历史鼻祖"希罗多德。在其所著的九卷本《历史》中,希罗多德直接征引或转述的铭文凡二十处[1],范围包括希腊本土以及吕底亚、巴比伦尼亚、波斯、埃及,其中三则可与已发现的铭文相互印证,例如本书中的《科林斯阵亡将士墓志铭》(铭文 35)、《普拉提亚大捷谢恩柱》(铭文 36)。至于希罗多德征引的铭文是其亲历所见还是"道听途说"当作别论,但可以肯定的是,从希罗多德起官刻与私刻均已作为历史记录而为时人所关注。继希罗多德之后,修昔底德的史著中也常常征引或述即铭文资料[2],公元 2 世纪的旅行家保桑尼阿斯在游历希腊期间,对所见铭文与遗迹描述得更加详尽[3]。但他对铭文所记并非盲目采信,也时有辨析与正误[4]。

在漫漫历史长河中,遍布希腊世界的官刻与私刻经水火兵燹多已残泐或被移作他用,更多的则消失殆尽或仅见于文献记载。在近代欧洲,对古典铭文的广泛辑录始于意大利文艺复兴时代。在众多古物收藏家、旅行家、商人、外交家中,意大利人文主义学者奇里亚科(Ciriaco de´Pizzicolli,1391 年—1452 年)是早期铭文收集者之一。在经商过程中,他先后游历意大利南部、希腊、埃及以及近东地区,所录希腊、拉丁铭文数以千计,辑有六卷本《碑铭经眼录》(Commentarii),后因火灾失传。从现存部分笔记和抄本可以得见,奇里亚科当时采用的方法是如实临摹原刻字母的正书与反书及其行数[5]。继奇里亚科之后,收藏家在很长一段时期依旧不加区分地把希腊语与拉丁语碑刻一同在博物馆展陈或结集出版,历史学家也很少把铭文视为可信的史料加以利用[6]。

---

① 详见希罗多德《历史》:I,51.3-4,93.3,187;II,102,106,125.6,136.4,141.6;III,88.3;IV,14.3,87.1,88.1,88.2,91;V,59-61,77;VII,30.2,228;VIII,22,82.1。

② 详见修昔底德《伯罗奔尼撒战争史》:I,132.1-3,134.4;II,43.3;III,57.2;IV,118.1-4,119.2;V,18-19,23.1-5,24.1,47;VI,54.6-7,55.1,6.55。

③ 详见保桑尼阿斯《希腊游记》:I,13.8,34.4,35.8,41.2;II,9.7,23.6;IV,33.6;V,6.6,10.7,15.10;VII,6.5;IX,3.3;X,28.7。

④ Helène Whittaker,"Pausanias and his Use of Inscriptions",*Symbolae Osloeses*,Vol.LXVI(1991),pp.177-179.

⑤ S.Chabert,"Histoire Sommaire des Etudes d'Epigraphie grecque en Europe",*Revue Archéologique*,Quatrième Série,T.5(Janvier-Juin 1950),p.296.

⑥ Peter Liddel and Polly Low,eds.,*Inscriptions and Their Uses in Greek and Latin Literature*,Oxford:Oxford University Press,2013,pp.2-9.

直至意大利诗人、史家 S.马费伊(1675 年—1755 年)在其所著的《石刻文分类要义》(*Ars Critica Lapidaria*)一书中才对希腊铭文与拉丁铭文做出了区分,并引起意大利学界对研读古希腊语的关注;在用拉丁语、意大利语、法语撰写的出版希腊、拉丁铭文汇编计划书中,马费伊进一步阐述了铭文研究作为独立学科的发展①。至 19 世纪,德国古典学家 A.伯克(1785 年—1867 年)的理论与实践最终使铭文研究成为专门之学,铭文作为基础资料在历史研究中也得以采信。

　　伯克自幼即受到良好的家庭教育,及长专注神学,后受 F.A.沃尔夫(1759 年—1824 年)的学术影响转做古代希腊研究。伯克于 1817 年出版的四卷本《雅典国家财政》一书在充分利用文献资料和已知铭文的基础上,通过历史叙述方法"第一次使近代的人们了解一个古代国家的日常生活"②。也正是在撰著《雅典国家财政》的过程中,伯克更加意识到传世铭文作为史料的价值所在。1822 年,他上书柏林普鲁士皇家科学院,建议出版一套希腊铭文汇编,并得到立项支持。在建议中,伯克除了强调铭文研究的重要性外,还制定了相应的整理规则③。1825 年,《希腊铭文集》(*CIG*)第一分册出版;最终成书的四卷本中,前两卷由伯克编撰,第三卷由 J.弗朗兹(1791 年—1865 年)编撰,至 1859 年 E.库尔提乌斯(1814 年—1896 年)与 A.基希霍夫(1826 年—1908 年)完成了第四卷的编撰工作,H.勒尔(1839 年—1899 年)负责整理的全书索引于 1877 年出版。尽管《希腊铭文集》出版伊始即引发了德国学界的门派之争,但其学术地位却是不容置疑的。伯克所确立的按区域分类、仅著录希腊铭文的编撰体例及研究方法则标志着铭文学的诞生。

　　从 1860 年起,基希霍夫接续《希腊铭文集》的整理;在维拉莫威兹(1848

---

　　①　A.M.Pastorino,"Maffei,Francesco Scipione",in *Brill's New Pauly*,*Supplements*,*A Biographical Dictionary*,eds.by P.Kuhlmann and H.Schneider,Leiden-Boston:Brill,2014,pp.386-388;S.Chabert,"Histoire Sommaire des Etudes d'Epigraphie grecque en Europe",*Revue Archéologique*,Quatrième Série,T.5(Janvier-Juin 1950),p.296.

　　②　[英]乔治·皮博迪·古奇著,耿淡如译:《十九世纪历史学与历史学家》(上),北京:商务印书馆,1989 年,第 116 页。

　　③　A.Boeckh,*Notitia Corporis Inscriptionum Graecarum sumptibus Academiae Borussicae edendi*(15.Juli 1822),in A.Harnack,*Geschichte der koeniglich preussischen Akademie der Wissenschaften zu Berlin*.Zweiter Band:*Urkunden und Aktenstuecke zur Geschichte der koeniglich preussischen Akademie der Wissenschaften*,Berlin 1900,419-420(Nr.200).

年—1931 年)负责期间(1902 年—1931 年),《希腊铭文集》更名作《希腊铭文》(IG),并使其成为古典学研究最重要的史料集之一。作为柏林-布兰登堡人文与自然科学学院(即原来的柏林普鲁士皇家科学院,1992 年更名)的科研项目,《希腊铭文》迄今已出版 63 册(其中一些已出第三版),涵盖了巴尔干半岛及周边地区已发现的铭文遗存。

与拉丁铭文相比,希腊铭文的辑录相对分散。除《希腊铭文集》外,最新发现的铭文多见于《希腊铭文补编》(SEG)以及《希腊研究杂志》(Revue des études grecques)所设的"铭文简报"专栏。选注本中,学界惯常引据的有 W.迪滕贝格(1840 年—1906 年)编撰的《希腊铭文集成》(SIG)。该集成三卷,收录公元前 6 世纪至公元 565 年希腊、小亚铭文凡 1268 篇,注释为拉丁语。E.L.希克斯与 G.F.希尔的《希腊历史铭文导读》①盖为第一部以"历史铭文"为大题的希腊铭文辑录。M.N.托德的两卷本《希腊历史铭文选》(GHI),断限起自公元前 6 世纪而终于公元前 323 年。R.梅格斯与 D.刘易斯合编的《希腊历史铭文选:至公元前五世纪》(M-L)与托德本的编撰体例相类,在爬梳前人校勘的同时亦多见疏证。选注本中另有专题汇编,如 P.A.汉森的两卷本《希腊碑铭体短诗》(CEG)以及 E.施威策《希腊方言铭辞举要》。译注本中,P.J.罗兹与 R.奥斯本的希英对照本《希腊历史铭文:公元前 404 年—前 323 年》②是为释读公元前 4 世纪希腊世界铭文遗存的重要参考。

随着网络技术的发展,可资利用的数据库亦在不断建设与完善中。其中,作为标准本,已出版的《希腊铭文》与《希腊铭文补编》均有电子文本可供检索。另外,S.兰伯特在其《公元前 352/351—前 322/321 年雅典法律及法令》③一书的基础上,创办"阿提卡铭文在线"(AIO)。该项目旨在整理现存的两万余篇雅典及其周边地区的铭文,现已完成 281 篇雅典法律及法令的译注工作。

从近代嗜古者狂热的搜罗到伯克的铭文系统整理,至法国铭文学家、古典学家 L.罗贝尔(1904 年—1984 年)一代,国外学者的研究成果蔚为大观,综合

---

① E.L.Hicks and G.F.Hill, *A manual of Greek Historical Inscriptions*, Oxford: Clarendon Press, 1882.

② P.J.Rhodes and R.Osborne, eds., *Greek historical inscriptions*: 404 - 323 *BC*, Oxford: Oxford University Press, 2003.

③ S.Lambert, *Inscribed Athenian Law and Decrees* 352/1-322/1 *BC*, Leiden-Boston: Brill, 2012.

历史、地理、社会、经济等其他学科的研究方法亦风气渐成。在学科分类上，与文献学、考古学、草纸学、钱币学、古文字学、史学等一样，铭文学也成为西方古典学研究的一个分支学科。据 F.贝拉尔等主编著的《古代与中世纪铭文学研究书目举要》，已出版的希腊、拉丁铭文辑录，希腊、拉丁铭文专题研究，希腊、拉丁铭文学研究汇编以及希腊、拉丁铭文学者论文集等相关信息从 1986 年第一版的 1872 项增至 2010 年第四版的 2975 项。该书除铭文辑录外，所列通论、刻文考证与释析、著录等为初学者登堂入室提供了必备的参考书目。其中，罗贝尔的《铭文、希腊与拉丁铭文》对铭文在古史研究中的意义阐述得最为充分。A.G.伍德黑德的《希腊铭文研究》对希腊字母的起源、铭文的行款、分类、定年等多有述及。本书引用较多的是 L.H.杰弗里的《希腊古风时代诸地书体》(LSAG)与 M.瓜尔杜奇的《希腊铭文：从起源到晚期古代》，这两部专著对希腊字母在不同地区的刻写法及发展变化论述得极为详尽，重要的铭文还附有原刻的图片、摹本或隶定文本。瓜尔杜奇所举铭文除了时间跨度长以外，每篇铭文另附意大利语题解及译文。比较而言，瓜尔杜奇的《希腊铭文：从起源到晚期古代》更适于作希腊铭文学的入门教材。S.夏贝尔所著的《希腊铭文简史》虽未被《古代与中世纪铭文学研究书目举要》收录，但其对 20 世纪前的希腊铭文辑录与系统整理的爬梳颇有独见，值得参考。

在国内，随着西方古典学研究的逐步深入，学界也开始关注铭文的译注以及铭文在历史研究中的重要意义，相关资助的力度也越来越大。作为社科项目结项成果，本书在前人铭文整理、研究的基础上，所举铭文凡一百一十五篇，每篇设题解、译文、注释三个部分，断代从希腊历史年代的分期，其中古风时代铭文二十九篇、古典时代铭文五十八篇以及希腊化时代铭文二十八篇，除关照不同历史时期的铭文外，还措意不同载体、不同种类的铭文，目的是尽量反映铭文在不同历史时期的不同功用。尚需指出的一点是，在已发现的希腊铭文中阿提卡铭文约占五分之一，涉及的内容也最为丰富，本书所谓的"辑要"也难免以这一地区的铭文遗存为重。

应该承认，浩繁、复杂的西方古典铭文整理，非一代学人之功可以穷尽。就古典语言本身而言，早期出版的铭文集注疏均为拉丁语，现代研究成果除英语外，大多为德语、法语、意大利语，在小亚及黑海等地区的考古发掘报告又以俄语居多。本课题结项即已迁延，成稿后又根据评审专家的意见与建议多有补正,即使是已发表的前期译注成果,其实也一直在不断修改与完善。平心而论,本书所举铭文的翻译与注释只能说是一种尝试,错讹一定难免,尚祈学界同道继续批评指正。

一　古风时代

1. 奈斯托尔陶樽

【题解】

1876 年,德国考古学家 H.施利曼在迈锡尼遗址发掘的金樽,因与荷马史诗《伊里亚特》(XI,632-637)中奈斯托尔所用的樽形似,故被名之为"奈斯托尔樽",相类的樽后来均据此命名。1953 年在意大利伊斯基亚岛发现的奈斯托尔樽为陶质,双耳,器身铭文三行,六音步诗体,右书(sinistrorsum,自右而左刻勒),书体为优卑亚体(详见附录3(1)乙)。陶文隶定作:

$$N\acute{\varepsilon}\sigma\tau o\rho o\varsigma:\ \varepsilon[2\text{-}3]\iota:\ \varepsilon\mathring{\upsilon}\pi o\tau[o\nu]:\ \pi o\tau\acute{\varepsilon}\rho\iota o[\nu:] \quad \leftarrow$$
$$h\grave{o}\varsigma\ \delta'\ \mathring{a}\langle\nu\rangle\ \tau\acute{o}\delta\varepsilon\ \pi[\acute{\iota}\varepsilon]\sigma\iota:\ \pi o\tau\varepsilon\rho\acute{\iota}[o]:\ a\mathring{\upsilon}\tau\acute{\iota}\kappa\underset{\sim}{a}\ \kappa\hat{\varepsilon}\nu o\nu \leftarrow$$
$$h\acute{\iota}\mu\varepsilon\rho[o\varsigma:\ ha\iota\rho]\acute{\varepsilon}\sigma\varepsilon\iota:\ \kappa a\lambda\lambda\iota\sigma\tau\underset{\sim}{\varepsilon}[\phi\acute{a}]\nu o:\ \grave{A}\phi\rho o\delta\acute{\iota}\tau\underset{\sim}{\varepsilon}\varsigma. \leftarrow$$

句中出现的"："为间隔符号,箭头符号表右书或左书。在古风时代的铭文中,间隔符号另有"●""："""""∴""":"""⫶"") """Ξ""│"以及"⊠"等形式(详见附录3),用在人名、词与句的前或后,主要起强调作用,有时也仅仅是种装饰,不同于现代西文中的标点符号。

形同公元前 8 世纪源于腓尼基字母体系的希腊字母,希腊早期铭文的右书行款亦受到腓尼基铭文的影响[1],区别是字母的反书。在本篇铭文中,可辨识的反书字母为"E、K、L、M、N、R",其余字母的正反书并无区别。

曾有观点指出,奈斯托尔陶樽异于荷马笔下的樽,但也有视其为奈斯托尔所持的樽一说。至若铭文中出现的"Nestoros",有观点认为是樽的所有者,与《伊里亚特》中的英雄奈斯托尔也仅仅是名同而已[2]。

公元前 8 世纪中晚期,优卑亚的希腊人殖民伊斯基亚。盖因猴群出没,伊斯基亚又被称为"猴岛"(Pithecoussai)。作为殖民者的早期遗存,奈斯托尔陶樽上的诗句不仅旁证了荷马史诗中的相关记载,同时也表明荷马史诗在这一时期的广泛流传。

奈斯托尔陶樽现藏伊斯基亚国家考古博物馆(编号9)。

---

① 相关讨论详见 *LSAG*,pp.43-65。
② 参见 M-L,pp.1-2。

本文据 R.梅格斯与 D.刘易斯《希腊历史铭文选》中的校勘本(1)①译出。

奈斯托尔陶樽

陶文摹本②

【译文】

　　此为[1]奈斯托尔樽[2],▨▨▨▨可用之畅饮。用樽饮者,美丽、头戴金冠的阿芙罗狄忒[3]会即刻撩起他的欲火。[4]

【注释】

[1]　铭文拟补作"m[e]n"。R.梅格斯与 D.刘易斯(M-L,p.1)认为,阙文似应拟补作"e[im]i",系动词"我是"之意。

[2]　在迈锡尼出土的"奈斯托尔金樽"现藏雅典国家考古博物馆。

[3]　神话中的阿芙罗狄忒不仅貌美,而且是情欲化身的女神。

[4]　希腊铭文中所见最早的六音步诗之一,也是已发现的同期最长一则铭文。

①　M-L,pp.1-2.
②　采自 LSAG,Pl.47(1)。

2. 迪普隆陶罐

【题解】

迪普隆陶罐,单柄,约公元前 740 年器,因发现于雅典陶工区附近的迪普隆门而得名。陶文为六音步诗句,计一行,沿器肩右书,反写字母 46 个,可辨识者 35 个,为陶罐烧制后的刻勒,阿提卡书体(详见附录 3(1)甲),与奈斯托尔陶樽铭文一样同为古代希腊语文的早期记录①。

该陶罐现藏雅典国家考古博物馆(编号 192)。

本文据 M.瓜尔杜奇《希腊铭文:从起源到晚期古代》中的校勘本(1)②译出。

陶罐③

陶文摹本④

陶文隶定作:

hòς νῦν ὀρχἕστõν πάντõν ἀταλõτατα παίζει τõ τόδε καλμιν.

---

① 相关讨论另见 *CAH²*, Vol.III, Part I, p.828。

② M.Guarducci, *L'epigrafia greca dalle origini al tardo impero*, Ist.Poligrafico dello Stato, 1987, pp.41−42。

③ 采自 M.Guarducci, *L'epigrafia greca dalle origini al tardo impero*, fig.13, p.42。

④ 采自 *LSAG*, Pl.1(1)。

【译文】

所有舞者中舞蹈最优雅者,此[1]系予他☒☒□☒□□。

【注释】

[1] 铭文作"to"(中性冠词,单数),似应指代陶罐——舞蹈赛事中获胜者的
奖品。

3. 科拉克斯陶樽

【题解】

该陶樽发现于罗德斯,双耳,浅腹,圆底,樽口下沿凹线呈白色,约公元前8世纪器。这种双耳陶樽多见于阿提卡、优卑亚以及库克拉德斯群岛,非罗德斯当地所产。器身所见铭辞一行,右书,多利斯方言,为当地书体及拼写法,所见人名应为所有者、刻工或商人的手泐①。除此而外,这一时期的署名陶器还有一类是制作者本人留名的(见铭文7)。

该陶樽现藏哥本哈根国家博物馆(编号10151)。

本文据 M.瓜尔杜奇《希腊铭文》卷一中的校勘本(1)②译出。

陶樽③

陶文隶定作:

$$\text{Ϙοράϙō ἠμì ϙύλιξ τ[--]}$$

---

① 详见 Nota Kourou，"Literacy，networks and social dynamics in archaic Rhodes"，in *ΠΟΛΥΜΑΘΕΙΑ*，Festschrift für Hartmut Matthäus anläßlich seines 65. Geburtstages，Shaker Verlag，2015，pp. 244－263；Barry B. Powell，"Why Was the Greek Alphabet Invented? The Epigraphical Evidence"，*Classical Antiquity*，Vol. 8，No. 2 (Oct.，1989)，pp.321－350。

② *EG* I，p.328.

③ 采自 *LSAG*，Pl.67(1)。

【译文】

　　我是科拉克斯[1]的酒樽[2]⊠▢。

【注释】

[1] 铭文作"Ϙoraϙo"。多利斯早期书体中的字母"Ϙ"为"c"之变体,在"o、u"前"c"作"Ϙ"(*LSAG*,pp.33-34)。

[2] 铭文作"Ϙulics"。

4. 阿波罗造像题献

【题解】

约公元前 7 世纪早期青铜造像，高 20.3 厘米，为现存最早的带有铭文的造像。腿部铭文为六音步诗，书体为彼奥提亚体（详见附录 3（1）丙），牛耕刻写法（boustrophedon）。

在希腊，继早期铭文右书之后出现的牛耕刻写法，是一种从左到右、再从右到左连续刻勒的方法，亦多见从右到左、再从左到右，抑或由下而上、再由上而下的行序，有如役牛耕地，循环往复。首行铭文通常为正书，另行起反书，余类推。此种刻勒方法一直沿用至公元前 5 世纪中叶。造像铭辞隶定作：

Μάντιχλός μ' ἀνέθεκε ϝεκαβόλοι ἀργυροτόξσοι
τᾶς {δ}δεκάτας, τὺ δέ, Φοῖβε, δίδοι χαρίϝετταν ἀμοιϝ[άν].

其中，字母"Ξ"作"ΧΣ"；字母"ϝ"，音近英文的"w"。这两个字母的写法及用法多见于希腊中部、西北部、伯罗奔尼撒半岛等地区的早期铭文，至古典时代弃用，在相关地区的不同写法及用法详见附录 3"古风时代铭文书体列表"。另值一提的是，除早期少数铜币外，古代希腊青铜或其他金属上的铭辞未见铸刻。

造像　　　　　　　　　　　　　　摹本①

---

① 采自 LSAG，Pl.7（1）。

该尊造像发现于希腊底比斯的阿波罗神庙,现藏美国波士顿艺术博物馆(编号03.997)。

本文据 M.瓜尔杜奇《希腊铭文》卷一中的校勘本(1)[①]译出。

【译文】

曼提克罗斯把我[1]作为祭物[2]献与[3]射神[4]阿波罗[5]。而你,太阳神[6],愿你给予悦人之赐[7]!

【注释】

[1] 铭文作"m",宾格,即持矛士兵的造像。

[2] 铭文作"decatas","decatē"之宾格复数形式。《牛津古典辞书》(*OCD*[3],2003,p.1532)释义为"tithe","意指收获的十分之一作为谢神的祭物。其含义常与'aparchē'一词相类,可指祈愿祭物"。据《希英词典》(*LSJ*,1992,p.180),"aparche"一词的义项有作"初次收获"解。另见铭文51。揆诸本篇铭文,"decatas"为"谢神祭物"还是"祈愿祭物",实难做判断,故试译作"祭物",其复数形式疑指阿波罗造像为诸多祭物之一种。

[3] 铭文作"anethēce",过去时,单数第三人称。

[4] 铭文作"argurotoxsoi",与格单数,其中字母"xs"为彼奥提亚拼写法(详见附录3(1)丙),由"arguros"(银)与"toxon"(弓)复合而成。"toxon"一词用于复数时亦指"弓"与"箭"。详见《希英词典》(*LSJ*,1992,p.1805)中的"toxon"释义。在希腊神话中,因弓箭为阿波罗的爱物,故本文试译作"射神",以表其能。

[5] 铭文作"Fecaboloi",与格单数,多利斯方言拼写法,意为"达其目标",阿波罗的别号之一。详见《希英词典》(*LSJ*,1992,p.506)中的"ecēbolos"释义。

[6] 铭文作"Phoibe",呼格,其含义疑与光线有关。在荷马等古典著作家笔下,亦常作"Phoibos Apollōn"。

[7] 铭文拟补作"amoiF[an]"。

---

① *EG* I,pp.145–146.

5. 女青年石像

【题解】

该大理石造像发现于提洛岛的阿尔特弥斯神庙,约于公元前 7 世纪像,现藏雅典国家博物馆(编号 2464)。造像为女性青年,若真人般大小,身穿束腰长袍,是为古风时代此类造像(korai)的早期遗存之一。造像左侧腿部铭辞为牛耕体,从下至上、由上而下、复下而上连续书写,字母" theta "作" **日** ","koppa"作" **ϙ** ","beta"作" **Ϲ** "。

本文据 M.瓜尔杜奇《希腊铭文:从起源到晚期古代》中的校勘本(4)[①]译出。

造像及铭辞

① M.Guarducci,*L'epigrafia greca dalle origini al tardo impero*,pp.49-51.

ΝΙΚΑΝΔΡΘΜΑΝΕΘΕΚΕ ΜΘΚΑΘCΟΙΟΙΙΟΧΕΑΙΡΘΙΡΟΡΘΔΕΙΝΟ

ΔΙΚΒΟΤΟΜΑΘΝΘΕCΙΟΧΟΧΟCΑΛΒΟΝΔΕΝΟΜΕΝΕΟCΔΕΚΑCΙΜΕΤΘ

ΦΘΒΑΡΓΙΟΙΟΔ ΑΛΟΧΟCΝ

铭辞摹本①

铭辞隶定作：

Νικάνδρη μ' ἀνέθεκεν h⟨ε⟩κηβόλōι ἰοχεαίρηι,
ϙόρη Δεινο⌇δίκηο τō Nαhσίō, ἔhσοχος ἀλhōν,
Δεινομένεος δὲ κασιγνέτη ∣ Φhράhσō δ' ἄλοχος ν[ῦν].

【译文】

尼坎德勒——纳克索斯[1]的德伊诺迪克斯之女、德伊诺迈奈斯之姊妹[2]、女人中之佼佼者、弗拉克索斯之妻——把我献给射神[3]。

【注释】

[1] 传说中，纳克索斯亦为阿波罗与阿尔特弥斯的出生地。

[2] 铭文作"casignētē"，该词在希腊文中若无具体语境，或姊或妹难加区分。

[3] 铭文拟补作"h⟨e⟩cēbolōi iocheairēi"，阿尔特弥斯别号之一（*LSJ*，1992，p.832），另见铭文4注释[4]。

---

① 造像及铭辞摹本均采自 M.Guarducci，*L'epigrafia greca dalle origini al tardo impero*，figg.19 a-c，p.50。

6. 塔塔伊埃陶瓶

【题解】

该陶瓶短颈,单柄,圆腹向下渐窄,平底,约公元前 675 年至前 650 年小型盛油容器。器身铭辞三行,右书,优卑亚书体,所见咒语值得玩味。陶瓶原为个人藏品,现藏大英博物馆(编号 1885,0613.1)。

本文据 E.施威策《希腊方言铭辞举要》中的校勘本(786)[1]译出。

陶瓶

JYIM∃ƧΛIΑΤΑΤ
EϘΥΦΟƧϴΟƧϞΛ∧∃ΚΛEΦƧ
E|ΛΥ ΦL ΟƧ∃ΣΤΛI

陶文摹本[2]

陶文隶定作:

Τατα[ε]ς ἐμὶ λ|έϙυθος· hòς δ' ἄν με κλέφσ|ει, θυφλὸς ἔσται.

---

① DGE, p.373.

② 采自 LSAG, Pl.47(1)。

【译文】

我是塔塔伊埃[1]的油瓶[2],偷[3]我者眼必瞎。

【注释】

[1] 铭文作"Tataies",应为女性名。

[2] 铭文作"le ♀uthos"。

[3] 铭文作"clephsei"。

7. 尼克塞尔莫斯陶樽

【题解】

该陶樽约为公元前 7 世纪中期器,手涐在樽口上的文字一行,左书。尼克塞尔莫斯为陶樽的制作者,这种署名是否与中国古代所谓的"物勒工名"相类,尚待进一步考证。

值得一提的是,在古希腊陶文研究中,书写在陶器上的文字分别归属于铭文学与草纸学的范畴①。这种书写而非刻画在陶器上的文字多见于黑绘陶器,迨至红绘陶器的出现逐渐退出了历史舞台。另外,带有制作者名的陶文是在烧制前完成的。

本篇为此类陶文的早期遗存,残片发现于基奥斯,现藏该地博物馆。

本文据 M.瓜尔杜奇《希腊铭文》卷一中的校勘本(9)②译出。

摹本③

陶文隶定作:

Νικήσερμος τήν[δε] τὴν ϕύλικα ἐποίησε.

---

① 相关讨论详见"Introduction",in Roger S.Bagnall(ed.) ,*The Oxford Handbook of Papyrology*,Oxford:Oxford University Press,2009。

② *EG* I,pp.269-270.

③ 采自 *EG* I,fig.121,p.269。

【译文】

尼克塞尔莫斯[1]制此陶樽[2]。

【注释】

[1] 铭文作"Nicesermos",以"-mos"结尾的人名为伊奥尼亚方言形式。

[2] 铭文作" ϙulica"。

8. 德莱洛斯法

【题解】

德莱洛斯是位于克里特岛东部的一座古城。镌刻在该城阿波罗神庙页岩石壁上的铭辞,盖为希腊城邦流传下来的最早的法律铭文(约公元前 650 年—前 600 年)。自 1937 年 P.德马涅与 H.冯·埃芬特尔的整理报告[1]发表以来,德莱洛斯颁布的法律一直备受学界关注。

该石刻铭文长 1.74 米,宽 0.25 米,厚 0.35 米,中断,书体为古风时代的克里特体(详见附录 3(4)乙)。铭文计四行,第一行至第三行为牛耕刻勒法;第四行为右书,句首见间隔符号"✄"。石刻原藏地为德莱洛斯博物馆,现存克里特岛圣尼古拉(Aghios Nikolaos)考古博物馆。

本文据 R.梅格斯与 D.刘易斯《希腊历史铭文选》中的校勘本(2)[2]译出。

德莱洛斯法摹本[3]

铭辞隶定作:

θιός ολοιον (sic). ἆδ' ἔϝαδε | πόλι· | ἐπεί κα κοσμήσει, | δέκα ϝετίον τὸν ἀ- ←

ϝτὸν | μὴ κόσμεν· | αἰ δὲ κοσμησίε, | ὄ[π]ε δικακσίε, | ἀϝτὸν ὀπῆλεν | διπλεῖ κἀϝτὸν →

ἄκρηστον | ἦμεν, | ἆς δόοι, | κὄτι κοσμησίε | μηδὲν ἤμην. vacat ←

✗ ὀμόται δὲ | κόσμος | κοὶ δάμιοι | κοὶ ἴκατι | οἱ τᾶς πόλ[ιο]ς vacat ←

① P.Demargne et H.Van Effenterre, "Recherches à Dréros", *Bulletin de correspondancehellénique*, 61, 1937, pp.333-348 et ibid., 62, 1938, pp.194-195.

② M-L, pp.2-3.

③ 采自 *LSAG*, Pl.59(1 a)。

【译文】

神⊠⊠⊠⊠⊠。

城邦[1]决定如次：

某人若曾为官[2]，十年内将不得为官；如若为官——无论其审判如何——将受到双倍的惩罚，而且余生将被剥夺公民权[3]，为官所为亦属徒劳。让我们发誓：为官之人，土地所有者[4]以及城邦的"二十人团"[5]。

【注释】

[1] 出现在铭文中的"polis"（城邦）一词首次具有政治含义，亦可指代城邦的全体公民。其时，一项法律的出台无须经诸多机构的讨论通过。

[2] 铭文作"cosmos"，是为克里特诸城邦的主要行政官员。

[3] 铭文作"acpestos"，该词另含有"被剥夺为官权利"之意。

[4] 铭文作"damioi"，R.梅格斯与D.刘易斯本释义作"财务监管"（M-L，p.3）。

[5] 铭文作"icati"，该团体的性质不明。有"公民大会成员"或"议事会成员"说，抑或"议事会"说。R.梅格斯与D.刘易斯认为，释义作"议事会"的可能性较大（M-L，p.3）。

9. 萨索斯祭坛铭辞

【题解】

该篇铭辞见于一大理石基座,疑为祭坛的基座①,发现于爱琴海北部的萨索斯岛,现藏该地博物馆。铭辞诗句计四行,牛耕刻勒法,帕罗斯书体(详见附录3(5)甲)。据修昔底德记载(《伯罗奔尼撒战争史》,IV,104),萨索斯为帕罗斯的殖民地,建于公元前8世纪末或前7世纪初②,故其书体保留了帕罗斯风格。铭辞隶定作:

$$\Gamma\lambda\alpha\acute{\upsilon}\rho o\ \epsilon\grave{\iota}\mu\grave{\iota}\ \mu\nu\hat{\eta}\text{-} \quad \rightarrow$$
$$\mu\alpha\ \tau\hat{o}\ \Lambda\epsilon\pi\tau\acute{\iota}\nu\epsilon\omega\cdot\ \acute{\epsilon}\text{-} \quad \leftarrow$$
$$\theta\epsilon\sigma\alpha\nu\ \delta\acute{\epsilon}\ \mu\epsilon\ o\grave{\iota}\ B\rho\acute{\epsilon}\nu\tau\text{-} \quad \rightarrow$$
$$\epsilon\omega\ \pi\alpha\hat{\iota}\delta\epsilon\varsigma. \quad \leftarrow$$

本篇短诗为阿尔西劳霍斯所作,从阿尔西劳霍斯的其他诗作(《洛布古典丛书》本《希腊抑扬格诗》,48;105;117;113)可以看出,诗人与戈拉乌克斯的过往甚密。

本文据R.梅格斯与D.刘易斯《希腊历史铭文选》中的校勘本(3)③译出。

【译文】

此即[1]莱普提奈斯之子、戈拉乌克斯之纪念物[2];为布兰泰斯子嗣们[3]所建。

【注释】

[1] 铭文作"eimi",另见铭文1注释[1]。
[2] 铭文作"mnēma"。
[3] 铭文作"hoi Brenteō paides",疑为殖民者的后裔。

---

① M-L,p.3.
② Jean Pouilloux,*Recherches sur l'histoire et les cultes de Thasos*,I,Paris:E.de Boccard,1954,p.23.
③ M-L,pp.3-4.

10. 希腊雇佣兵题献

【题解】

希腊雇佣兵题献系刻勒在黑石造像上,行文计九行,":"与"："为间隔符号(详见附录 3),牛耕刻写法,传统的字母正书与反书行款。造像为典型的埃及风格,上世纪 80 年代发现于小亚的普里埃内附近,现已告失。

本篇铭文是为希腊雇佣兵在埃及活动的早期记录,时在第二十六王朝的普萨美提克一世统治时期(公元前 664 年—前 610 年),另外一篇是普萨美提克二世统治时期留下的铭辞(铭文 15)。据希罗多德《历史》(II,152-154)记载,普萨美提克一世在"青铜人"伊奥尼亚人与卡里亚人的襄助下统一埃及。他把尼罗河隔岸相望的营地(Stradopeda)分与伊奥尼亚人和卡里亚人居住,并"以其许诺的一切嘉赏"。

本文据 O.马松与 J.约约特的校勘本[①]译出。

铭辞摹本[②]

【译文】

安菲内奥斯之子佩冬把我[1]——从埃及带回——祭献。曾因骁勇[2],埃

---

① Olivier Masson & Jean Yoyotte, "Une inscription ionienne mentionnant Psammétique", *Epigraphica Anatolica*, v.11, 1988, pp. 171-179; 另见 Çetin Şahin, "Zwei Inschriften aus dem Sudwestlichen Kleinasien", *Epigraphica Anatolica*, 10, 1987, pp.1-2, 3 pi.。

② 采自 Olivier Masson & Jean Yoyotte, "Une inscription ionienne mentionnant Psammétique", p.172。

及王普萨美提克[3]授其金质臂饰一只,因善战[4],奖城一座[5]。

【注释】

[1] 铭文作"m",单数第一人称代词宾格,指代造像。

[2] 铭文作"aristema"。

[3] 即普萨美提克一世(Psammetichos,埃及语记作"Psamtik"),公元前595年至前589年在位。

[4] 铭文作"aretes"。

[5] 铭文作"polin"。据《希腊铭文补编》(*SEG* XXXIX,1266,p.425),此处的"城"所指有三:一为希罗多德所称"尼罗河隔岸相望的营地",包括土地、房舍;复指居于一城("polin"作"居住"[politeia]解)的权利;最后是作为战利品而授予佩冬在埃及境外所征服的一城。

11. 哈尔克达马斯青铜罐

【题解】

该青铜罐器型较小,器腹铭辞一行,右书,阿哥斯书体,约公元前 7 世纪晚期器,发现于斯巴达,现藏法国卢浮宫博物馆。

本文据 M.瓜尔杜奇《希腊铭文》卷一中的校勘本(1)①译出。

青铜罐

ΧΑΙ ΡΟΔΑΜΑΝΜΕΑΝΕΘΕΚΕ⊕ΙΙΟΙΥΥΕΦΙΚΑΛΛΕΦΑΓΑΛΜΑ

铭辞摹本②

铭辞隶定作:

Χαιροδάμανς μὲ ἀνέθεκε θιιοῖν περικαλλὲς ἄγαλμα.

---

① *EG* I,pp.127–128.

② 采自 *EG* I,figg.24 a-b,p.127。

【译文】

哈尔克达曼斯[1]把我[2]作为最美丽的礼物献与孪生子神[3]。

【注释】

[1] 铭文作"Chalcodamans"，其中字母"c"作"Ϙ"、"s"音作"Ϻ"（见摹本，另见附录3）。哈尔克达曼斯疑为青铜罐的制造者（*LSAG*, p.156），其名"Chalcodamans"，M.瓜尔杜奇隶定作"Chalcodamans"（同摹本），但却释义作"Chalcodamas"（*EG* I, p.127），疑为误置，因为以"-ans"结尾的人名另有"Nicodamans"者（P. M. Fraser and E. Matthews, eds., *A Lexicon of Greek Personal Names*, Vol.III A, Oxford: Clarendon Press, 2008, p.504）。

[2] 铭文作"eme"，指代青铜罐。

[3] 铭文作"thiioin"，疑为宙斯的孪生子卡斯托尔与波吕德乌克斯（*LSAG*, p.156）。

12. 特提霍斯墓志铭

【题解】

古代希腊的墓碑形制大致有二：一类包括造像、碑趺两个部分；另一类分作碑额、碑身（正面为浮雕）、碑趺三个部分（另见铭文 23、61）。这两种形制的碑趺上均刻有墓志铭，文体上归于"epigramma"，意为"碑铭体短诗"，在希腊化时代逐渐演变成一种固定的诗体。碑铭体短诗还包括祈愿题献（ex-voto）等。这种诗体的诗句简短、凝练，内容有褒扬、哀悼、劝勉、励志等项①。

特提霍斯墓志铭（约公元前 575 年—前 550 年）发现于阿提卡地区，诗句计四行，第一至第三行行末见间隔符号"："，牛耕刻勒法，是迄今已知最早的墓志铭，现藏雅典碑刻博物馆。

本文据 P.A.汉森《希腊碑铭体短诗》中的校勘本（13）②译出。

碑趺③

铭辞隶定作：

[εἴτε ἀστό]ς τις ἀνὲρ εἴτε χσένος | ἄλοθεν ἐλθὸν :
Τέτιχον οἰκτίρα|ς ἄνδρ' ἀγαθὸν παρίτο, :
ἐν πολέμοι | φθίμενον, νεαρὰν hέβεν ὀλέσαν|τα. :
ταῦτ' ἀποδυράμενοι νέσθε ἐπ|ὶ πρᾶγμ' ἀγαθόν.

---

① 相关讨论详见"Introduction", in Manuel Baumbach et al.（eds.），*Archaic and Classical Greek Epigram*, pp.1-19。

② *CEG*, p.11.

③ 采自 *LSAG*, Pl.3（19）。

【译文】

每一个人——或城民[1]或外邦人[2]，从海上[3]来[4]经过时轸恤[5]特提霍斯这个好人吧，他亡于战争、失去了鲜活的青春。你们若为此哀伤，去行善吧[6]！

【注释】

[1] 铭文拟补作"[asto]s"。《希英词典》（*LSJ*, 1992, p. 262）释义作"城民（townsman）、公民（citizen）"，并据亚里士多德《政治学》（1278a 34）进一步解释称，"与公民的区别是，城民仅仅拥有公民权利，而公民（politēs）则另有政治权利"。仅就此种解释而言，是否可以这样追问，公民的权利是什么？城民的公民权利与公民的政治权利有何不同？若"城民"与"公民"义同，"城民"是否可释义作"邦人"？抑或"astos"之谓仅仅是用于区分"外邦人""侨民"之泛称？兹事体大，暂不做深究。

[2] 铭文作"xsenos"。

[3] 铭文作"alothen"，亦即"自外邦来"。

[4] 铭文作"elthon"，为祈使语态。

[5] 铭文作"oictiras"，为祈使语态。

[6] 铭文作"nesthe epi pragma' agathon"，为祈使句。

13. 科尔库拉"proxenos"墓志铭

【题解】

语言学上言之，"proxenos"一词系由介词"pro"（在…之前、保护等义项）及名词"xenos"（客友、外邦人等义项）复合而成，除本篇铭文外，本书试译作"外邦人代理"。这种"代理关系"希腊文作"proxenia"，是从传统的"客友之谊"（xenia）演变而来①。古时的希腊，由于一邦之民，如甲邦公民在乙邦并无任何政治权利可依，故甲邦需指定乙邦的公民作代理人，以措意其公民在当地的利益。外邦人代理的任命，通常经由甲邦公民大会或其他权力机构讨论通过，并以法令的形式颁布。

"proxenos"除了指代一般意义上的代理人外，"proxenos"有时也参与邦际仲裁的庭证、担任赛会祭仪的圣职等②。在斯巴达等地，"proxenos"由王指派，专司涉外事务。故此，"proxenos"亦带有城邦公职的性质③。

在希腊历史上，"proxenos"一词最早见于本篇碑文，其含义虽尚不明确，但已初显出邦际间的往来关系。古希腊的外邦人代理制度作为一种独特的邦际交往形式，盖与希腊城邦的兴衰相始终。相关记载中尤以铭文资料最为丰富④。

本篇墓志铭计一行，句末见间隔符号"∶"，右书，字母反书，篇首见"◇"符号，书体为科林斯体（详见附录3（2）甲）。根据考古发现的陶器，可推断该墓志铭为公元前7世纪前后所刻。另值一提的是，该墓的墓身为圆柱形，顶部

---

① Gabriel Herman, *Ritualized friendship and Greek city*, Cambridge：Cambridge University Press, 1987, p.130.

② Rachel Abramovitz："The Proxenoi of Western Greece", *Zeitschrift für Papyrologie und Epigraphik*, Bd. 147, 2004, pp.93-106.

③ Lynettte G.Mitchell, *Greek Bearing Gifts：The public use of private relationships in Greek world*, 435-323 *BC*, Cambridge：Cambridge University Press, 1997, p.31.

④ 参见 David J.Bederman, *International Law in Antiquity*, Cambridge：Cambridge University Press, 2001；Michael B.Walbank, *Athenian Proxenies of the Fifth Century B.C.*, Toronto and Sarasota：Samuel-Stevens, 1978；M.B. Wallace, "Early Greek 'Proxenoi'", *Phoenix*, Vol.24, No.3（Autumn, 1970）, pp.189-208；Paul Monceaux, *Les Proxenies Grecques*, Paris：Ernast Thorin, 1886。

呈圆锥形,铭辞沿墓身由右及左依次刻勒①。墓志铭的这种形制有别于前文提
到的任何一种(另见铭文 12 题解项)。

　　本文据 R.梅格斯与 D.刘易斯《希腊历史铭文选》中的校勘本(4)②译出。

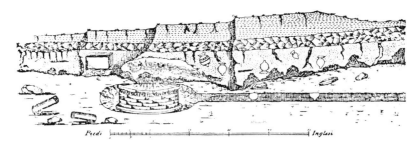

考古遗址分布示意图③

墓志铭摹本④

　　①　Kalomira Mataran,"Un étrange' proxène' à Corcyre ",*Revue Archéologique*,Nouvelle Série,Fasc.1,1994,
pp.111–118.

　　②　M-L,pp.4–5.

　　③　采自 Kalomira Mataran,"Un étrange' proxène' à Corcyre",fig.6。

　　④　采自 Hermannus Roehl,composuit,*Imagines Inscriptionum Graecarum Antiquissimarum in Usum Scholarum*,
Berolini apud Georgium Reimerum,MCMVII,Editio Tertia,Imag.47(26)。

铭辞隶定作：

> ◇ *hυιοῦ Τλασίαϝο Μενεκράτεος τόδε σᾶμα* ⁚
> *Οἰανθέος γενεάν, τόδε δ' αὐτôι δᾶμος ἐποίει* ⁚
> *ἐς γὰρ πρόξενϝος δάμου φίλος· ἀλλ' ἐνὶ πόντοι* [⁚]
> *ὄλετο, δαμόσιον δὲ καρὸν* [.]ο[- - - - -] ⁚
> *Πραξιμένες δ' αὐτôι γ[αία]ς ἀπὸ πατρίδος ἐνθὸν* ⁚
> *σὺν δάμ[ο]ι τόδε σᾶμα κασιγνέτοιο πονέθε* ⁚

【译文】

此为特拉斯亚斯之子奥伊安塞亚[1]人迈奈克拉泰斯之墓,系民众[2]为其所建,因他曾为"proxenos",亲爱民众,然亡于海上,民众哀痛□⊠□。其兄弟[3]普拉克西迈奈斯从故乡来,与民众一道建造此墓。

【注释】

[1] 位于西罗克里斯的古城。

[2] 即科尔库拉的民众,铭文作"damos",为多利斯方言拼写法。另见铭文 28 注释[4]。

[3] 铭文作"casignetoio",单数属格,原文作"tode sama casignetoio",意为"其兄弟的这座墓"。译文词序稍有改动。

14. 德拉古法

【题解】

执政官德拉古约在公元前 620 年所颁布的法律,是为雅典的第一部成文法,因其处罚严酷而闻名于世。普鲁塔克转述称,"德拉古法系用鲜血而非墨汁写成"(《名人传·梭伦传》,XVII,1)。但是,在对凶杀罪的处罚上,该法第一次对故意与过失杀人做出了区分。

公元前 594/593 年,梭伦出任执政官,除有关凶杀罪的条文外,他废除了德拉古法的其余条文。公元前 409/408 年,继"四百人议事会"垮台后不久,雅典重拾旧法,勒石刊布了德拉古法中有关凶杀罪的法律条文,并立于王者执政官官署前以警世人①。流传下来的复刻碑铭多有残破,仅开篇部分较为完整,现藏雅典碑刻博物馆。

本文据 F.希勒·冯·格尔特林根《希腊铭文》卷一中的校勘本(115)②译出。

【译文】

弗莱阿里奥伊德莫[1]的狄奥格奈托斯时为司书,狄奥克莱斯为执政官[2]。

议事会及公民大会决定——其时阿卡马斯部落在议事会轮值,[狄]奥[格]奈托斯为司书,埃乌苏迪克斯主持议事会,提议者为□□⊠[□□法]奈斯— 如次:

德拉古有关凶杀的法律[3]将由法律司书[4]——继从王者执政官处得该法后——会同议事会司书勒石刊布,并置于王者执政官官署前。具体事宜将由公共事务官依法招标进行,所需费用[5]由赫拉斯司库官提供。

第一面[6]。

若有人未经预谋戕杀[某人],[将被放逐];诸王[7]审判犯有凶杀罪的人或□[8]或预谋;刑事法官[9]将做出判决;若被害者之父兄或子嗣在世,且全部

---

① 相关讨论详见 Ronald S.Stroud,*Drakon' Law on Homicide*,Berkeley-Los Angeles:University of Califonia Press,1968。

② *IG* I²,pp.63-64.

同意,[亦可达成和解],其中一人反对则不得和解;若这些人[无一]在世,被害的男性亲属——如堂兄弟之子与[堂兄弟]——有人反对亦不能和解;若这些人亦无一人在世,凶杀又属无意,且"五十一人团"亦裁决为过失杀人,凶犯——其胞族成员若有[十人赞同]——亦可回到故土,这十个人将由"五十一人团"根据他们的德行遴选。[先前]曾犯有凶杀罪的人亦要受到本法令的[约束]。被害的男性亲属——如堂兄弟之子及堂兄弟——将把凶犯公之于众;被害的堂兄弟,堂兄弟之子、女婿、岳父及胞族将一同起诉□[10],[▨▨▨▨▨▨▨▨▨▨▨▨][11]"五十一人团"□[12],若自由人□[13]]。若有人[戕杀凶犯]——被带离[市场][14]的地界、[赛会及近邻同盟的圣地],或煽动戕杀,[将受到戕杀雅典人同样的惩罚],刑事法官负责[裁决]。[若非法暴力抢夺他人财物]被自卫者所杀,[该人不会因丧命而得到任何补偿]□▨▨[15]。

【注释】

[1] 铭文作"Phrearrios",文献中该德莫另作"Phrearrhii 或 Phrearre",隶属于勒奥斯部落。

[2] 公元前 409/408 年在位,即该法令复刻的时间。

[3] 铭文作"nomon"。

[4] 铭文作"anagrapheis"。

[5] 据《希腊铭文》(*IG* XI,2,161,LL.11-12,p.47)所录公元前 3 世纪提洛岛阿波罗神庙的一则经济档案记载,石材、勒石以及竖碑的相关费用为"购石二十五德拉克马;运费一个半德拉克马;勒石一百二十六个半德拉克马;竖碑两个半德拉克马"。该铭文约计三万八千个字母,勒石费用应合一百个字母一德拉克马左右。据此,大体上可推断出古代希腊碑铭的相关费用。

[6] 铭文作"prōtos axson",伊奥尼亚拼写法。当时的告示牌由三个或四个"面"组成,为木质,可旋转(普鲁塔克:《名人传·梭伦传》,XXV)。德拉古与梭伦的法律即刊布在此种形制的告示牌上,后来的法律与法令条文才镌刻在石上。

[7] 此处"诸王"的复数形式指代不明。

[8] 约计十七个字母缺失。

［9］ 即"五十一人团"成员,为年满五十岁的男性公民;在王者执政官的督导
　　 下,负责过失杀人及非公民被杀案件的审理。

［10］ 约计三十九个字母缺失。

［11］ 约计二十一个字母缺失。

［12］ 约计四十二个字母缺失。

［13］ 约计三十五个字母缺失。

［14］ 铭文作"agorai",地处卫城的西北,是为雅典文化、政治中心。"agora"一
　　 词可指"市场"或"广场",也可指"公民大会"或"公民大会所在地"。本
　　 篇译注试作"市场"解。

［15］ 余文约计十七行略。

15. 雅典执政官表

【题解】

传统观点认为,雅典继王政后,当权者先后为终身执政官、十年任执政官以及一年任执政官。一年任执政官计九名,盖始于公元前 7 世纪中期,或经选举产生,并以首席执政官的名纪年。现存铭文中所见的雅典执政官表是为年代学研究不可或缺的史料。

史家狄奥多洛斯在其《历史文库》中的纪年是先书雅典执政官名,并列罗马执政官名,若逢奥林匹亚赛会举办年则再记,从而确立了三者的对应关系。公元 532 年,经"矮子"狄奥尼西奥斯(Dionysius Exiguus)推算,耶稣诞生于罗马建城以来的第 753 年,即第 194 届奥林匹亚赛会第四年年末(Ol.194,4)。他以"ab incarnatione Domini"(意为"吾主道成肉身以来",即"公元")为纪元,确立了奥林匹亚赛会纪年与公元纪年的对应关系。此外,借助天文现象等亦可将奥林匹亚赛会纪年与公元纪年相对应。例如,狄奥多洛斯称(《历史文库》,XX,5.5),第 117 届奥林匹亚赛会的第三年(Ol.117,3)发生日食,经天文学推算时在公元前 310 年 8 月 15 日。古时的雅典以大祭月(Hecatombaion)第一日(夏至前后)为岁首①。是故,以公元纪年表示雅典执政官的任职年便出现了跨年现象,本文中可考的十位执政官,如"[科]里斯提尼"的任职年遂以"公元前 524/523 年为执政官"的方式标注。

雅典执政官年表石刻发现于卫城,疑为大理石碑的一部分,残断为甲、乙、丙、丁四块,现藏雅典卫城博物馆②。

本文据 R.梅格斯与 D.刘易斯《希腊历史铭文选》中的校勘本(6)③译出。

---

① 参见晏绍祥:《执政官年表与早期雅典历史的年代学》,载东北师范大学世界古典文明史研究所编著《世界诸古代文明年代学研究的历史与现状》,北京:世界图书出版公司,1999 年;[法]保罗·库代克著,刘玉俐译:《历法》,北京:商务印书馆,1996 年;A.E.Samuel, *Greek and Roman Chronology:Calendars and Years in Classical Antiquity*, München: Verlag C.H.Beck, 1972。

② 雅典卫城博物馆的藏品现移至卫城下的新馆,全部馆藏已于 2009 年 6 月 20 日正式对外展陈。

③ M-L, pp.9-12.

甲

【译文】

[□□□□□];

[库]普塞罗[斯][1];

[特]莱克勒□;

[腓]罗姆[布波托斯][2];

□。

【注释】

[1] 铭文拟补作"[Cu]phselo[s]"。据希罗多德《历史》(VI，34—36)记载，库普塞罗斯为科林斯僭主库普塞罗斯的孙辈，米尔提亚德斯(与铭文中的米尔提亚德斯同名)的父亲。

[2] 铭文拟补作"[Phil]omb[rotos]"，公元前595/594年为执政官。

乙

【译文】

[□];

[□];

[□];

[□];

[□]□;

□。[1]

□[□];

□□[□];

□□[□];

□□[□];

埃尔赫[西克雷德斯][2];

□□□[□];

□[□]□[□];

▱。[3]

【注释】

[1] 以上为第一栏。

[2] 铭文拟补作"Erch[sicleides]",公元前548/547年为执政官。

[3] 以上为第二栏。

丙

【译文】

[奥]奈托[里德斯][1];

希庇亚[斯][2];

[科]里斯提尼[3];

米尔提亚德斯[4];

[卡]利亚德斯[5];

[▱▱▱▱▱]斯特拉托斯;

▱。

【注释】

[1] 铭文拟补作"[On]eto[rides]",公元前527/526年为执政官。

[2] 铭文拟补作"[h]ippia[s]",公元前526/525年为执政官。

[3] 铭文拟补作"[C]leisthen[es]",公元前525/524年为执政官。

[4] 铭文拟补作"[M]iltiades",公元前524/523年为执政官。

[5] 铭文拟补作"[Ca]lliades",公元前523/522年为执政官。

丁

【译文】

[法伊]尼[普斯][1];

[阿]里斯泰[德斯][2]。

【注释】

[1] 铭文拟补作"［Phain］ip［pos］"。《帕罗斯碑》（铭文 100，甲 48）拟补作 "［Ph］a［i］n［i］p［pid］ou"，为公元前 490/489 年执政官。

[2] 铭文拟补作"［Ar］ist［eides］"。据《帕罗斯碑》（铭文 100，甲 49），阿里斯 泰德斯为公元前 489/488 年执政官。

16. 希腊雇佣兵远征题记

【题解】

埃及王拉美西斯二世在努比亚阿布辛比勒建有大小两座石窟神庙,矗立在大庙入口处的拉美西斯大型造像计四尊,依山就石刻凿而成。铭文甲、乙、丙、丁、戊、己、庚分别见于其中两尊造像的腿部。书体主要为伊奥尼亚体与多利斯体(详见附录3(5)甲与乙),其中甲、乙、丙、丁、戊、己为左书,庚为牛耕刻写法,先左书,后右书。不同的书体表明,留题者系来自不同地区的希腊人后裔。

埃及王普萨美提克二世在位的第四年(公元前591年),亲率大军远征努比亚。途中,他在埃勒凡泰尼安营,派部将博塔辛多与阿玛西斯统领大军继续前行至努比亚。此次远征虽无果而终,但希腊裔雇佣兵在雕像上的留题却为后世提供了弥足珍贵的史料。

本文据 R.梅格斯与 D.刘易斯《希腊历史铭文选》中的校勘本(7)①译出。

铭辞甲摹本②

甲

【译文】

普萨美提克斯[1]王抵达埃勒凡泰尼[2];此系那些与特奥克勒斯之子普萨美提克[3]同行者所留,他们航至科尔基斯[4]以南的上游;博塔辛多统领操外语之人[5],阿玛西斯统领的是埃及人。阿莫伊比克斯之子阿尔孔与尤达莫斯之子贝雷克斯题记[6]。

---

① M-L,pp.12-13.
② 采自 *LSAG*,Pl.69(48)。

【注释】

[1] 铭文作"Psammeticho",埃及语拉丁化作"Psametik",即普萨美提克二世,在位时间约为公元前595年至前589年。

[2] 上埃及尼罗河中的岛屿。

[3] 疑为与普萨美提克王同名的希腊族后裔。

[4] 铭文作"Cercios",埃及文献中未见该地名,系指从尼罗河第一瀑布到埃勒凡泰尼之间的水域,向南依次为第二瀑布到第六瀑布。努比亚地处第二瀑布,即铭文中"科尔基斯以南的上游"。

[5] 铭文作"aloglosos",希罗多德《历史》(II,154)作"alloglōssos",原意为"操不同或怪异语言者"(*LSJ*,1992,p.69)。从此句可以看出,留居埃及的希腊族后裔已把他们的母语视作"外语"。

[6] 铭文作"egraphe d'ame",原意为"写下了我们"。其中"ame"为复数第一人称代词,宾格,多利斯方言拼写法(参见 W.Watson Goodwin, *Greek Grammar*, Boston:Ginn and Company,1930,p.82,§374)。

乙

【译文】

特伊奥斯[1]的赫勒西比奥斯[2]。

【注释】

[1] 铭文作"Tēios",字母"i"与字母"ē"并列而书,且需发音。在12世纪的写本中,字母"i"始见下置,与"ē"相伴为一(参见 W.Hersey Davis, *Greek Papyri of the First Century*, Chicago:Ares Publishers Inc.,1933,pp.2-3)。

[2] 应为希腊人之后裔。

丙

【译文】

伊阿吕索[斯]的特莱弗斯题记[1]。

【注释】

[1] 铭文作"m'egraphe",其中"m"意为"我",单数第一人称代词,宾格,意指题记,另见铭文4注释[1]。

丁

【译文】

阿莫伊比霍斯之子普松[1]。

【注释】

[1] 铭文作"Puthon",应为希腊人之后裔。

戊

【译文】

☒与科里希斯题记[1]。

【注释】

[1] 铭文拟补作"egra⟨ps⟩an em[e]",其中"em[e]"意为"我",单数第一人称代词,宾格,意指题记,另见本篇铭文丙注释[1]。

己

【译文】

科罗丰[1]之子帕比斯与普萨马泰斯[2]。

【注释】

[1] 铭文作"Psammata",应为希腊人之后裔。

[2] 铭文作"ϙolophonios"。

庚

【译文】

普萨美提克王第一次率其军队☒,伊阿吕索斯的阿纳克萨诺尔[1]☒☐☐

□□□。

【注释】
[1] 与丙句中的特莱弗斯为同乡。

17. 基奥斯法

【题解】

　　基奥斯法石碑为粉红色粗面岩,高约一米,宽约半米,碑体四面皆见铭文,为牛耕刻勒法,伊奥尼亚书体。碑文正面(甲)左始,由下而上、再由上而下连续书写;碑文右侧(乙)左始,由上而下、再由下而上连续书写;碑文左侧(丙)横书,从左到右、再从右到左连续书写;碑文背面(丁)左始,计四行,由下而上依次书写。

　　基奥斯地处爱琴海,为伊奥尼亚的重要城邦,海事发达。公元前575年至前550年期间颁布的这部法律表明,其实行的政体为当时希腊世界最民主的政治体制。作为处罚机制,官员受贿要受到相应的惩戒;作为组织机构,基奥斯所设的"民众议事会"负责审理上诉案件,而上诉权则是民主政治的一大创新,系源自梭伦在雅典的改制①。

　　该石碑发现于基奥斯岛,现藏伊斯坦布尔考古博物馆。

　　本文系据 R.梅格斯与 D.刘易斯《希腊历史铭文选》中的校勘本(8)②译出。

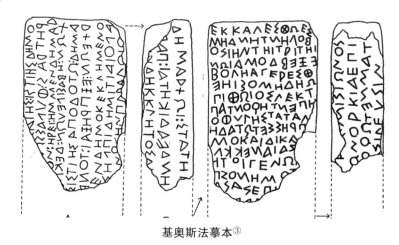

基奥斯法摹本③

---

① 　参见 Oswyn Murray,*Early Greece*,London:Fontana Press,1980,pp.187-188。
② 　M-L,pp.14-17.
③ 　采自 *LSAG*,Pl.65(41)。

甲

【译文】

伊斯提亚之⊠⊠⊠⊠⊠,并维护民众之法律[1][⊠⊠]⊠⊠⊠⊠⊠。若担任长官[2]或巴西勒斯[3]受贿⊠,伊斯提亚之⊠⊠,在任长官期间他须偿还。民众被召集时,审核者⊠⊠⊠,处以双倍罚锾⊠⊠,一如罚锾之金额。

【注释】

[1] 铭文作"rhētras"。据《希英词典》(*LSJ*,1992,p.1570),"rhetra"系指一般意义上的"法律"。在多利斯与埃利斯方言中,该词另作"盟誓"解,见铭文28。

[2] 铭文作"demarchon",一般意义上的官员,在雅典则为"德莫长"。

[3] 在荷马史诗中,该词(basileus)指的是具有政治、宗教、军事职能的国王;其复数形式亦可用来指代家族的首领。自古风时代起,在雅典的巴西勒斯的职能仅限于管理宗教事务。

乙

【译文】

⊠⊠⊠⊠⊠,若案件上诉⊠。若其在长官前受到枉待,斯塔特尔[1]⊠。

【注释】

[1] 铭文拟补作"statēr[as]",货币单位或重量单位。此处应指货币单位,即罚锾之金额。

丙

【译文】

他可诉至民众议事会[1]。应在阿波罗七日月庆[2]的第三天召开议事会;具有处罚权的民众议事会为从各部落遴选的五十人。与民众相关之其他事宜亦应处理,并应处理当月的所有上诉案件⊠⊠⊠⊠⊠⊠⊠⊠⊠⊠⊠⊠⊠。

【注释】

[1] 铭文作"bolen ten demosian",首次见于文献资料。

[2] 铭文作"Ebdomaia"。

丁

【译文】

□[阿]尔特米斯□□□须庄严发誓□巴西勒斯。[1]

【注释】

[1] 此后空白未刻。

18. 阿里斯提斯获胜题献

【题解】

阿里斯提斯题献铭文见于奈美亚阿波罗神庙的一石质碑趺,造像亡佚。所镌诗文凡七行,牛耕刻勒法。

在奈美亚举行的赛会创设于公元前573年,两年一届。阿里斯提斯获胜题献表明,公元前6世纪中期赛事获胜者把带有铭辞的造像献神似已为习。

本文据 R.梅格斯与 D.刘易斯《希腊历史铭文选》中的校勘本(9)①译出。

铭辞摹本②

铭辞隶定作:

Ἀρίστις με ἀνέθ-　　→
ηκε Δὶ Ϙρονίονι Ϝά-　←
νακτι πανκράτιο-
ν νιϙôν τετράκις
ἐν Νεμέαι Φείδο-
νος Ϝhιὸς τô Κλεο-
ναίο.

---

① M-L, pp.17–18.
② *LSAG*, Pl.24(5).

【译文】

阿里斯提斯,科莱奥纳伊[1]的费冬之子[2]——在奈美亚的角抵[3]中四度获胜后——把我[4]献与神王宙斯[5]。

【注释】

[1] 城名,位于伯罗奔尼撒半岛的阿哥斯地区。

[2] 铭文作"Fhios",首字母"F"而非"u"。

[3] 铭文作"pancration"。该词由"pan"(全部)与"cratos"(力量)复合而成,意指"竭力而为",是集拳击、角力、臂勒、脚踢为一体的综合竞技比赛,其形式类似于中国古代的角抵。本文试以此移译"pancration"。

[4] 铭文作"me",系指造像。

[5] 铭文作"Di ϙronioni",寓意宙斯无上的权威。其中,"ϙronioni"中的首字母"ϙ"为"c"的转写形式。

19. 叙巴里斯人与塞尔达伊奥伊人的盟约

【题解】

　　该青铜铭匾中上端及中下端所带两孔,系固定之用。铭辞计八行,左书,约于公元前 6 世纪中晚期成文,是为希腊城邦间已知最早的盟约记录。

　　叙巴里斯与塞尔达伊奥伊的缔约铭匾发现于奥林匹亚,现藏该地博物馆。

　　本文据 R.梅格斯与 D.刘易斯《希腊历史铭文选》中的校勘本(10)①译出。

原刻②

铭辞隶定作:

> ἀρμόχθεν οἱ Συβαρῖ-
> ται κ’ οἱ σύνμαχοι κ’ οἱ
> Ἀρίστις με ἀνέθ-　→
> ηκε Δὶ Ϙρονίονι Ϝά-　←
> νακτι πανκράτιο-
> ν νιϝὸν τετράκις
> ἐν Νεμέαι Φείδο-
> νος Ϝhιὸς τὸ Κλεο-
> ναίο.

---

①　M-L,pp.18–19.

②　采自 M.Guarducci,*L'epigrafia greca dalle origini al tardo impero*,fig.43,p.96。

从原刻可以看出,字母"omicron"及"theta"的刻勒极为规则,疑用专门的工具刻凿而成。另见铭文 28 摹本中的"omicron"。

【译文】

　　叙巴里斯[1]人、他们的同盟以及塞尔达伊奥伊人[2]出于诚实无欺的友谊联合起来,直至永远。为证者[3]:宙斯、阿波罗、其他神祇以及波塞冬城[4]。

【注释】

[1] 阿卡亚人在意大利塔兰图姆海湾建立的殖民城。据斯特拉波《地理志》(4,1.13)记载,叙巴里斯在鼎盛时期,计有四个民族、二十五座城邦在其统治之下。

[2] 铭文作"Serdaioi",具体为何族人不详。

[3] 铭文作"proxenoi",阳性复数,J.K.戴维斯释义作"guarantors"。他认为,该词(proxenos)在此处"借用的是客友关系以及地位保护之概念"(*CAH*, Vol.IV², 1998, p.383)。另见铭文 13。

[4] 叙拉比斯人在意大利南部建立的殖民地,罗马人称其为"帕埃斯图姆"(Paestum)。作为见证———一如在奥林匹亚——该铭匾也可能悬挂在波塞冬城的圣地或公共场所。J.K.戴维斯在述及宗教与城邦的关系时论称,"缔约双方借助凡人共同体作为保证方审慎地采用了双重担保"(*CAH*², Vol.IV, 1998, p.383)。亦即,缔约双方不仅有诸神而且还有城邦来确保盟约免受践踏。

20. 埃雷特里亚法

【题解】

埃雷特里亚位于优卑亚半岛,公元前6世纪至前5世纪希腊的重要城邦之一。埃雷特里亚法石刻发现于1912年,约公元前550年至前525年间[①]成文,后被移作古城的城墙用石,现藏埃雷特里亚博物馆。E.范德普尔与W.P.华莱士本[②]根据石刻的形态、不同的书体分为铭文甲、乙、丙、丁四个部分[③]。

值得关注的是,国外学界除了讨论埃雷特里亚法及其他早期法律(如本书所举的《德莱洛斯法》[8]、《德拉古法》[14]以及《基奥斯法》[17])的司法程序外[④],针对本篇法律铭文的拟补、出台的背景以及埃雷特里亚的造币时间等问题也多有辨析,且各家说法不一[⑤]。

本文据E.范德普尔与W.P.华莱士的校勘本[⑥]译出。

原刻[⑦]

① 定年参照 *LSAG*,p.84。

② Eugene Vanderpool and W.P.Wallace,"The Sixth Century Laws from Eretria",*The Journal of the American School of Classical Studies at Athens*,Vol.33,No.4(Oct.-Dec.,1964),pp.381-391.

③ 《希腊铭文》卷十二(第九分册)编号为"1273及1274"(*IG* XII,9)。

④ 参见 Michael Gagarin,*Early Greek Law*,University of California Press,1986,pp.81-97。

⑤ 参见 Keith G.Walker,*Archaic Eretria:A political and social history from the earliest times to 490 BC*,Routledge,2004,pp.189-194;Francis Cairns,"rhēmata docima:IG XII,9,1273 and 1274 and the Early Coinage of Eretria",*Zeitschrift für Papyrologie und Epigraphik*,Bd.54,1984,pp.145-155;H.Volkmann,"Docima Rhēmata",*Hermes*,LXXIV,1939,pp.99-102。

⑥ Eugene Vanderpool and W.P.Wallace,"The Sixth Century Laws from Eretria",pp.381-391.

⑦ 采自 Eugene Vanderpool and W.P.Wallace,"The Sixth Century Laws from Eretria",Pl.67a。

【译文】

继发誓后方可进行审判;须在第三天以真币[1]交罚锾;未付罚锾[▨▨▨▨▨][2],将被处流放。[3]

▨▨▨[4]。他须交十斯塔特尔[5];如不交罚锾,诸官员[6]将依据法[7]行事。无论何人,若不作为,他自己将受罚。[8]▨▨▨[9]。

【注释】

[1] 铭文作"rhēmata docima"。"rhēmata"一词的义项"东西、财物"等。H.福尔克曼认为,出现在铭文中的"rhēmata"无疑首次用于指代"钱币","docima"可释义为"真的"(H.Volkmann,"Docima Rhēmata",pp.99-102)。另有观点称,"rhēmata"应取其本意,"docima"为"品质可接受者",合而观之,应作"品质可接受之财物"解(Francis Cairns,"rhēmata docima:IG XII,9,1273 and 1274 and the Early Coinage of Eretria",pp.148-152)。

[2] 铭文原刻计五个字母被删除。根据刻文留痕,E.范德普尔与W.P.华莱士本拟补作"▨▨▨▨▨"(见铭文原刻),与格,疑指"献与赫拉",并推断刻工的本意似应作"herai de to epidecaton",即"罚锾之十分之一献与赫拉",但因笔误,故除去"herai",而未续刻"de to epidecaton"。针对 E.范德普尔与 W.P.华莱士本的拟补与推测,K.G.沃克认为,在埃雷特里亚尚未发现可接受罚锾的赫拉神庙(Keith G.Walker,*Archaic Eretria:A political and social history from the earliest times to* 490 *BC*,p.190)。

[3] 以上为铭文甲。

[4] 以上为铭文乙,残破较多,计三行半略。

[5] 铭文拟补作"[s]tatēras",另见铭文 17 乙注释[1]。若"rhēmata docima"指"财物",为重量单位,指"钱币"则为货币单位。

[6] 铭文作"archos"。

[7] 铭文作"apo rhetōn"。据《希英词典》(*LSJ*,1992,pp.1569-1570),"rhetos"一词有"惯例、既定条款、法律条文"等义项。另见"rhetra"(铭文17,甲注释[1])。

[8] 以上为铭文丙。

[9] 以上为铭文丁,残破较多,计七行略。

21. 科罗伊索斯在阿尔特弥斯神庙的祭献

【题解】

据希罗多德《历史》(I,26—92)记载:科罗伊索斯,阿吕阿泰斯之子,吕底亚末代国王,约公元前560年至前546年在位。其间,科罗伊索斯先后征服小亚的以弗所等诸多城邦,并在希腊多处圣地祭献(另见《帕罗斯碑》,铭文100,甲41)。以弗所阿尔特弥斯神庙的大部分石柱即为其所献。

本文所举铭辞分别见于该地阿尔特弥斯神庙的三处柱基,现藏大英博物馆。柱基铭辞内容相同,字母亡佚虽多,但可互补成句。

本文据 M.N.托德《希腊历史铭文选》卷一中的校勘本(6)①译出。

甲

【译文】

科罗[埃索斯][1][王]祭献[2]。

【注释】

[1] 铭文拟补作"Cr[oisos]"。

[2] 铭文拟补作"[ane]the[cen]"。

乙

【译文】

[科罗伊索斯]王[1]祭献[2]。

【注释】

[1] 铭文拟补作"Ba[sileus]"。

[2] 铭文拟补作"ane[thecen]"。

---

① *GHI*,Vol.I,pp.9—10.

丙

【译文】

［科罗伊索斯王］祭献[1]。

【注释】

［1］ 铭文拟补作"［anethec］en"。

22. 阿法娅神庙奠基文

【题解】

埃吉纳岛上的阿法娅神庙约建于公元前 6 世纪中期,其建筑风格呈现出古风时代向古典时代过渡的诸多特点①。神庙奠基铭辞计三行,左书,阿提卡书体,词与词之间多见间隔符号":"。刻石现藏埃吉纳考古博物馆。

本文据 M.瓜尔杜奇《希腊铭文:从起源到晚期古代》中的校勘本(1)②译出。

摹本③

铭辞隶定作:

[ἐπὶ Θ?]εοίτα ꞉ ἰαρέος ꞉ ἐόντος ꞉ τᾶφαίαι ꞉ hοῖρος
ἐπ[οι]έϑε ꞉ χὀ βõμὸς ꞉ χὀλέφας ꞉ ποτεποιέϑε
χὀ [ϑρόνο]ς ꞉ περι[ε]ποιέϑε.

【译文】

塞奥伊塔斯[1]为祭司时,为阿法娅[2]建庙宇、祭坛;新增牙雕[3]、造坐具[4]。

【注释】

[1] 铭文拟补作"[Th]eoita",属格。在阿提卡铭文中,以"-as"结尾的名词单数属格形式均为"-a",而非"-ados"(L.Threatte, *The Grammar of Attic In-*

---

① 有关该神庙建筑风格的讨论详见 T.B.I.Webster, "The temple of Aphaia at Aegina", *Journal of Hellenic Studies*, 1931, 51:2, pp.179-183。

② M.Guarducci, *L'epigrafia greca dalle origini al tardo impero*, pp.61-62.

③ 采自 M.Guarducci, *L'epigrafia greca dalle origini al tardo impero*, fig.27, p.62。

scriptions，II，Berlin-New York，1996，p.6）。

［2］铭文作"taphaiai"，为小品词"te 与 aphaiai"之省音形式。阿法娅女神为
　　　埃吉纳当地的航海及狩猎保护神。

［3］铭文作"cholephas"，疑为阿法娅造像。

［4］铭文作"thronos"，疑用作安放神像。

23. 科罗伊索斯墓志铭

【题解】

该墓志铭及碑趺上的大理石造像发现于阿提卡地区东部的迈索戈亚，约为公元前 540 年至前 530 年的遗存，现藏雅典国家考古博物馆。

本文据 P.A.汉森《希腊碑铭体短诗》中的校勘本(27)[①]译出。

铭辞隶定作：

στε̃θι : καὶ οἴκτιρον : Κροῖσο | παρὰ σε̃μα θανόντος :
hόν | ποτ' ἐνὶ προμάχοις : ὄλεσε | θο̃ρος : ῎Αρες.

【译文】

在亡者科罗伊索斯[1]的墓旁伫立、哀痛吧，狂暴的[2]阿莱斯[3]在阵前戕杀了他。

【注释】

[1] 与吕底亚王同名者，见铭文 21。

[2] 铭文作"thōros"，阿莱斯的别号之一。

[3] 奥林匹斯十二主神之一。在古典著作家笔下，"战神"阿莱斯往往与野蛮、好战的色雷斯人联系在一起(Homer, *Iliad*, 13.301; Ovid, *Ars Amatoria*, II.10)，因为在神话传说中色雷斯是阿莱斯出生地(Walter Burkert, *Greek Religion*, Oxford: Blackwell, 2004, p.141; William Hansen, *Classical Mythology: A Guide to the Mythical World of the Greeks and Romans*, Oxford: Oxford University Press, 2005, p.113)。此处暗喻科罗伊索斯为色雷斯人所杀，以表其死得英勇。

---

① *CEG*, pp.19-20.

24. 赫尔墨斯方柱碑

【题解】

雅典僭主庇西斯特拉托斯育有三子:希庇亚斯、希帕尔霍斯以及塞萨罗斯。有关塞萨罗斯的记载较少,学界对希庇亚斯与希帕尔霍斯何者为兄亦无定说(另见《帕罗斯碑》,铭文100,甲45注释[2]),但普遍认为,希庇亚斯与希帕尔霍斯在其父离世时(公元前527年)均已逾四旬。据推断,希庇亚斯与希帕尔霍斯共为僭主期间,可能依旧关注公共事务,如本文所举的赫尔墨斯方柱碑,即是阿提卡道路上的标识①。

赫尔墨斯为护佑行者及保护道路的神明。矗立在阿提卡道路上的方柱碑,柱顶多为赫尔墨斯半身造像,也有雅典娜、阿波罗或阿尔特弥斯的造像;柱身刻有题献、警句或纪念阵亡将士的悼词②。据柏拉图对话录《希帕尔霍斯篇》(228)记载,希帕尔霍斯在位期间,所立柱碑众多。

该柱碑发现于阿提卡地区的库尔萨拉,现藏希腊布拉乌隆博物馆。

本文据 F.希勒·冯·格尔特林根《希腊铭文》卷一中的校勘本(837)③译出。

柱碑铭辞摹本④

铭辞隶定作:

[έ]Ν μέcΟΙ Κεφαλêc τε καὶ ἄcτεΟ|c, ἆΝǝΡ, [h]Ο hεΡμêc.

---

① 相关讨论详见 *CAH*², Vol.IV, pp.287-302。
② 参见 M.H.鲍特文尼克等编著:《神话词典》,黄鸿森、温乃铮译,北京:商务印书馆,1985年,第273页。
③ *IG* I², p.229.
④ 采自 *CAH*², Vol.IV, fig.29, p.293。

【译文】

此为科法罗斯[1]与城区[2]之中间、炫目的赫尔墨斯柱碑[3]。

【注释】

[1] 铭文作"Cephalēs",地在劳里昂矿区北端,其名称源自名词科法罗斯。科里斯提尼改制后,科法罗斯成为隶属于阿卡马斯部落的德莫。

[2] 铭文作"asteos",即雅典。

[3] 铭文拟补作"aner,[h]o hermēs",其中"aner"一词,J.K.戴维斯释义作"aglaos"("炫目的、壮观的"[1],为赫尔墨斯的诸多别号之一,常见于诗文,用于平衡行文的韵律)。

---

① *CAH*², Vol.IV, p.293.

25. 庇西斯特拉托斯祭献

【题解】

据修昔底德《伯罗奔尼撒战争史》(VI,54)记载,希庇亚斯之子庇西斯特拉托斯为纪念其出任执政官一职,曾于公元前 522/521 年建造两座祭坛,即广场上的十二主神祭坛与德尔菲阿波罗神殿的祭坛。后来,雅典民众在重新规划时,加长了广场上的祭坛,并除去庇西斯特拉托斯题献在祭坛檐口上的铭辞。但德尔菲祭坛上的铭辞却存留下来,其行文与修昔底德的记载毫无二致。

德尔菲祭坛檐口现藏雅典碑刻博物馆。

本文据 M.瓜尔杜奇《希腊铭文:从起源到晚期古代》中的校勘本(4)[1]译出。

铭辞摹本[2]

铭辞隶定作:

$$\mu\nu\tilde{\varepsilon}\mu\alpha\ \ \tau\acute{o}\delta\varepsilon\ h\tilde{\varepsilon}\varsigma\ \ \mathring{\alpha}\rho\chi\tilde{\varepsilon}\varsigma\ \ \Pi\varepsilon\iota\sigma\acute{\iota}\sigma\tau[\rho\alpha\tau o\varsigma\ h\iota\pi\pi\acute{\iota}\delta\ h]\upsilon\iota\grave{o}\varsigma$$
$$\vartheta\tilde{\varepsilon}\chi\varepsilon\nu\ \ '\!A\pi\acute{o}\lambda\lambda\delta\nu o\varsigma\ \Pi\upsilon\vartheta[\acute{\iota}]\delta\ \mathring{\varepsilon}\nu\ \tau\varepsilon\mu\acute{\varepsilon}\nu\varepsilon\iota.$$

【译文】

[希庇亚斯]之子庇西斯特[拉托斯][1]把其出任执政官一职的纪念[2]献与德尔菲的阿波罗[3]神殿。

【注释】

[1] 在古代希腊人的取名传统中,长子可取父名或祖父名,希庇亚斯之子庇

---

① M.Guarducci,*L'epigrafia greca dalle origini al tardo impero*,p.45.

② 采自 M.Guarducci,*L'epigrafia greca dalle origini al tardo impero*,fig.16,p.45。

西斯特拉托斯即为其祖父名,相关讨论详见拙文《古希腊人名与汉译》(《读书》,2010 年第 1 期,第 93—96 页)。

[2] 铭文作"Mnema",意指德尔菲阿波罗神殿的祭坛。

[3] 铭文拟补作"Apollōnos Puth［i]o",中文惯译为"皮提娅·阿波罗"或"阿波罗·皮提娅"。在希腊神话中,该娅之子蟒蛇皮同为德尔菲的保护神,亦是下界的黑暗之神。阿波罗从雅典抵达德尔菲后,斩杀皮同并建神谕所,得别号"Puthios"(阳性形容词,意为"皮同的,或德尔菲的")。作为传达阿波罗神谕的女祭司以及为庆祝阿波罗斩杀皮同在德尔菲举行的赛会,希腊文中的"Puthia"是从"Puthon"一词演变而来的阴性名词,中文通常译为"皮提娅""皮提娅赛会"。凡此均已约定俗成,本书姑且袭用,但"Apollōn Puthios"则试译作"德尔菲的阿波罗",意在强调阿波罗别号的内涵。在品达的《皮提娅赛会颂歌》(Ⅵ,60)中,德尔菲阿波罗神殿的女祭司亦被称作"melissa"(原为"蜜蜂"之意,因德尔菲的另一座神殿据传系由蜜蜂建造而成)。古时,可传达阿波罗神谕的神殿遍布希腊各地,唯以德尔菲的阿波罗神殿最为著名。

26. 大流士致伽达塔斯书

【题解】

　　该封波斯王大流士在位期间(公元前 522 年—前 486 年)的信函系为罗马帝国早期的石刻抄件,原件疑为阿拉米亚语或古波斯语。就古希腊传统而言,公函与私信不外乎出于传递信息之目的。但自亚历山大大帝以降,希腊化时代的公函一般要勒石刊布以彰显帝王的权威。其间,对此前的信件亦多见复刻①。

　　西方学界对大流士致伽达塔斯书的真伪颇有异说,尤以"如此不知我先辈对阿波罗神之态度……"句争议最多。据斯特拉波《地理志》(14,1.5;17,1.43)记载,在大流士统治期间,薛西斯先后焚毁小亚细亚的阿波罗圣所及狄迪马的阿波罗神庙,这显然与信中所透露的敬神态度相悖。晚近的一种观点认为,信的成文时间不会早于公元前 494 年,似应在圣所与神庙被焚毁的那一年。而信的作者则疑为希腊人或亲厚希腊的波斯人。这封信在罗马帝国早期的复刻,可能是为了证明阿波罗崇拜在小亚细亚以及狄迪马作为圣所的传统地位②。

　　该封信函的石刻发现于土耳其的代尔曼德基克,现藏法国卢浮宫博物馆。

　　本文据 R.梅格斯与 D.刘易斯《希腊历史铭文选》中的校勘本(12)③译出。

【译文】

　　胡斯塔斯拜斯之子、万王之王大流士致其属下[1]伽达塔斯[2]如是:

　　我获悉,你并非完全听命于我。你在属于我的土地上耕种[3],在小亚种植幼发拉底河右岸地区[4]的果树,我祝贺你,你会为此而得到波斯王室的重赏。但是,你无视我对诸神的敬仰,若你一意孤行,我会让你感到我的愤怒;因为你向阿波罗神圣的园丁索税,强迫他们在世俗的土地上劳作,如此不知我先辈对

---

　　① 详见 John Muir, *Life and Letters in Ancient Greek World*, London: Routledge, 2009, pp.83-85。

　　② Ove Hasen, "The Purported Letter of Darius to Gadates", *Rheinisches Museum für Philologie*, CXXIX, 1986, pp.95-96.

　　③ M-L, pp.20-22.

阿波罗神之态度,因为他曾向波斯人说出全部真相以及⊠⊠⊡。

【注释】

［1］ 铭文作"doulōi",通常意指"奴隶"。但在涉及波斯及其他民族的语境中,则多用来指代专制君主的臣属。参见希罗多德《历史》(Ⅲ,122)。

［2］ 疑为波斯在伊奥尼亚行省的总督。参见色诺芬《居鲁士的教育》(Ⅴ,3.10)。

［3］ 波斯总督的主要职责之一是负责耕种国王的土地,收入归国库所有。参见色诺芬《经济论》(Ⅳ,8)。

［4］ 即叙利亚。

27. 科尔库拉契约

【题解】

古代流传下来的铅板铭辞极为有限,除本文所举者外,在科尔库拉还发现有五块铅板,其中一块现藏大英博物馆,余者藏于希腊科孚博物馆,咸为公元前 525 年至前 500 年左右刻件。

《希腊铭文补编》卷二十一收录的铅板编号为 392、393 以及 394①。

本文据 P.卡利加斯的校勘本②译出。

甲

【译文】

孔冬欠安塞[伊]阿斯部落[1]第六支属[2]的哈戈莫尼达斯一百七十德拉克马。斯拉苏罗斯、克拉泰阿斯[3]。

【注释】

[1] 疑为"Anthe[i]as",《希腊铭文补编》卷二十一(392)作"YNTHI ☐ ani"。

[2] 铭文作"Fectas",意为"六"。P.卡利加认为(P.Calligas,"An Inscribed Lead Plaque from Korkyra",p.89),"Fectas"应为部落下属的组织,故本文试译作"第六支属"。

[3] 应为证人名。

乙

【译文】

阿佩罗斯多洛[斯]欠阿奥隆部落[1]第五支属的□□⊠□⊠叙摩斯六百德拉克马。阿[乌]塔伽索斯、阿☐[2]。

---

① *SEG* XXI,pp.137-139.

② P.Calligas,"An Inscribed Lead Plaque from Korkyra",*The Annual of the British School at Athens*,Vol.66,1971,pp.79-93.

【注释】

［1］铭文作"Aϝoron"。

［2］应为证人名。

丙

【译文】

☒[1]［欠］阿奥隆部落第二支属的☒[2]［一百］零九德拉克马，☒☒☒☒☒☒。

【注释】

［1］铭文作"tō tode"。

［2］铭文作"ho deina"。

28. 埃利斯与赫拉埃亚的盟约

【题解】

埃利斯与赫拉埃亚的盟约匾铭为青铜质,匾铭两端上方见固定用孔洞,1813 年发现于奥林匹亚,现藏大英博物馆。

该盟约匾铭字迹清晰,古风时代的埃利斯书体,左书,句间见":"符号,约公元前 6 世纪成文。铭辞所提供的信息未见其他文献记载。捐赠人理查德·佩恩·奈兹(1750 年—1824 年)生前对盟约匾铭书体的研究极为详尽,他所做的隶定工作及其在释读过程中所持的审慎态度对后世铭文学的研究影响极大。

本文据 R.梅格斯与 D.刘易斯《希腊历史铭文选》中的校勘本(17)①译出。

匾铭摹本②

---

① M-L,pp.31-32.

② 采自 *LSAG*,Pl.42(6)。

铭辞隶定作：

ἁ Ϝράτρα τοῖρ Ϝαλείοις· καὶ τοῖς Ἐρ-
Ϝαοίοις· συμμαχία κ' ἔα ἑκατὸν Ϝέτεα·

ἄρχοι δέ κα τοῖ· αἰ δέ τι δέοι· αἴτε Ϝέπος αἴτε Ϝ-
άργον· συνέαν κ' ἀλάλοις· τά τ' ἄλ⟨α⟩ καὶ πὰ-
ρ πολέμο· αἰ δὲ μὰ συνέαν· τάλαντόν κ'
ἀργύρο· ἀποτίνοιαν· τôι Δὶ 'Ολυνπίοι· τοῖ κα-
δαλεμένοι· λατρειόμενον· αἰ δέ τιρ τὰ γ-
ράφεα· ταῖ καδαλέοιτο· αἴτε Ϝέτας αἴτε τ-
ελεστὰ· αἴτε δâμος· ἐν τέπιάροι κ' ἐνεχ-
οιτο τôι 'νταῦτ' ἐγραμένοι.

【译文】

埃利斯人与赫拉埃亚人盟誓[1]：

百年[2]联盟，始于是年[3]；若有所需，或言辞或行动，双方将全方位，尤其在战争中相互帮助；若不相助，背信弃义者将向奥林匹斯的宙斯付一银塔兰特为其所用；谬行不义者，无论个人、官吏或民众[4]，将如所记的那样受到罚镪。

【注释】

[1] 铭文作"Fratra"。另见铭文 17 注释[1]。

[2] 铭文作"ecaton Fetea"，此处为"永久"之意，早期希腊城邦盟约的签订均采用此种表述。

[3] 约公元前 6 世纪前后，具体始于何年尚无旁证。

[4] 铭文作"damos"。

29. 雅典殖民萨拉米令

【题解】

雅典殖民萨拉米的法令约于公元前 6 世纪晚期颁布,为现存最早的雅典法令。

该大理石碑发现于雅典卫城,残破为七段,阿提卡书体,凡十二行,第一行至第六行及第七行的前两个字母为"行列"刻写法[1],余文字母间距较大,第九行见"∶"符号,第十二行见"⫶"符号。本篇铭文为这种刻写方法的早期遗存,故未贯通一致。断碑现藏雅典碑刻博物馆。

本文据 R.梅格斯与 D.刘易斯《希腊历史铭文选》中的校勘本(14)[2]译出。

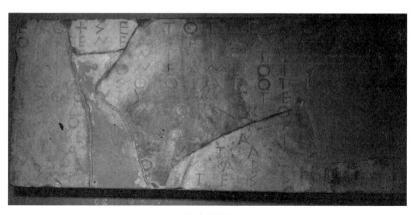

法令原刻

---

[1] 希腊文作"stoichedon",副词,意指"成行为列",即铭文行与行的字母个数相同。希腊铭文的这种刻写方法盖始于公元前 6 世纪晚期,盛于公元前 5 世纪至公元前 4 世纪。成行为列未贯穿始终者,谓"准成行列"刻写法(quasi-stoichedon),如本篇铭文。参见 R.P.Austin, *The Stoichedon Style in Greek Inscriptions*, Oxford:Oxford University Press, 1938;M.J.Osbone, "The Stoichedon Style in Theory and Practice", *Zeitschrift für Papyrologie und Epigraphik* 10:249−270, 1973;A.G.Woodhead, *The Study of Greek Inscriptions*, Cambridge:Cambridge University Press, 1981。

[2] M-L, pp.25−27.

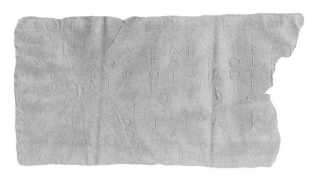

法令拓片①

【译文】

民众[1]决定如次：

[那些在]萨拉米的[受领份地者][2]将获准定居在萨拉米□□□□□,□□□□□□须向雅典纳税,并履行兵役;不得出租[萨拉米]的土地□□□□□□□,若出租,[承租人与]出租人双方均须向国库偿付□[3]:地方官[4]负责征兵,若不征兵,将被传讯;[须自行配备]武器,[价值]三十德拉克马[5];武备毕,将由执政官负责查验,根据议事会[6]□[7]。

【注释】

[1] 铭文作"toi demoi",此处指整体意义上的城邦。其时,一项成文法令的提案、制订与实施尚无一定程序。

[2] 铭文拟补作"[clerochos]",系指在境外受领份地的雅典公民。

[3] 十九个字母缺失。

[4] 铭文拟补作"[a]rcho[n]ta",即雅典派往萨拉米的行政官员。参见亚里士多德《政治学》(54.8)。另据亚里士多德《雅典政制》(LXII,2)记载,萨拉米的地方官每日膳费一德拉克马。

---

① 原刻照片及拓片系采自"俄亥俄州立大学希腊-拉丁铭文电子资源共享库"(http://hdl.handle.net/2374.OX/490)。在欧洲,拓片的制作最早始于18世纪早期。其方法是把浸湿的专用纸平铺在铭文表面,然后用硬毛刷均匀拍打,使其凹入每个字母及符号。干燥后,一篇铭文的拓片告成,正反面的字迹均清晰可辨。这种拓片的制作纸张纤维要长,且需韧性。参见 D.M.Schaps, *Handbook for Classical Research*, Oxford: Routledge,2011,pp.225—227。

［5］受领份地者在境外对母邦的主要义务便是充当驻军,故每人须配备价值三十德拉克马的武器。

［6］S.卢拉拟补作"［ep］i tes B［o］le［cleos aparches"（Salomo Luria,"Zur Frühgeschichte des griechischen Alphabets",*Kadmos* iii,1964,p.101）。

［7］约计十一个字母缺失。

二　古典时代

30. 卡利马霍斯祭献柱碑

【题解】

据希罗多德《历史》（VI, 109-114）记载：卡利马霍斯，阿菲德纳人，曾作为军事执政官参加马拉松战役，阵亡。本篇铭文内容似与希罗多德的记载相关，但卡利马霍斯如何在身后祭献却成为学界的议题。一般观点认为，柱碑系卡利马霍斯在战前许愿、战后由他人代为完成的祭献。

该柱碑发现于卫城，铭文为古风时代阿提卡字母，六音步诗，五行，诗句见间隔符号"："，现藏雅典碑刻博物馆（编号 6339）。

本文据 R.梅格斯与 D.刘易斯《希腊历史铭文选》中的校勘本（18）①译出。

铭辞隶定作：

[Καλίμαχός μ' ἀν]έθεκεν Ἀφιδναῖο[s] τἀθεναίαι：
ἄγ[γελον ἀθ]ανάτον hοὶ 'Ο[λύμπια δόματ'] ἔχοσιν, |
[....8.... πολέ]μαρχο[s] Ἀθεναίον τὸν ἀγόνα：
τὸν Μα[ραθον.... h]ελενονο[.....11......：]
παισὶν Ἀθεναίον μγ[.........21..........]

【译文】

阿菲德诺斯德莫[1]的［卡利马霍斯］把［我］[2]——位于奥［林匹斯山］[3]之永生信使[4]——献与雅典娜。雅典军事执政官[5]□□□□□□□□马［拉松］一役□□□□，赫拉斯人[6]□[7]，⊠□□[8]雅典人之后裔。

【注释】

[1] 铭文拟补作"Aphidnaio[s]"，文献中该德莫另作"Aphidna"，隶属于阿亚克斯部落。公元前 6 世纪末，科里斯提尼新创的十个地缘部落取代了原来的四个亲缘部落。现有研究表明（CAH², Vol.IV, 1998, pp.309-332），这十个部落排序的最早证据见公元前 447 年雅典刊布的一份《雅典阵亡将士名录》（铭文 45），依次为埃莱赫塞奥斯、阿伊戈奥斯、潘狄昂、勒奥

---

① M-L, pp.33-34.

斯、阿卡马斯、奥伊内奥斯、科克罗普斯、希波松、阿亚克斯以及安提奥霍斯，部落名称均源自早期雅典王或阿提卡英雄的名字。科里斯提尼另将阿提卡的全部德莫划分为三个不同的大区：城区、沿海及内陆。在行政管理上，这些大区中的德莫分属十个"特里图斯"（trittus）——每一部落均领有三大区中的一部分。原来的四百人议事会亦被五百人议事会所取代。新的议事会成员（prutanes）则分别由十个部落各自选出的五十人组成，轮流执掌议事会，一年一次，一次三十五天或三十六天不等。当值部落（prutaneia）每天抽签选举一人主持会议。相关记载详见亚里士多德的《雅典政制》（XXI,3-4；XLIII,1-4）。

[2] 铭文作"m"，人称代词宾格，指代柱碑。

[3] 铭文拟补作"O[lumpia domat']echosin"。

[4] 铭文拟补作"ag[gelon ath]anaton"。

[5] 铭文拟补作"[pole]marcho[s]"，卡利马霍斯时为军事执政官。在雅典，军事执政官最初的职能是指挥军队，负责处理涉及外来人口的诉讼。从公元前4世纪起，其主要职能是处理侨民以及与侨民相关的司法案件。

[6] 即希腊人。关于"Hellenes"一词的起源问题自古以来即颇具争议。据亚里士多德《天象论》（352 b,1-3）记载，"戈拉伊克斯人"原指与专事祭司的"塞罗伊人"同居于多多那圣地的居民，后来才被称为"Hellenes"。"戈拉伊克斯人"这一称谓后经伊庇鲁斯传到意大利，并在拉丁文中演变成"Graecus"（希腊人）的形式。阿波罗多洛斯《文库》（I,vii.3）中的记载与《帕罗斯碑》（铭文100,甲6）的记载同源，他认为"Hellenes"也是从赫伦（Hellen）的名字衍变而来。但据保桑尼阿斯《希腊行记》（III,xx.5-7），"Hellenes"系源自色萨利一个号为"Hellas"的地名。"Hellas"一词最早见于荷马史诗《伊里亚特》（II,684），指的也是色萨利的一地。在希腊历史上，希腊人盖从公元前7世纪起自称为"Hellenes"，称他们的国家为"Hellas"，并沿用至今。为统一计，出现在铭文中的"Hellas"本书通译作"赫拉斯"，由该地名娩出的"Hellenes"译为"赫拉斯人"。相关讨论另见 D.Gary Miller,*Ancient Greek Dialects and Early Authors*,Boston-Berlin：Walter de Gruyter Inc.,2014,pp.25-26。

[7] 十一个字母缺失。

[8] 二十一个字母缺失。

31. 马拉松大捷谢恩祭献

【题解】

据保桑尼阿斯《希腊行记》(X，II.5)记载，雅典在德尔菲的金库始建于马拉松大捷（公元前 490 年）之后。发掘德尔菲的法国考古学家亦认为，这篇石刻铭文即是战后雅典人的祭献题记①。现存铭辞为公元前 3 世纪的复刻，阿提卡书体，隶定作：

> *Ἀθεναῖοι τ[ο̑]ι Ἀπόλλον[ι ἀπὸ Μέδ]ον ἀκ[ροθ]ίνια*
> *τε̑s Μαραθ[ο̑]νι μ[άχεs].*

本文据 R.梅格斯与 D.刘易斯《希腊历史铭文选》中的校勘本(19)②译出。

【译文】

雅典人把马拉松一役[从米底人][1]那里获得的战利品[2]献与阿波罗。

【注释】

[1] 铭文拟补作"[Mēd]on"，亦即波斯人。
[2] 铭文拟补作"ac[roth]inia"。雅典人常常把部分战利品用于祭献。除阿波罗外，古典时代的雅典人亦向奥林匹斯的宙斯祭献战利品。

---

① G.Colin，ed.，*Fouille de Delphe* III，Fasc.2，*Épigraphie*，1909–1913，Paris.
② M-L，p.35.

32. 雅典陶片放逐制

【题解】

据亚里士多德(《雅典政制》,XXII,1—5)记载,陶片放逐制系由科里斯提尼始创于公元前 508/507 年,最初的目的是预防僭主政治的复辟,后来则旁及所有势力过大之人。在雅典历史上,希帕尔科斯是经陶片投票而被放逐的第一人(时在公元前 487 年)。据亚里士多德(《雅典政制》,XX)记载,他因是"僭主之友"的"首领和代言人"而遭外放。

据普鲁塔克(《名人传·阿里斯泰德斯传》,VII,5)记载,投票者把欲放逐的人名刻画在陶片上,由执政官负责清点,若少于 6000 人投票则废止放逐。该制度实施期间,雅典计有八人(有案可查者)先后被外放。公元前 416 年前后,在民众中颇具煽动力的西佩尔保罗斯欲藉此剪除阿尔基比亚德斯与尼西阿斯,结果反遭放逐。此后,该制告废。据普鲁塔克(《名人传·尼西阿斯传》,XI)记载,陶片放逐制的弃用,是因为放逐了西佩尔保罗斯这样一个不值得施以此法之人。事实上,随着民主政治的巩固,雅典逐步建立起的一整套司法条例不仅适用于陶片放逐制所涉及的政界要人,而且包括普通民众。

据统计,迄今在雅典广场及陶工区等地断续发掘出的带有刻文的陶片达12 000 余片。其中笔迹雷同者多为事先刻勒而成,这说明陶片放逐制已沦为党争的工具。在此类遗存中,即有涉及伯利克利的陶片,如定年在公元前 443年前后的陶片上刻有"伯利克利,科桑提普斯之子"①的字样,而当时位高权重的伯利克利却是雅典少数几位未遭放逐的政要。

本文中的六片分别出土于雅典卫城(甲、乙、丙、己)、比雷埃夫斯大道(丁)以及阿斯丘(戊),除陶片丁亡佚外,其余五片现藏雅典国家博物馆。

另外,自科里斯提尼时代起,出现在官方档案中的雅典人名须附所在德莫的名称,如下文"地米斯托克利,弗莱阿里奥伊人"(戊、己)。一般而言,雅典人对外自称为雅典人,对内则要言明其所在的德莫,德莫的名称成为雅典人名的一部分。关于古代希腊人的命名传统,详见拙文《古希腊人名与汉译》。

---

① M.Guarducci,*L'epigrafia greca dalle origini al tardo impero*,fig.69.

本文据 M.N.托德《希腊历史铭文选》卷一中的校勘本(15)①译出。

陶文丙原刻②　　　　　　　　　陶文丙摹本③

甲

【译文】

迈伽克莱斯[1],[西波]克拉泰斯之子,阿劳贝克[2]人。

【注释】

[1] 据亚里士多德(《雅典政制》,XXII,5)记载,迈伽克莱斯被放逐的时间约在公元前486年春。

[2] 铭文作"Alōpecēthe",隶属于安提奥基斯部落。

乙

【译文】

迈伽克莱斯,[西]波克拉[泰斯][1]之子。

【注释】

[1] 铭文拟补作"[Hi]ppocra[tous]"。

---

① *GHI* I,pp.17-18.

② 采自 *Mitteilungen des Deutschen Archäologischen Instituts:Athenische Abteilung*,XL,1915,Tapei I(3).

③ 采自 Hermannus Roehl,composuit,*Imagines Inscriptionum Graecarum Antiquissimarum* in Usum Scholarum,Imag.73(26)。

丙

【译文】

科桑提普斯[1],阿里弗隆之子。

【注释】

[1] 伯里克利的父亲,约公元前 484 年春被放逐。

丁

【译文】

科桑提普斯,阿里弗隆之子。

戊

【译文】

地米斯托克利[1],弗莱阿里奥伊人[2]。

【注释】

[1] 约公元前 483/482 年春被放逐。

[2] 铭文作“Phrearrios”,文献中该德莫另记作“Phrearrhii 与 Phrearre”。

己

【译文】

[地米斯托]克利[1],弗莱[阿里奥斯人]。

【注释】

[1] 铭文拟补作“[Themisto]clēs”。

33. 斯巴达人题献

【题解】

斯巴达人祭献铭辞系刻于石基之上,发现于奥林匹亚圣林(Altis),现藏奥林匹亚博物馆。据保桑尼阿斯《希腊行记》(V,xxiv.3)记载,继美塞尼亚第二次起义后,斯巴达人与美塞尼亚人的冲突又起。其间,斯巴达人在奥林匹斯的宙斯神殿行祭,所献青铜造像高三点六五米,题献与本篇铭文内容相同。鉴于保桑尼阿斯并未言明斯巴达人的祭献动机,加之铭文信息有限,西方古典学界对斯巴达人的祭献年代颇多争议。

就铭辞书体而言,其工整程度与保桑尼阿斯所述的年代相去甚远。根据其他古史文献的相关记载及造像形制,学界分别有"公元前490年说""公元前470年说"及"公元前460年说"[1]。R.梅格斯、D.刘易斯即倾向于"公元前490年说"(M-L,p.47)。

本文据 R.梅格斯与 D.刘易斯《希腊历史铭文选》中的校勘本(22)[2]译出。

铭辞摹本[3]

铭辞隶定作:

[δέξ]ο Fάν[a]ξ Κρονίδα{ι} Δεῦ 'Ολύνπιε καλὸν ἄγαλμα
hιλέFο[ι θυ]μôι τοî(λ) Λακεδαιμονίοις.

【译文】

神啊[1],科罗诺斯之子,奥林匹斯[2]的宙斯,[请接受]这精美的造像,并对拉西第梦人施以仁慈之心!

---

① José Dörig, *The Olympia Master and His Collaborators*, Leiden: Brill, 1987, p.13.

② M-L, p.47.

③ 采自 Hermannus Roehl, composuit, *Imagines Inscriptionum Graecarum Antiquissimarum in Usum Scholarum*, Imag.102(20)。

【注释】

［1］铭文作"Fanax",呼格。在与神明相关的语境中,主要指代阿波罗与宙斯
 (*LSJ*,1992,p.114,"anax"条)。

［2］铭文作"Olunpie",希腊十二主神的别号,因古希腊语中的字母"m"与"n"
 音相近,故常误用,另见"Olumpios"(铭文105,注释［3］)。

34. 地米斯托克利法令

【题解】

公元前 481 年夏秋之际,旨在抵抗波斯的希腊城邦联盟在科林斯成立。在这种背景下,地米斯托克利提出了雅典倾城转移、派水军驻扎萨拉米附近及阿提卡沿岸的议案,此即所谓的"地米斯托克利法令"。由于该法令的实施与希罗多德《历史》(Ⅶ,144)中的相关记载在时间上的出入,加之碑文的行文有别于当时的书体及格式,故学界对其真实性不乏置疑。但亦有学者认为,碑文的主要内容系根据原件刻于公元前 4 世纪前后。诚如是,地米斯托克利不愧为有远见的政治家,因为他预见到希腊军队在陆路难以阻挡波斯人的入侵,且深知只有海战才能击败来犯的波斯人。

在国内,相关研究最早见于日知、卢鸿斌、刘文鹏联名发表的《关于新发现的古希腊波斯战争史的一段碑文》①。

该大理石碑发现于特洛伊曾,现藏雅典碑刻博物馆。

本文据 R.梅格斯与 D.刘易斯《希腊历史铭文选》中的校勘本(23)②译出。

【译文】

[诸神]![1]

奈奥克莱斯之子、弗莱阿里奥伊德莫的地米斯[托克利]提议,议事会及公民大会决定如次:

城邦将托付给雅典的[保护神]雅典娜[以及]其他神祇,为的是诸神庇护家园、[抵御]蛮人[2]。雅典人、住在雅典的外邦人[3]将把[儿童与妇女]安置在特洛伊曾[4],⊠□[5]为该地的创建者。[老人及]动产将被安置在萨拉米。司库及祭司[留]在卫城以[保护]诸神的[财产]。

其余雅典及达到从军年龄的侨民将登上已备好的二百艘船,为了他们自己的自由,为了[其他赫拉斯人]的自由,他们将与拉西第梦人、[科林斯人、埃吉纳人]以及其他愿意共赴[危险]的人一同抗击蛮人。

---

① 《光明日报》1962 年 5 月 14 日第三版。
② M-L,pp.48—52.

从翌日起,诸将军将从那些在雅典有［宅］、有［地］、有合法子嗣的人中任命二百名三层桨船指挥官,［每船一名］,年纪在五十岁以下,并将抽签决定每个人所在的船只。诸将军还将征募二十岁以上、三十岁以下的步军,每船十名,射手四名;并在［抽签］任命三层桨船指挥官后指派桨勇;其他船员的名录将逐船记于书板[6]之上:雅典人根据德莫的名录、外邦人根据军事执政官的登记;他们将被分作二百个船组,每组桨勇百名,并由诸将军造册、注明各分组的船名、指挥官及桨勇的名字,以便明确各船组所在的船只。全部船组分派完毕并抽得所在的三层桨船、向神威无限的宙斯、向胜利女神雅典娜、向波塞冬献祭后,议事会与诸将军将令所有人登上二百艘三层桨船;船组成员登船后,其中一百个船组将被派往优卑亚的阿尔特弥斯海角增援,余下的一百个船组将停泊在萨拉米附近及阿提卡沿岸,守卫家园。

为使所有雅典人同心同德地抗击蛮人,那些被放逐十年的人应回到萨拉米并在［那里］等候［公民大会］对他们的裁决[7];［被剥夺公民权者］☐。

【注释】

［1］ 古代希腊的法令、盟约常以此开篇,意若"神明共鉴"(Alan S. Henry, *The Prescripts of Athenian Decrees*, Leiden: Brill, 1977, p.xi)。另见铭文 43、47、48 等。

［2］ 铭文作"barbaron",初指"非操希腊语者"。在希波战争期间,该词成为对波斯人的称谓,始含贬义。奥斯温·默里指出:"同犹太人一样,希腊人在与波斯人的交往过程中意识到将自己视作一个民族:从公元前 5 世纪早期他们与波斯的一系列冲突中产生的这种独立且优于其他民族的意识,为公元前 5 世纪的希腊文化——排他、自信、以希腊为中心——创造了条件。"(*CAH*², Vol.IV, 1998, p.461)

［3］ 铭文作"xsenous",应为一般意义上的外来暂住人口,其地位不同于侨民(metoicos)。中文通常把"metoicos"译作"外邦人",希腊文中该词意为"与之共同居住者"。

［4］ 地处伯罗奔尼撒半岛的阿哥斯地区。

［5］ 约计二十个字母缺失。该处疑指提修斯的外祖父庇特塞奥斯。参见普鲁

塔克《名人传·提修斯传》(III,1)。

[6] 铭文作"leucōmata",即上涂石膏的木板,用于记事或临时性公示等。

[7] 此处指那些经陶片投票而被放逐的人。

35. 科林斯阵亡将士墓志铭

【题解】

据希罗多德《历史》(VIII,94)记载,在萨拉米海战中,科林斯水军临阵逃脱,海战胜局已定时才调头折回。普鲁塔克在其《道德论集·论希罗多德的恶意》(870d-e)一文中则称,雅典人战后允许科林斯阵亡将士埋葬在萨拉米岛并在援引科林斯将士墓志铭的同时,另援引接续下来的两行铭文诗句,"我们就是在这里打败了腓尼基、波斯以及米底水军,拯救了神圣的赫拉斯"。若由是推,铭文中的科林斯将士当阵亡于萨拉米一役(公元前480年)。在西方学界,亦有学者依据该墓志铭的书体,认为应定年在公元前600年前后①。

科林斯阵亡将士墓志石碑发现于萨拉米岛,铭辞两行,科林斯书体,现藏雅典国家博物馆。

本文据 M.N.托德《希腊历史铭文选》卷一中的校勘本(16)②译出。

墓志铭原刻③

---

① Ove Hansen, "On a Corinthian Epitaph from Salamis", *L'antiquité classique*, Année 1991, Volume 60 Numéro 1, pp.206-207.

② *GHI* I, p.19.

③ 采自 A.L.Boegehold, "The Salamis Epigram", *Greek, Roman, and Byzantine Studies*, 6(1965), p.180;另见 *LSAG*, Pl.21(29)。

墓志铭摹本 ①

铭辞隶定作：

[Ὁ ξένε εὔηυδρ]όν ποκ' ἐναίομες ἄστυ Ϙορίνθο,
[νῦν δ' hαμὲ Αἴα]ντος [νᾶσος ἔχει Σαλαμίς]

【译文】

　　[外邦人啊！]

　　从前，我们[居住]在秀水之城——科林斯；[如今，埃阿]斯[1][之岛——萨拉米收留了我们][2]。

【注释】

[1]　在希腊神话中，埃阿斯曾在萨拉米为王，并统率萨拉米人与其他希腊人一道攻打特洛伊。

[2]　铭辞残破较多，因普鲁塔克的记载而得拟补。

---

36. 普拉提亚大捷谢恩柱

【题解】

据希罗多德《历史》(IX,81)记载,普拉提亚大捷后,希腊各邦纷纷向奥林匹斯的宙斯、地峡的波塞冬以及德尔菲的阿波罗献祭谢恩。矗立在德尔菲的谢恩柱通高约六米,柱体为三条并列的巨蛇,自下盘卷而上,柱顶为纯金三足器。柱体系由波斯士兵的青铜盾牌铸成。据修昔底德《伯罗奔尼撒战争史》(I,132)记载,斯巴达将领保桑尼阿斯曾擅自将"赫拉斯人统帅保桑尼阿斯——在其击败米底军队后——把该谢恩柱献与太阳神①"句刻勒在三足器上,后被斯巴达人除去,并增刻所有参战盟邦的邦人称谓。

作为古代希腊世界最为壮观的谢恩纪念,普拉提亚大捷谢恩柱顶端的三足器早在第三次神圣战争期间(公元前356年—前346年)即已被弗西斯人移为他用;巨蛇柱体后被君士坦丁大帝掠走,立于伊斯坦布尔的君士坦丁大竞技场,残存的蛇首现藏该地的考古博物馆。

在此尚需说明的是,希腊文中的"tripos"一词最早见于线文乙,中文通常译为"三足鼎""三脚架"或"三脚炉"。就其形制而言,此种金属器物有三足,上托盘状物,质地多为青铜,其功用在不同的场合亦有所不同,可为礼器、祭物或照明用具等,故本书通译作"三足器"。

本文据 R.梅格斯与 D.刘易斯《希腊历史铭文选》中的校勘本(27)②译出。

【译文】

是役[1],参战者有拉西第[梦人]、雅典人、科林斯人、泰戈亚人、西库昂人、埃吉纳人、迈加拉人、埃皮达洛斯人、奥尔克美诺斯人、弗利奥斯人、特洛伊曾人、赫尔米昂人、提林斯人、普拉提亚人、塞斯皮亚人、迈锡尼人、科奥斯人、迈罗斯人、特诺斯人、纳克索斯人、埃雷特里亚人、哈尔基斯人、斯图里亚人、埃利斯人[2]、波提狄亚人、莱乌卡底亚人、阿纳克托里乌姆人、库斯诺斯人、西弗诺斯人、安布拉吉亚人以及莱普雷乌姆人[3]。

---

① 希腊文作"Phoibos"。
② M-L,pp.57-60.

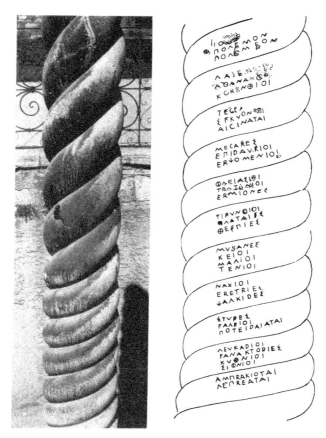

谢恩柱及铭文摹本(局部)①

【注释】

[1] 即公元前 479 年夏希腊联军在普拉提亚附近与波斯大军的陆战。是役大捷,希腊摆脱了来自波斯的陆路威胁。

[2] 铭文作"Faleioi"(见摹本上数第九行),为埃利斯拼写法。埃利斯话为希腊西北方言,近似于多利斯方言。据希罗多德《历史》(IX,77)记载,埃利斯人并未参加此役。J.贝洛赫认为,参战者中,希罗多德所记的"Palees"(IX,28)应为"Faleioi"之误(Julius Beloch, *Die Bevölkerung der griechisch-römischen Welt*, Leipzig:Dunker & Humblot,1886,p.9)。R.梅格斯与 D.刘

---

① 采自 M.Guarducci,*L'epigrafia greca dalle origini al tardo impero*,p.261,figs.79-80。

易斯认为,埃利斯人虽未参战,但因其控制奥林匹亚圣地而被增列其中（M-L,p.60）。

[3] 从所列邦人上看,这三十一座城邦应为所有参加希波战争的希腊盟邦,因为其中有的城邦并未出现在普拉提亚一役。该碑因以是役的战利品铸成,故史称"普拉提亚大捷谢恩柱"。

37. 迈加拉阵亡将士墓志铭

【题解】

据保桑尼阿斯《希腊游记》(I,43.3)记载,在希波战争中阵亡的迈加拉将士墓位于迈加拉。现存的墓志铭石碑为公元 4 世纪或 5 世纪的复刻,复刻的石碑后被移作迈加拉北部古城(Palaiochori)圣阿塔那修教堂(Saint Athanasius church)东北墙的建筑用石。A.伯克 1818 年首次公开发表了该碑铭的校勘本,后收录在《短论集》①中。在西方古典学界,校勘惯以 A.威廉的摹本②为底本,审定多见差异③。

该石碑的书体近似草书,与当时写本的书体相类,对研究写本书体及其流变极具参考价值。

本文据 W.迪滕贝格《希腊铭文》卷七中的校勘本(53)④译出。

铭辞摹本⑤

① A. Boeckh, *Gesammelte kleine Schriften : Bd. Opuscula academica Berolinensia*, Vol. IV, Leipzig: Teubner, 1874, pp.125-133.

② A. Wilhem, "Simonideische Gedichte", *Jahreshefte des Österreichischen Archäologischen Institutes in Wien*, Band II, 1899, pp.236-244.

③ 相关讨论详见 H. T. Wade-Gery, "Classical epigrams and epitaphs : A study of the Kimonian Age", *The Journal of Hellenic Studies*, Vol.53, 1933, pp.71-104; Paloma Guijarro Ruano, "IG VII 53, an epigraphic rara avis in the corpus of Greek metrical inscriptions", *Mare Nostrum*, ano 2016, n.7, pp.35-55.

④ *IG* VII, pp.31-32.

⑤ 采自 A. Wilhem, "Simonideische Gedichte", p.238。

【译文】

那些亡于波斯战争[1]、安葬于此的英烈的墓志铭因年久而残破殆尽,大祭司赫拉迪奥斯[2]意予重修。

[当其决定]通过祭仪荣耀[3][那些在波斯战争中亡于那里[4]的人时],为[荣耀]那些被安葬的人及其城邦他重修那[墓志铭][5],由西摩尼德斯[6]撰写[7]:

"为了赫拉斯及迈加拉人,我们渴望早日实现自由的那一天;我们承受了太多的牺牲:一些人在优卑亚及珀琉斯山[8]——那里有一处因圣洁的持弓者[9]阿尔特弥斯而得名的圣域;一些人在穆卡勒海角的山顶;一些人在萨拉米海湾前,〈⊠〉[10];一些人在彼奥提亚平原,是他们无畏地迎击了那些骑在马上的人[11]。〈迈加拉的〉同胞赋予我们在集会的[12]尼萨亚[13]广场中心这一特权。"

时至今日,城邦仍在以公牛献祭。

【注释】

[1] 铭文作"Persicō polemō"。

[2] 生平事迹不详。根据铭文书体推断,赫拉迪奥斯盖为公元4世纪或5世纪人。

[3] 铭文作"taphēnai"。

[4] 铭文作"entautha",即下文提到的迈加拉人在希波战争中的败绩之地。

[5] 铭文拟补作"tou[to to epigramma]",意指上文提到的墓志铭。

[6] 铭文作"Simōnidēs",科斯琴歌诗人(约公元前556—前468年),另见《帕罗斯碑》(铭文100,甲49)。希波战争期间,西摩尼德斯移居雅典,曾受邀为希波战争中阵亡的希腊将士撰写墓志铭,其诗作多为古典文献所引述,如史家希罗多德的《历史》(VII,228):"过客啊,传信给拉西第梦人吧,我们听从他们的话长眠于此!"

[7] 本文据 A.威廉的摹本审定作"enoiei"(见摹本)。

[8] 地处色萨利东南部的山,因珀琉斯而得名。

[9] 阿尔特弥斯的别号之一。

[10] A.伯克等校勘本审定作"〈nēōn Phoinisōn exolesantes Are〉",本处据 A.威

廉之摹本改。

[11] 即在波斯军队服役的底比斯马兵。据希罗多德记载(《历史》,IX,69),普拉提亚一役,迈加拉马兵阵亡六百余人。

[12] 铭文作"laodocōn"。

[13] 迈加拉的港口之一。

38. 戈隆谢恩祭献 ①

【题解】

公元前480年,叙拉古王戈隆与西西里阿克拉伽斯的僭主塞隆率军在希莫拉击败哈米尔卡统领的迦太基军队,阻止了迦太基人相助希莫拉被废僭主复辟的企图及其势力在西西里的影响。是役后,戈隆在德尔菲献祭。据狄奥多洛斯《历史文库》(XI,26.7)记载,戈隆所献祭物为金质三足器,重达十六塔兰特。

戈隆谢恩铭辞见于三足器的石质碑趺,现位于德尔菲阿波罗神庙的东北角。

本文据R.梅格斯与D.刘易斯《希腊历史铭文选》中的校勘本(28)②译出。

```
CΕΛΟΝΟΔΕΙΝΟΜΕΝ
ΑΝΕΘΕΚΕΤΟΠΟΛΛΟΝΙ
ΣΥΡΑϘΟΣΙΟΣ
ΤΟΝΤΡΙΠΟΔΑ:ΚΑΙΤΕΝ:ΝΙΚΕΝ:ΕΡΓΑΣΑΤΟ
ΒΙΟΝ:ΔΙΟΔΟΡΟ:ΥΙΟΣ:ΜΙΛΕΣΙΟΣ
```

碑趺铭辞摹本③

铭辞隶定作:

$$Γέλον\ ὁ\ Δεινομέν[εος]$$
$$ἀνέθεκε\ τὸπόλλονι$$
$$Συραϙόσιος.$$
$$τὸν:τρίποδα:καὶ\ τὲν:Νίκεν:ἐργάσατο$$
$$Βίον:Διοδόρο:υἱὸς:Μιλέσιος.$$

---

① R.梅格斯与D.刘易斯的标题作"Gelo's Thank-offering for Himera;after 480 B.C.",其中"Gelo"系误植,应为"Gelon"。相关讨论中亦有几处将"Gelon"误作"Gelo"。

② M-L,pp.60-61.

③ *LSAG*,PL.51(6).

【译文】

德伊诺迈奈[斯]之子戈隆[1],叙拉古人,向阿波罗祭献[2]。狄奥多洛斯之子、米利都人比昂造此三足器及胜利女神像[3]。

【注释】

[1] 铭文作"Gelōn"。

[2] 铭文作"topolloni",与格,为"toi apolloni"之缩写。

[3] 铭文作"ten nicen"。

39. 米利都反僭主令

【题解】

米利都反僭主令石刻发现于米利都,碑趺残破,铭辞为法令开篇,书体为伊奥尼亚体,成行列刻勒法。

该法令的颁布时间问题一直是学界争论的焦点之一。R.梅格斯与 D.刘易斯认为,颁布时间约在公元前 470 年至前 440 年之间。基于铭辞的刻写特点,较为普遍的观点倾向于公元前 5 世纪早期成文[1]。

本文据 R.梅格斯与 D.刘易斯《希腊历史铭文选》中的校勘本(43)[2]译出。

【译文】

□[1]▨□□□□□努姆法勒托斯之子、阿尔基[莫斯]、[科]莱斯丰泰斯、斯特拉托纳克斯之诸子,他们及其后裔须被处以适用于凶杀罪的流放,而戕杀其中一人者将得到一百斯塔特尔[2]——取自努姆[法勒]托斯的家产。诸月官[3]将向完成此任者发放这笔款项。如若不为,他们须自己出钱。如若城邦擒获他们,由当值月官负责处决。若未处决,诸月官每人须交付五十斯塔特尔。月官若非以此事为即日之要务,须交付一百斯塔特尔。月官同僚亦应按此法行事,否则,将受到同样的罚锾。

【注释】

[1] 约计十五个字母缺失。

[2] 铭文作“stater”,货币名,约合四德拉克马。

[3] 铭文作“epimenioi”。其职能相当于雅典的“prutanis”,即轮流主持议事会的部落成员。

---

① M-L,pp.105-107.

② M-L,pp.106-107.

40. 雅典关于埃吕斯拉伊的法令

【题解】

该法令约于公元前 453/452 年出台,铭文书体为早期阿提卡体,原件现已告失。近现代校勘所依据的底本盖为法国文物收藏家路易·福维尔(1753年—1838年)的摹本——也已亡佚。

埃吕斯拉伊地处小亚细亚西海岸,提洛同盟的成员之一。约公元前 5 世纪中期出台的该部法令表明,作为盟主之邦的雅典,在政治、司法以及宗教信仰等诸多方面肆意践踏盟邦的主权。除修昔底德的记述外,有关公元前 5 世纪雅典帝国的历史及其性质的主要资料均源自这一时期的铭文。另见铭文42、43、44、46、47、48、49、50 及 51。

本文据 R.梅格斯与 D.刘易斯《希腊历史铭文选》中的校勘本(40)[①]译出。

【译文】

[议事会与公民大会[1]决定——其时☑在议事会轮值,□□□□主持议事会,☑□□□——如次]:

☑[埃吕斯拉伊人]将向泛雅典娜大庆[2]提供至少三姆纳[3]的谷物,而到场的埃吕斯拉伊人将得到☑,埃吕斯拉伊人☑。埃吕斯拉伊将抽签创建一百二十人议事会,外邦人[4]及三十岁以下者不得进入议事会;违者将被起诉。四年内不得两次进入议事会☑。议事会将在巡视官[5]及驻军指挥官的主持下抽签产生。在届满前三十天,本议事会与驻军指挥官将负责组建下一届议事会。议事会成员将以[宙斯]、阿波罗、得墨忒耳的名义发誓,并以死诅咒那些践踏誓约者及其子嗣,☑,牺牲☑。

议事会誓言如次:

"为了大多数埃吕斯拉伊人、大多数雅典人及其盟邦的利益,我们将至善、至诚地履行我们的职责。我们不会背叛大多数雅典人及雅典人的大多数盟邦,既不会违背自己的意志,亦不会听命他人。☑[6];若非雅典议事会及雅典

---

① M-L,pp.89—94.

公民大会同意,我们不会接纳放逐者,既不会违背自己的意志,亦不会听命他人□。若非雅典议事会及雅典公民大会同意,我们不会听命于那些逃亡波斯的人,若非雅典议事会及雅典公民大会同意,亦不会惩罚那些留下的人。若埃吕斯拉伊人戕杀埃吕斯拉伊人,且被判定有罪,将被处死;若被放逐,将会被所有雅典同盟放逐,其财产则归埃吕斯拉伊民众所有。若某人被证实曾有把城邦交给僭主之意图,□□[7]。"

【注释】

[1] 铭文作"toi demoi"。

[2] 原本为雅典一年一度的节庆,后对外开放,及至四年一度大庆的出现,其泛希腊性质终得确立。公元前5世纪,作为盟主之邦的雅典不仅要求其盟邦参加游行大庆,并且要准备节庆期间的所需备品。

[3] 铭文作"mna",重量单位,一姆纳约合一百德拉克马。

[4] 铭文拟补作"[x]se[n]on",阿提卡早期方言拼写法。参见附录3(1)甲。

[5] 铭文作"episcopos",即雅典派往盟邦负责巡视的官员。

[6] 约计三行略。

[7] 余文约计十行。

41. 戈尔图斯法典

【题解】

该法典是为古代希腊流传下来的最长铭文,刻于克里特南部古城戈尔图斯一处公共建筑的环墙上,全文十二栏,高约 1.6 米,长约 9.4 米,总计六百余行,牛耕刻勒法。除第十一栏的原刻现藏卢浮宫外,其余十一栏仍留在原址。根据法国卢浮宫博物馆所藏第十一栏的抄件现已复归原处。全文包括起诉、强奸、通奸、离婚、婚姻权利、财产权与继承权等项,是古代法律的合编。本文仅选其中的第一栏,所及内容为起诉过程中的相关规定。

该法典自 19 世纪发现以来,权威底本为 D.孔帕雷蒂于 1885 年、1888 年先后发表的摹本①,后来的校勘本均由是出。在国内,相关的专题研究有郝际陶先生整理的《格尔蒂法典》②。

本文据罗纳德・F.威利兹的校勘本③译出。

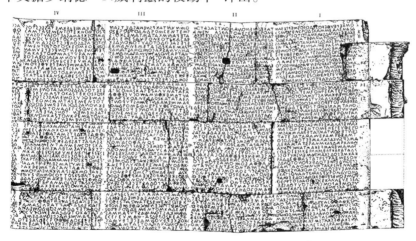

法典摹本(局部,右起第一栏至第四栏)④

---

①　F.Halbherr,E.Fabricius & D.Comparetii,*Leggi antiche della città di Gortyna in Creta*,Firenze,1885;F.Halbherr e D.Comparetii,"Epigrafi arcaiche di Goryna",Museo Italiano di Gortyna,Volume II,Firenze,1888,pp.181-252.

②　郝际陶译:《格尔蒂法典》,北京:高等教育出版社,1992 年。

③　Ronald F.Willetts,*The Law Code of Gortyn*,*Kadmos*,Suplement I,Berlin:de Gruyter,1967.

④　采自 Hermannus Roehl,composuit,*Imagines Inscriptionum Graecarum Antiquissimarum in Usum Scholarum*,Imag.9(4)。

【译文】

诸神！

欲指控自由民或奴隶者,审判前不得羁留。若[1]羁留,会被罚锾:自由人十斯塔特尔,奴隶五斯塔特尔。因其羁留,会被判在三日内放人,若不放人,会被罚锾,延迟一日:自由人一斯塔特尔,奴隶一德拉克马,直至放人。时间的计算[2],法官须发誓做出裁决[3]。若否认羁留,法官须发誓做出裁决,除非有人证。

若一方称其为自由人,另一方称其为奴隶,则称其为自由人的一方获胜。若双方争一奴隶,均称为其所有,若有人证,法官须发誓做出裁决。若证言对双方均有利或均无利,法官须发誓做出裁决。

【注释】

[1] 铭文作"ai",多利斯拼写法,等同于表示条件的小品词"ei"。

[2] 铭文作"tō de chronō",指延迟放人的时间。

[3] 铭文拟补作"ton di[ca]stan o[m]nunta crinen"。

42. 雅典帝国币制法令

【题解】

该法令系由七块不同的残刻组成,分别出土于叙马、阿弗提斯、西弗诺斯、斯穆尔纳以及奥德萨,陆续发现的石刻大体上可接续成文。经近现代铭文学家的拟补,基本上再现出原刻的主旨。该法令因由科莱阿尔霍斯提议(疑在公元前450—前446年之间),故又被称作"科莱阿尔霍斯法令"。

本文据R.梅格斯与D.刘易斯《希腊历史铭文选》中的校勘本(45)①译出。

【译文】

□□▨[1]。常驻官员[2]□[3]刻勒。如若[不]▨任何一邦[4],[有意者]可[速]将[违法者诉至]由[低级执政官][5]组成的法庭[6]。这些执政官须在五[日内]告结被控各[案]。若[有人]——各邦的官员[除外]——公民或盟友不按上述法令行事,[将]被剥夺公民权,财产充公,[其中十分之一]归女神所有。[倘]无雅典官员负责监督实施业已通过的决定,则由各邦官员负责实施;若未按[业已通过的决定]行事,这些官员将在[雅典被起诉]而[失去公民权]。[所收]之外币,造币坊[7]至少须[打制]半数,且各邦▨□[8]▨。兑换一次,一米那[造币坊主][9]收[三]德拉克马。另外一半□□□□□▨▨▨▨[10]或兑换或应□[11]。[征收]钱币所盈[须打制]并交诸将军[或]□[12]。交付后□[13],并且□[14]归赫淮斯[托斯]。[倘若]有人提议或赞同[使用外币]或以外币借贷,将[即刻招致]"十一人"委员会[15]的[指控],并会被处死;[如]有异议,可在法庭上申辩。[公民大会]将选出传令官□[16]:诸岛、[伊奥尼亚、赫勒]斯滂以及色雷斯各一名。[路线确定后],[诸将军]应速派其出发,否则将受到一万[德拉克马的罚锾]。[各邦官员]应把本法令[勒石刊布],[立于]各邦的[广场],[造币坊主]则要立于作坊[前]。即使有人不愿,[雅典人亦要强迫如此行事]。被派出的传令官将令其按照雅典人的命令行事。议事会司书将把下文列入各邦[议事会的誓言]中:

---

① M-L,pp.111-117.

"倘若有人在其邦内造银币,不使用[雅]典币、雅典的币制,[而是外币]、外邦的币制,我们将按照[科莱阿尔]霍斯所提议的[上述法令处罚]。"

个人[所持之]外币均应交出并以所愿的方式兑换,城邦将付给流通的雅典币▢。持钱者可把钱[带到雅典并交与]造币坊。记录[每人交来的钱款]后,坊主须将[石碑]立于造币坊[前],以便有意者查验。坊主[还须记录]外币的[总额],分开保管[金币与银币,并记录雅典]币的[总额]▢。

【注释】

[1] 开篇残破较多,一行略。

[2] 铭文作"hellenotamiai",即外派的雅典官员,另见铭文43。

[3] 约计二十四个字母缺失。

[4] 即加入提洛同盟的盟邦。

[5] 铭文作"thesmothetai",即六名地位较低的执政官,在古典时代主要负责诉讼案件的受理。

[6] 铭文作"heliaian",原指梭伦所创建的上诉法庭,其成员为雅典各阶层的男性公民,主持法庭的官员系经抽签产生。一般观点认为,后来的陪审法庭(dicasteria)盖由上诉法庭发展而来,"dicasteria"与"heliaia"混用,而"heliaia"有时也用来指代法庭议事的地点。对"heliaia"的不同解读,参见 Mogens Herman Hansen, *The Athenian Ecclesia II: A Collection of Articles* (1983–1989), Copenhagen: Museum Tusculanum Press, 1989, pp.219–257。

[7] 铭文作"tōi argurocopiōi",即雅典的造币坊。尚需指出的是,古代希腊的造币法均为冲制,未见铸币。

[8] 约计二十九个字母缺失。

[9] 铭文作"tous epistatas","管理者、主管"之意,复数定冠词"tous"应确指造币坊之经营者。

[10] 铭文作"mēnōn","月份"之意,属格复数,表时间。

[11] 约计十二个字母缺失。

[12] 约计十五个字母缺失。

[13] 约计二十九个字母缺失。

[14] 约计十四个字母缺失。

[15] 铭文作"endeca",即通过抽签、由十一人组成的委员会,负责监狱的管理
　　并执行法庭的裁决。

[16] 约计二十五个字母缺失。

43. 科雷伊尼阿斯法令

【题解】

现存科雷伊尼阿斯法令石碑由四块残刻组成,分别藏于雅典碑刻博物馆及大英博物馆。

自提洛同盟的金库从提洛岛迁移到雅典后,作为盟主之邦的雅典不久便通过了科雷伊尼阿斯所提出的议案,其目的是保证悉数收取各邦盟金以及泛雅典娜大庆上的各项所需。

本文据 R.梅格斯与 D.刘易斯《希腊历史铭文选》中的校勘本(46)①译出。

【译文】

诸神!

议事会及公民大会决定——其时奥伊内奥斯部落[1]在议事会轮值,[斯]普狄亚斯为司书,议事会主持为□□□□□□□☒,[提议者]为科雷伊尼[阿斯][2]——如次:

城邦[3]、议事会、在诸城邦的巡视官以及常驻官员[4]将监督每年征收的盟金并保证收回到雅典。分发给各邦的印信,目的是防止运送盟金者伺机行窃。各邦须把送交盟金的数额登记造册,密封加印,送往雅典。运送盟金者在交付盟金时须向议事会报告账目以便查验。当值的议事会成员须在狄奥尼索斯酒神节后召集大会,以便赫拉斯司库[5]向雅典人报告各邦[交付盟金]的情况,全额交付的,不足额的,抑或未交的□□□□□□□□□。雅典人将指派四人[前往]各邦面付[所交盟金]回执,并向那些盟金不足额的城邦明确[未交]部分。此四人中,两人将乘三层桨快船前往[诸岛与伊奥尼亚],另外两人前往[赫勒斯滂]与色雷斯;[当值的议事会成员]须[在狄奥尼索斯酒神节后]即向议事会及公民大会提请商议该事,直至最后落实。倘若[雅典或盟邦有人]就盟金——由[各盟邦]登记造册、交与运送者后须[送交雅典]——[出现差错],雅典人或盟邦均可向[当值议事会成员]提出指控,当值的议事会成员对

---

① M-L,pp.117−121.

提出的[指控]须提交议事会,否则每人将受到[一千德拉克]马的罚锾。[议事会]预审后,并无权[定罪],须将案件即刻移送[陪审法庭][6]。若被判有罪,当值议事会成员须裁定当事人所应受到的[惩罚]或罚锾。若有人在[运送]母牛或全副甲胄[7]时出现差错,将被起诉,并受到同样的处罚。同盟司库官须在白板上[登记]盟金的数额并[公布]全额[交付]盟金的[城邦],并须记录□□□□□□。□[8]。□☑☒[9]。

【注释】

[1] 铭文作"Oeneis"。

[2] 疑为阿尔基比亚德斯的父亲,阵亡于科罗内亚一役(公元前447年)。若由是推,该法令的颁布时间应不晚于公元前447年,即在同盟金库从提洛岛迁往雅典后不久(公元前454年)。

[3] 即雅典。

[4] 即雅典派往各盟邦的官员。

[5] 铭文作"hellenotamiai"。

[6] 铭文作"heliaian",详见铭文42注释[6]。

[7] 另见铭文46、71。

[8] 约计十行缺失。

[9] 残破较多,约计二十一行略。

44. 雅典与哈尔基斯的关系

【题解】

该大理石碑发现于雅典卫城南墙,现藏卫城博物馆。

公元前447年,雅典及盟军兵败科罗内亚,彼奥提亚人、罗克里斯人以及优卑亚人等组成的联军获胜。翌年夏,以哈尔基斯为首的优卑亚诸城起而反抗雅典。伯里克利出兵镇压,并在该岛布防。举事失败后,哈尔基斯因其势力强大,非但未受严惩,反倒成为提洛同盟的一员,直至公元前411年。

本文据R.梅格斯与D.刘易斯《希腊历史铭文选》中的校勘本(52)①译出。

【译文】

议事会及公民大会决定——其时安提奥霍斯部落在议事会轮值,德拉孔提德斯[1]为议事会主持,提议者为狄奥戈内托斯——如次:

"雅典人议事会及陪审员发誓:我们不会把哈尔基斯人驱逐出哈尔基斯,亦不会摧毁他们的城池;我们不会未经审判或雅典公民大会认定即剥夺其公民的政治权利、处以流放抑或羁押;不会未经告知即投票通过事关哈尔基斯共同体或公民个体的法令;倘若我们轮值时哈尔基斯使团到,我们会尽量在十日内引见给议事会及公民大会。只要哈尔基斯人服从雅典民众,我们将恪守上述规定。"

自哈尔基斯来的使团应与起誓者一同向雅典人发誓,并记录那些起誓者的名字;诸将军将监督他们的誓言。

哈尔基斯人的誓言如次:

"我们不会以任何方式、任何方法叛离雅典民众,无论在言辞上还是在行动上,亦不会随同他人叛离。倘若有人煽动叛离,我们将知会雅典人。我们将向雅典人交付——经说服所能确定的——盟金。我们将尽可能地成为你们最值得信赖的盟友;倘若有人伤害雅典民众,我们会予以帮助与保护,我们将服从于雅典民众。"

---

① M-L,p.138–144.

所有哈尔基斯成年人均将如此起誓,若有的人不起誓,将被剥夺政治权利,财产将被充公,其中小部分将被献与奥林匹斯的宙斯。一使团将赴哈尔基斯,在哈尔基斯与起誓者一同起誓并记录那些起誓者的名字。

安提克莱斯[2]的提议如次:

雅典人行好运!

雅典人与哈尔基斯人将认可本誓约,一如雅典民众曾对埃雷特里亚人所做出的决定;对此,将军们将监督尽快完成;公民大会将即刻遴选五人前往哈尔基斯;至于人质,我们现在对哈尔基斯人的答复是,雅典人要一直扣留至本誓言的落实。经重新审议后,雅典人将做出决定;如对雅典人及哈尔基斯人均有利,将进行交换。居住在哈尔基斯的外邦人,若未向雅典纳税,且未得到雅典的免税许可,须像其他哈尔基斯人一样向哈尔基斯纳税。本法令及誓约将由议事会司书勒石立于雅典卫城,所需费用由哈尔基斯人承担;本法令及誓约将由哈尔基斯人议事会勒石立于奥林匹斯的宙斯神庙。针对哈尔基斯人的法令如是。议事会将在内部选出三人与希耶罗克莱斯[3]一同依照有关优卑亚的神谕尽快举行献祭。诸将军将监督尽快举行献祭,并将为此提供金钱。

阿尔赫斯特拉托斯的提议如次:

除安提克莱斯的提议外,哈尔基斯人之间的诉讼案——放逐、死刑及剥夺公民权除外——将在哈尔基斯审理,如同雅典人之间的诉讼在雅典审理一样;在此类情形下,依据公民大会决议,应在雅典诉至由低级执政官组成的法庭。至于优卑亚岛的驻军,诸将军将尽其监管职能,以确保雅典人的最大利益。

【注释】
[1] 盖于公元前 433 年至前 432 年出任将军。
[2] 盖于公元前 440 年至前 439 年出任将军。
[3] 疑为祭司。

45. 雅典阵亡将士名录

【题解】

在雅典,阵亡将士名录石刻通常为带有碑砕的白色大理石碑,竖立在公共墓地,用于纪念阵亡的将士。此类名录的刊布盖始于公元前 6 世纪,铭辞分栏刻勒,内容包括阵亡者的名、所属的部落以及阵亡地①。

本篇名录计两栏,阿提卡书体,盖为公元前 447 年②阵亡的雅典将士,总计五十八人,他们(一人除外)所属的十个部落的排序首次见于官方文献。

该石碑现藏雅典碑刻博物馆(编号 10618)。

本文据 R.梅格斯与 D.刘易斯《希腊历史铭文选》中的校勘本(48)③译出。

【译文】

在凯尔索奈斯阵亡的雅典人如次:

埃皮特莱斯,将军[1];

埃莱赫塞奥斯部落[2]:普索多洛斯、阿里斯托迪克斯、特莱弗斯、普索多洛斯;

阿伊戈奥斯部落[3]:埃皮哈莱斯、姆内西菲罗斯、法伊迪米德斯、拉赫斯、尼克菲罗斯;

潘狄昂部落[4]:吕西克莱斯;

勒奥斯部落[5]:哈伊莱斯;

奥伊内奥斯部落[6]:赫洛多克拉斯、埃乌吕伯托斯、波利泰斯、赫洛克莱德斯;

科克罗普斯部落[7]:阿里斯塔尔霍斯、卡吕斯托尼克斯、塞奥姆奈斯托斯、阿里斯塔尔霍斯、埃乌克拉泰斯、尼克马霍斯;

希波松部落[8]:索泰利德斯、波塞迪普斯;

① 相关研究详见 J.K.Davies, "The concept of the 'citizen'", in S.Cataldi(ed.), *Poleis e Politeiai : Esperienze politiche, tradizioni letterarie, progetti Costituzionali*, Alessandria, 2004, pp.19 - 30; J. H. Blok, " Becoming Citizens. Some Notes on the Semantics of 'Citizen' in Achaic Greece and Classical Athens," *Klio*87, 2005, pp.217 - 225。

② 详见 M-L, p.128.

③ M-L, pp.125 - 128.

阿亚克斯部落[9]：狄菲罗斯；

安提奥霍斯部落[10]：科拉同、安提克拉泰斯、埃乌多克索斯[11]。

【注释】

[1] 未标其所属部落，原因不明。

[2] 铭文作"Erechtheidos"，属格，主格作"Erechtheis"，因埃莱赫塞奥斯神（Erechtheos）而名。

[3] 铭文作"Aigeidos"，属格，主格作"Aigeis"，因雅典王阿伊戈奥斯（Aigeos）而名。

[4] 铭文作"Pandionidos"，属格，主格作"Pandionis"，因雅典王潘狄昂（Pandion）而名。

[5] 铭文作"Leontidos"，属格，主格作"Leontis"，因勒奥斯神（Leos）而名。

[6] 铭文作"Oineidos"，属格，主格作"Oineis"，因英雄奥伊内奥斯（Oineos）而名。

[7] 铭文作"Cecropidos"，属格，主格作"Cecropis"，因雅典王科克罗普斯（Cecropos）而名。

[8] 铭文作"hippothontidos"，属格，主格作"Hippothontis"，因英雄希波松（Hippothoon）而名。

[9] 铭文作"Aiantidos"，属格，主格作"Aiantis"，因英雄阿亚克斯（Aiax）而名。

[10] 铭文作"Antiochidos"，属格，主格作"Antiochis"，因英雄安提奥霍斯（Antiochos）而名。

[11] 以上为在凯尔索奈斯阵亡的雅典人，第一栏十个部落中未见阿卡马斯部落。

【译文】

在其他战役中阵亡者如次：

埃莱赫塞奥斯部落：吕萨尼阿斯[1]；

这些人在赫勒斯滂海峡附近[2]失去了美好的青春，荣耀了[3]他们自己的故乡[4]，致使敌人哀嚎[5]、苦熬战季[6]，而他们则留下了自己声名的永恒记忆。

【注释】

[1] 第一栏上文字体较小。

[2] 铭文作"barnamenoi"。

[3] 铭文作"eucleisam",误刻,应作"eucleisan",过去时,第三人称复数。因字母"n"与"m"的发音相近,公元前5世纪的铭辞往往会出现这种误刻。

[4] 铭文作"patrida",意指雅典或所属的部落,其所指值得关注。

[5] 铭文作"stenaxem"。

[6] 铭文作"theros",本意为"夏季、收获"(*LSJ*,1992,p.194)。

【译文】

在拜占庭雅典阵亡者如次:

埃莱赫塞奥斯部落:尼克斯特拉托斯、腓罗克莫斯;

阿伊戈奥斯部落:西奥尼斯;

潘狄昂部落:腓力斯提德斯、吕西马霍斯;

阿卡马斯部落[1]:卡里斯塞奈斯;

奥伊内奥斯部落:卡里波斯;

科克罗普斯部落:科尼封、德莫泰莱斯;

希波松部落:哈伊松;

阿亚克斯部落:尼克德莫斯;

安提奥霍斯部落:法尼亚斯[2];

潘狄昂部落:西摩尼德斯、阿伊斯叙罗斯、阿尔赫波利斯、斯米克里昂、哈洛皮德斯、纳克西亚德斯;

勒奥斯部落:腓隆、埃乌德莫斯;

阿卡马斯部落:普罗塔尔霍斯;

科克罗普斯部落:哈伊里亚斯、阿斯图阿纳克斯、吕西斯特拉托斯;

希波松部落:提莫诺索斯、安提法奈斯;

阿亚克斯部落:科雷伊诺索斯、腓力奥斯、卡利克莱斯;

埃莱乌塞拉伊[3]:塞米西德斯。

【注释】

[1] 铭文作"Acamantidos",属格,主格作"Acamantis",因阿卡马斯神(Acamas)而名。从第二栏的部落排序中可以看出,阿卡马斯部落应排在勒奥斯部落之后。

[2] 以上铭辞为第二栏,字体正常,以下铭辞字体较小。

[3] 铭文作"Eleutherathen",阿提卡西南边界的一处共同体,不属于阿提卡的任何一个部落。

46. 雅典殖民布莱亚令

【题解】

公元前 5 世纪,雅典采取不同形式殖民海外,史书对此多有记载。但是,公元前 445 年前后出台的这部法令却未见于其他史料,学界对布莱亚的地望争议迭出。

该石刻的主要部分发现于雅典卫城上的埃莱赫塞奥斯神庙,现藏雅典碑刻博物馆。

本文据 R.梅格斯与 D.刘易斯《希腊历史铭文选》中的校勘本(49)[①]译出。

【译文】

□⊠[1]。

殖民首领将在其适宜时为该殖民地举行献祭。[十人]将被选为土地分配者,一部落出一人,他们将负责分配土地。[德]莫克雷伊德斯[2]拥有建立殖民地的全权并尽其所能行事。业已宣布的圣地将保留现状,其他区域不得用于献祭。殖民者将把一头母牛及全套甲胄献与泛雅典娜大庆,阳具造像[3]一尊献与狄奥尼索斯酒神节。倘若有人冒犯殖民者的土地,诸邦将——根据□□□□□□为司书时签订的有关色雷斯诸邦的盟约——尽所能驰援。这些条款将勒石立于雅典卫城,殖民者将自己出资提供石碑。倘若有人投票反对石碑所记,提议删除或废止任一条款,抑或有此类要求,他本人、其子嗣均将被[剥夺公民权],财产将被充公,其中一小部分将献与女神,若殖民者本人未提出□□□□□□□□。注册殖民的士兵将在其回到[雅]典后的三十天内抵达布莱亚。殖民者将在三十天内启程,[阿]伊斯基奈斯将陪同前往并给予资用[4]。

范托克勒斯的提议如次:

至于殖民布莱亚,一如德莫克雷伊德斯的提议。在议事会轮值的埃莱赫

---

① M-L,pp.128-133.

塞奥斯部落的第一次会议上范托克勒斯将被引荐给议事会。前往[布]莱亚殖民者系出自"thetes"与"ze[u]gitai"[5]。[6]

【注释】

[1] 开篇残破较多,约计四行略。

[2] 疑为该法令的提议者。

[3] 用于酒神节游行。

[4] 以上为石碑正面内容。

[5] 公元前6世纪初,为打破贵族家族专权,梭伦把雅典的男性公民分为四个财产等级,虽为适合服兵役的制度,但对等级的评估却是依据农作物的产量。第一等级为"pentacosiomedimnoi",即年产谷物五百麦地姆诺斯者(麦地姆诺斯[medimnos]为阿提卡地区的谷物计量单位,一麦地姆诺斯约合五斗),旧译"五百斗者"似有误;第二等级为"hippeis"(年产谷物三百至五百麦地姆诺斯者);第三等级为"zeugitai"(年产谷物二百至三百麦地姆诺斯者);最后一个等级为"thetes"(即无地者)。政治上言之,前两个等级有权出任高官;第三等级可担任较低的官职;第四个等级无权担任公职,但可出席公民大会及庭审。

[6] 以上为石碑右侧铭辞。

47. 雅典与赫雷基乌姆的盟约

【题解】

该盟约及《雅典与雷翁提乌姆的盟约》(铭文48)均签订于公元前433/432年,即阿普塞乌德斯在雅典为执政官的那一年;盟约的开篇部分也同样为后来的复刻。M.N.托德的研究表明,雅典与赫雷基乌姆及雷翁提乌姆最早盖盟于公元前446年至前440年之间。公元前433/432年,科尔库拉因与科林斯发生冲突,遂向雅典寻盟,致使赫雷基乌姆、雷翁提乌姆与雅典再盟[1]。鉴于原盟约的条款未变,故双方再盟时仅在盟约开篇变更了来使名。雅典与赫雷基乌姆、雷翁提乌姆之间的盟约未见其他史料记载。

该大理石碑现藏大英博物馆。

本文据R.梅格斯与D.刘易斯《希腊历史铭文选》中的校勘本(63)[2]译出。

【译文】

[诸神!]

盟誓者——[赫雷基乌姆诸使节]:科桑□[1]之子科莱昂德罗斯,提诺斯之子▨▨▨▨,□[2],弗克斯之子西莱诺斯。[阿普]塞乌德斯时为执政官,[科里提亚]德斯为[议事会]第一司书[3]。

议事会及公民大会[决定]——其时阿[卡马斯部落在议事会轮值],哈里亚斯为司书,[提莫克塞诺斯主持]议事会,[提议者]为卡利亚斯[4]——如次:

"雅典人与[赫雷基乌姆人]将缔结[联盟]。雅典人将誓以坦诚、公正、公开之心处理[雅典]与赫雷基乌姆诸事,直至永远。"其誓曰:

"我们将永远是[赫雷基乌姆人]忠诚、[公正]、强大、可信赖之盟友;若有所需,我们将援手相助,▨。"

【注释】

[1] 约计十九个字母缺失。

---

① *GHI* I, p.126.
② M-L, pp.171–175.

［2］约计十四个字母缺失。

［3］铭文拟补作"prōtos egramm[ateue]"，具体职能不详。

［4］疑为卡利亚德斯之子。据修昔底德《伯罗奔尼撒战争史》（I,61-63）记载,公元前432年夏,卡利亚斯率军远征波提达埃亚期间战死。

48. 雅典与雷翁提乌姆的盟约

【题解】

与赫雷基乌姆同年(公元前 433/432 年)签订的这份盟约刻石部分发现于雅典,现藏雅典碑刻博物馆。

本文据 R.梅格斯与 D.刘易斯《希腊历史铭文选》中的校勘本(64)①译出。

【译文】

[诸神]!

盟誓者——雷翁提乌姆人诸使节:阿伽索克勒斯之子提麦诺尔,戈拉乌基亚斯之子索西斯,埃克塞凯斯托斯之子戈隆;司书为塔乌里斯科斯之子塞奥提莫斯。其时阿普塞乌德斯为执政官,科里提亚德斯为议事会司书。议事会及公民大会决定——其时阿卡马斯部落在议事会轮值,哈里亚斯为议事会司书,提莫克塞诺斯主持议事会,提议者为卡利亚斯[1]——如次:

雅典人与雷翁提乌姆人将盟誓。

雅典人誓曰:

"我们将永远是[雷翁]提乌姆人[坦诚、可信赖之盟友]。"

[雷翁提乌姆人]誓曰:

"我们将[永远]是[雅典人坦诚、可信赖]之盟友。"至于▢▢[2]。

【注释】

[1] 雅典与赫雷基乌姆盟约(铭文 47)的同一提案人。

[2] 余文约计五行略。

---

① M-L,pp.175-176.

49. 雅典与迈索内及马其顿的关系

【题解】

　　该大理石碑的碑额部分饰有雅典娜的浮雕,碑底残破,发现于雅典的狄奥尼索斯剧场,现藏雅典碑刻博物馆。碑文包括四项法令,前两项内容较为完整,后两项残缺不全。据修昔底德《伯罗奔尼撒战争史》(IV,118.11)记载,该石碑刻勒于公元前 423 年。

　　地处马其顿境内的迈索内为希腊的殖民地,其地理位置对雅典来说极具战略意义。几年内陆续通过的这几项法令表明,当时雅典及其盟邦与马其顿的关系已极度紧张。

　　本文据 R.梅格斯与 D.刘易斯《希腊历史铭文选》中的校勘本(65)①译出。

【译文】

　　皮埃里亚[1]之迈索内石碑。

　　弗吕尼霍斯之子法伊尼普斯时为司书[2]。

　　议事会及公民大会决定——其时埃莱赫塞奥斯部落在议事会轮值,斯克帕斯为司书,提莫尼德斯主持议事会,提议者为狄奥佩塞斯——如次:

　　公民大会将投票决定是否即刻确定迈索内人所应缴纳的盟金,抑或仅仅索要——上一届泛雅典娜大庆期间要求他们承担的——那部分盟金,并免除他们的其他义务;至于已经在册的欠款——如迈索内人应交付雅典公共金库的,若他们站在雅典人一边,一如他们现在这样或表现得更加紧密,将刊布的有关欠款的一般性法令将不涉及迈索内人,除非就此专门投票;三名五十岁以上的使节将被派往贝尔迪卡斯处,以便告知他应允许迈索内人在海上自由航行,不应限制他们的出行,并应让他们——一如迄今之现状——进入其领土,不应加害他们,亦不可以他们的名义加害他人,亦无权在未经迈索内人同意的情况下远征时途经迈索内人的领土;如双方同意,可通过使节和解,否则双方须在狄奥尼索斯酒神节期间派一使团到雅典,议事会及公民大会将终审他们

---

①　M-L,pp.176-180.

的争端;他们将告知贝尔迪卡斯——如若波提达埃亚的兵士对其满意——雅典人会对他的好感有加。

公民大会的投票结果是,迈索内须缴纳——上一次泛雅典娜大庆期间应献与女神的——那部分盟金,其他所有款项将被免除。[3]

议事会及公民大会决定——其时希波松部落在议事会轮值,迈伽克雷伊德斯为司书,尼克□□□□□主持议事会,提议者为科莱奥努莫斯——如次:

迈索内人有权从拜占庭进口谷物,每年□□□□一千麦地姆诺斯。赫勒斯滂的卫兵[4]或任何他人均不得妨碍他们进口,否则将受到一万德拉克马的罚金。事先书面告知赫勒斯滂的卫兵后,他们可进口所规定的谷物限额,运送谷物的船只可免税。雅典人针对全体同盟所做出的决定——为己或盟邦所应得到的援助——包括迈索内人,条件是他们的名字须见于本法令;如若自己捍卫领土,他们须尽其所有义务。至若他们针对贝尔迪卡斯谬行的指控,当普雷伊斯同及雷奥戈罗斯之使节从贝尔迪卡斯处返回时,雅典人将就他们应对迈索内人所做的进行审议。至若涉及其他城邦的事项,继在水军船坞召开的会议后将于部落下次轮值或第二次轮值时在公民大会上讨论;此事解决前将不对其他议题进行讨论,除非诸将军认为有必要。[5]

议事会及公民大会决定——其时科克罗普斯部落在议事会轮值,□□□□□□□为司书,希耶罗克雷伊德斯主持议事会,□□□□□□提议——如次:

□□。[6]

[议事会及公民大会——其时阿卡马斯部落在议事会轮值,法伊尼普斯主持议事会——决议如次]。[7]

【注释】

[1] 马其顿境内的濒海丘陵地区。

[2] 该碑勒石刊布时盖为司书。

[3] 以上为第一项法令。

[4] 即雅典人在赫勒斯滂的驻军。

[5] 以上为第二项法令,公元前 426/425 年通过。

［6］以上为第三项法令,公元前426/425年科克罗普斯部落当值时的第二次议事会上通过。残破较多,约计三行略。

［7］以上为第四项法令,公元前424/423年通过,即该碑勒石刊布的那一年。

50. 雅典征收盟金令

【题解】

雅典聚敛盟金令石刻碑体断为十余块,分别发现于雅典卫城及卫城南坡,现藏雅典碑刻博物馆。

石刻包括法令两项,比之公元前 447 年出台的《科雷伊尼阿斯法令》(铭文 43)措辞更为严厉。其时(公元前 426 年),雅典内外交困:公元前 430 年爆发的瘟疫持续四年之久,城内军民亡者累累;昔日盟邦密提林起而反叛雅典;地处彼奥提亚的盟邦普拉提亚则惨遭斯巴达人的洗劫。在经济上,一直困扰雅典政府的财政亏空日渐凸显。为缓解危机,除了向其国民收缴财产税(ei-sphora)外,如何有效地从各盟邦悉数聚敛盟金亦成为雅典的当务之急。

本文据 R.梅格斯与 D.刘易斯《希腊历史铭文选》中的校勘本(68)①译出。

【译文】

□▨。[1]

议事会及[公民大会]决定——其时科克罗普斯部落在议事会轮值,波雷马尔霍斯为司书,奥纳索斯主持议事会,[提议者]为[科]莱奥努莫[斯]——如次:

[所有]向雅典人交纳盟金的城邦[2]须逐一在城邦内[遴选征收者[3]以便]征齐各城邦应交付给雅典人的[全部盟金],[征收者将负责]□□□[4]▨▨▨▨▨▨▨▨▨[5]主持议事会□□□□□□□□在狄奥尼索斯酒神节[后]。交纳盟金的城邦、未交抑或[仅交]一部分者,其名单均要公布于众。五[人]将被遣往那些未交盟金的城邦征收盟金。林拉斯司库官[6]将负责把亏欠盟金的[城邦]以及那些运送□□□□□□□□□记于告示板上,置于各处□□□□□□□□□前。至于萨摩斯人及塞拉人□□□□□□□□□□□▨□□□,钱款▨▨▨□□□□□□□□□人选以及应把钱款送至雅典的其他城邦。本法令将勒石[刊布],由在议事会轮值的科克罗普[斯]部落立于卫城

---

① M-L,pp.184—188.

之上。

皮□□□克里托斯所提出的修正草案——一如科莱奥努莫[斯]所提议的——目的是雅典人尽可能最好、最顺利地承担战事；[议案]明天将在公民大会上向民众报告。[7]

[议事会及公民大会决定]——其时[科克]罗普斯部落在议事会轮值，波[雷马尔霍斯为司书]，胡基亚伊农主持议事会，提议者为□□□□□□□□——[如次]：[8]

至若未尽事宜依据前一[法令]□[9]××××××××××[10]□×[11]。□□□□□××××□□□□□□□[事关]雅典款项的[其他诉讼]将依据××□□□□□□□□□法令遴选专员[12]，[一]将军将[被指定]列席针对某一[城邦的诉讼]。倘若有人欲使盟金法[无效][13]，[抑或]为了款项[不被送往]雅典，无论何人[欲]在其城邦如此行事，将会被[专员]以叛国罪论处。[专员]将把该人在证人[14]到达的一个月内带到法庭。指控的[证人]要比提出诉讼的人数多两倍；如若被指控者认罪，法庭将认定他所承受的惩罚，或是所要缴纳的罚款；由当值部落成员、[议事会选出的]传令官——[无论人数多少]——将在科克罗普斯部落在议事会轮值期间被派往各城邦以便选出[征集盟金的人]，他们的名字将刻在议事会大厅。立碑合同将由[公共事务官][15]负责承办。

各邦盟金征收。

【注释】

[1] 该大理石碑的碑额残破部分是表现汲水罐、粗毛口袋的浮雕。碑额下的第一行文字残破过多，无以拟补成文，两行略。

[2] 提洛同盟成员除提供船者外，其余盟邦每年均须交纳盟金。

[3] 即选出聚敛盟金的人。

[4] 第九行后空一行。

[5] 计十三个字母缺失。

[6] 铭文作"hellenotamiai"，即由雅典指定、统一掌管盟金的官员。

[7] 此句为附文。

[8] 第二项法令，即"皮□□克里托斯的提案"。

［9］ 计十四个字母缺失。

［10］ 第三十四行后空一行。

［11］ 计四行略。

［12］ 铭文作"epimeletai"。

［13］ 系指选举聚敛盟金者一项。

［14］ 铭文作"cleteres"。

［15］ 铭文作"poletai"。该职官的起源时间不明。在亚里士多德时代,议事会每年从十部落抽签分别遴选十人负责公物的租赁、出售等经济事务。详见《牛津古典辞书》(*OCD* [3] ,2003)第 1204 页"poletai"条的释义。

51. 关于进献初次收获的法令

【题解】

据该法令（约公元前 422 年颁布），大理石碑当时分别立于厄琉西斯与雅典卫城。厄琉西斯石碑较为完整，在雅典发现的则为残碑，现均藏于雅典碑刻博物馆。

该碑刻的两项法令表明，自公元前 454 年提洛同盟金库从提洛岛迁移到雅典卫城后，作为盟主之邦的雅典不仅在政治上对盟邦进一步采取高压手段，而且在宗教上迫使盟邦信奉雅典人的神明。

本文据 R.梅格斯与 D.刘易斯《希腊历史铭文选》中的校勘本(73)[①]译出。

【译文】

阿哈尔纳伊德莫[1]的[提莫]特莱[斯]为司书。

议事会及公民大会决定——其时科克罗普斯部落在议事会轮值，提莫特[莱斯]为司书，库克内阿斯主持议事会，提议者为诸委员[2]——如次：

雅典人将依据祖宗法及德尔菲神谕把初次收获献与两位女神[3]：一百麦地姆诺斯大麦不少于二十斗，一百麦地姆诺斯小麦不少于十斗[4]。某人的收获若比之多抑或少，亦应按此比例进献；德莫长须将在各德莫征集谷物并交与厄琉西斯德莫[5]的厄琉西斯神职官员；雅典人将依据祖宗法用两位女神的资金在厄琉西斯——在神职官员及建筑师认为合适之地——造简仓三座。德莫长所征集的谷物将存放在是处。各盟邦亦应按同样方法进献初次收获。各城邦须遴选征集谷物者，并根据他们认为最好的办法征集谷物。征收后，谷物将被运往雅典。运送谷物者应把谷物交给在厄琉西斯的厄琉西斯神职官员。倘若神职官员在运送谷物者交付谷物的五天内并未接收，将受到一千德拉克马的罚锾。神职官员亦应按此法接收德莫长的谷物。议事会将遴选[传令官]并派他们到各邦宣布公民大会的决议——当下要尽快执行，未来则包括议事会的任何决定。厄琉西斯祭司及执火炬者[6]将在秘仪上宣告：赫拉斯人应根

[①] M-L, pp.217-223.

据祖宗法及德尔菲神谕进献初次收获。各德莫、德莫长以及各邦所聚敛的谷物重量将记于板上,立在厄琉西斯庙及议事会大厅。议事会亦将以所有可行的方法告知其余赫拉斯城邦雅典人及其盟邦是如何进献初次收获的,并邀请而非强命它们——若愿意——依据祖宗法及德尔菲神谕进献初次收获。若这些城邦行进献,其宗教使节将受到同样接待。他们须根据埃乌莫尔普斯家族[7]的[规定]用祭物[8]献祭,并行三祭;用大麦与小麦的收益分别向两位女神进献镀金双角公牛;精选的大麦粉、小麦粉进献给特里普托勒莫斯[9]、神[10]、女神[11]及埃乌布莱奥斯[12];镀金双角公牛献给雅典娜。余下的大麦和小麦,圣职人员以及议事会将作为圣祭物献给得墨忒耳与科瑞,用来制作民众所愿的祭物并刻上此系源自聚敛的初次收获及赫拉斯人的进献。那些行此并对雅典人、对雅典人城邦未行恶者,其财富及收成将富足有余。

兰蓬的提议如次:

至若余者,鉴于向两位女神进献初次收获祭物的条款及法令已定,议事会司书将把诸条款及本法令镌刻在两块石碑上,一块立于厄琉西斯的神庙,另一块立于雅典卫城。公共事务官将负责勒石,祭仪财务官[13]将提供资金。除事关进献给两位女神的初次收获献祭外,新任执政官应置闰大祭月[14]。王[15]将在皮拉斯基人墙[16]内划出圣地,未经咨询议事会及公民大会不得在墙内建祭坛,不得移动墙内界石,不得带走界石或土。倘若有人违反上述规定,将受到五十德拉克马的罚锾,并将在议事会上受到王[17]的指控。至若初次收获的橄榄油,兰蓬将提出议案并将在第九次当值部落大会上提交议事会。议事会须将该议案提交公民大会。

【注释】

[1] 铭文拟补作“Acharne[us]”,文献中另见“Acharnai”,隶属于奥伊内奥斯部落。

[2] 铭文拟补作“chsun[gr]apheis”,即计量委员会成员。

[3] 铭文作“toin theoin”,即得墨忒耳与科瑞。参见《帕罗斯碑》(铭文100,甲12注释[2]及甲14注释[2])。

[4] 有关雅典谷物的计量单位另见铭文46注释[5]。

[5] 铭文作“Eleusinothen”,隶属于希波松部落。

［6］铭文作"daidōchos"，即较为重要的厄琉西斯秘仪祭司，系由科吕克斯（Ceryces）家族选出，其主要职责除在献祭过程中高举火炬照明外，还参与诵读及净化仪式。详见《牛津古典辞书》(*OCD*, 2003) 第 425 页及第 520 页。

［7］厄琉西斯司神家族之一，其先祖埃乌莫尔普斯曾为得墨忒耳的首任祭司。

［8］铭文作"pelanō"，系用谷粉与多种液体混制而成。作为祭物，另有各种动物形状的蛋糕。本文中所称的"初次收获"(aparchai)包括谷物及水果，亦为常用的祭物。参见莱斯莉·阿德金斯、罗伊·阿德金斯著，张强译，《探寻古希腊文明》，北京：商务印书馆，2010 年，第 625 页。

［9］与得墨忒耳密切相关的神话人物。

［10］即普鲁同，又名哈德斯。

［11］即珀尔塞福涅，又名科瑞。

［12］埃乌莫尔普斯的兄弟。

［13］铭文拟补作"Col［acr］etai"。

［14］铭文作"hecatonbaiōna"，阿提卡历的第一个月，公历六月与七月之交。

［15］即王者执政官。

［16］铭文拟补作"［P］elargicō"，参见《帕罗斯碑》(铭文 100，甲 45 注释［2］)。

［17］即王者执政官。

52. 特勒马霍斯纪念碑

【题解】

在古希腊神话传统中,阿斯克勒庇奥斯为阿波罗与凡人所生,善医道,可使人起死复生,被视为"医神"。在古代希腊,阿斯克勒庇奥斯的主要崇拜地有伯罗奔尼撒半岛的埃皮达洛斯、色萨利西北部的特里卡拉,是时人向往的求医问病中心,相关的祈愿与还愿铭文遗存极为丰富。

在卫城的考古发掘表明,阿斯克勒庇奥斯崇拜盖于公元前 420 年传入雅典,残存下来的纪念碑断为十四块,分别藏于雅典国家博物馆、雅典碑刻博物馆、大英博物馆、意大利帕多瓦国家博物馆以及维罗纳的马费伊博物馆。L.贝斯基的研究表明,发现于雅典卫城南坡医神圣所的纪念碑系由石柱与长方形石板组成,石板上的浮雕表现的是阿斯克勒奥庇斯从埃皮达洛斯乘船抵达雅典以及在卫城圣所的场景:右图可见船头及马匹;左图为阿斯克勒奥庇斯与一坐着的女人(疑为其女叙基埃娅),后面悬挂着医疗器具[①]。石柱上的铭文残破较多,各家拟补差异间见,但大致上再现了医神崇拜传入雅典以及圣所的建设过程,尤其是特勒马霍斯为此所做出的贡献,史料价值弥足珍贵。在已发现的文献资料中,有关神明崇拜在一地出现的详细记载极为有限。故而,西方古典学界就雅典缘何引入阿斯克勒奥庇斯崇拜及其与瘟疫关系等问题的追问新论迭出,各有所见[②]。

本文据《希腊铭文补编》卷二十五中的校勘本(226)[③]译出。

---

① L.Beschi,"Il monument di Telemachos,fondatore dell'Asklepieion Ateniese",in *ASAA* n.s.29/30,pp.381−436;"Il rilievo di Telemachos ricompletato",in *AAA* 15,pp.31−43.

② 相关讨论见 B.L.Wickkiser,"Banishing Plague:Asklepios,Athnes,and the Great Plague Reconsidered",in J.T.Jensen et als,eds.,*Aspects of Ancient Greek Cult:Context,Ritual and Iconography*,Aarhus:Aarhus University Press,2009,pp.55−65;"A Chariot for Asklepios",*Zeitschrift für Papyrologie und Epigraphik*,Bd.168(2009),pp.199−201;R.Garland,*Introducing New Gods:The Politics of Athenian Religion*,London:Gerald Duckworth & Co. Ltd.,1999,pp.116−135;K.Clinton,"Epidauria and the arrival of Asclepius in Athens",in A.Hägg,ed.,*Ancient Greek Cult Practice from the Epigraphical Evidence*,Stockholm:Acta Instituli Atheniensis Sueciae,series in 8°,13,1994,pp.17−34。

③ *SEG* XXV,pp.86−87.

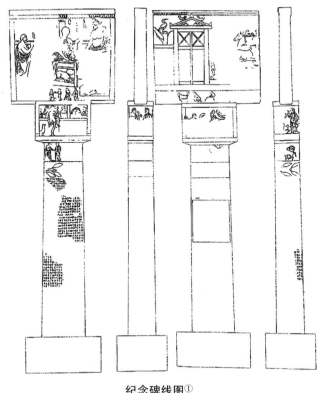

纪念碑线图①

【译文】

　　特勒马霍斯首次为[阿斯克]勒比奥斯、[叙基埃娅][1]与阿斯[克勒比奥斯之后裔][2]、阿斯[克勒比奥斯之女][3]建神殿与祭坛以及▨▨▨▨▨▨▨▨▨▨▨▨▨▨▨▨▨▨▨▨▨▨▨▨▨▨▨[4]他[5][在大秘仪][6]期间自齐亚湾[7]来,被带到[得墨忒耳神庙][8];特勒马霍[斯]自费召来侍从[9],[遵神谕]用[车][10]带到这里[11];叙基[埃娅]一同来。库[丹提达伊]德奥[12]的阿斯图费罗斯任执政官之时[13]整个圣所建成;阿尔赫阿斯为执政官时[14],科吕克斯家族争地,且阻止一些完成之事;[15]安[提丰]□□□为执政官之时[16]诸事遂顺;[埃乌菲莫斯]为执政官之时[17]□[18];□▨□[19]▨□□□□□□付清

　　①　采自 L.Beschi, "Culti stranieri di Telemachos:fandatore dell' Ascelepieion ateniese", in *Annuario della Scuola archeological e della missioni italiane in Orienia*, Vol.LXXX, Serie III, 2-Tomo I(2002), p.23。

[并]建成;[卡利亚斯为]执政官之时[20]:起自木门的[围墙][21];[特伊]桑德洛斯为执政官之时[22]:所有木门及[圣所]的其余部分亦交付使用;[科莱奥克里]托斯为执政官时[23]植树毕,他[24]确定了已备的圣所用地,[全部]用度均由其出;[斯卡姆伯尼达伊德莫的卡利亚斯]为执政官之时[25]▨。

【注释】

[1] 铭文拟补作"[Hugieiai]",阿斯克勒比奥斯的五女之一,健康女神。

[2] 铭文拟补作"tois Ass[clēpiadais]"。

[3] 铭文拟补作"[t]ais Ass[clēpiō thugatrasin]"。

[4] 铭文拟补作"[Ho en E]pid[aupō]i [Assclēppios]",意为"埃皮达洛斯的阿斯克勒比奥斯"。因缺文过多,《希腊铭文补编》卷四十七(232)(*SEG* XLVII,pp.86-87)并未拟补成文,今据改。

[5] 即阿斯克勒比奥斯之造像。

[6] 铭文拟补作"[en Mustēri]ois tois meg[alois]"。

[7] 铭文作"Zeothen",比雷埃弗斯港的海湾之一。

[8] 铭文拟补作"E[leusinio]n"。墨忒耳神庙位于雅典卫城下,用于存放与厄琉西斯秘仪相关的祭仪物品。

[9] 铭文拟补作"[metapem]psamenos d⟨r⟩a[conta]"。因蛇常伴阿斯克勒比奥斯左右,作为一种象征,若拟补作"d⟨r⟩a[conta]"也可备为一说(R. Garland, *Introducing New Gods*: *The Politics of Athenian Religion*, p.118)。《希腊铭文补编》卷四十七(232)拟补作[metapem]psamenos dia [conos]"。"dia[conos]"意为"侍从或神庙的神职人员"。若拟补作"蛇",文中势必要提及来源地埃皮达洛斯,如前述"自齐亚湾来"句(相关讨论详见K.Clinton, "Epidauria and the arrival of Asclepius in Athens", pp.23-24)。

[10] 铭文拟补作"eph'ha[rmatos]"。有关"harma与harmacsa"的讨论,详见B.L.Wickkiser, "A Chariot for Asklepios", pp.199-201。另见铭文100,甲10注释[2]及[3]。

[11] 铭文作"deure",阿提卡铭文拼写法。全句意为"把阿斯克勒比奥斯的造像的用车运至卫城南坡的阿斯克勒比奥斯神殿"。

［12］铭文拟补作"Cu［dantid］o"，隶属于阿伊戈奥斯部落。

［13］公元前 420/419 年。

［14］公元前 419/418 年。

［15］科吕克斯家族为掌控厄琉西斯秘仪的家族之一。争端缘何而起，因无其
　　　他文献记载，难以稽考。

［16］公元前 418/417 年。

［17］公元前 417/416 年。

［18］计三行缺失。

［19］约计十六个字母缺失。

［20］公元前 415/414 年。

［21］铭文作"ton peribolon apo to Chsulopulio"。

［22］公元前 414/413 年。

［23］公元前 413/412 年。

［24］即特勒马霍斯。

［25］公元前 412/411 年。

53. 充公奴隶拍卖公告

【题解】

该大理石碑破损较多,四散在雅典各处的残块计十五块,缀合为四栏,公元前414年成文。本篇所选铭辞为第一栏中的第三十三行至第四十九行,内容相对完整。工匠科菲索多洛斯因误毁坏赫尔墨斯的神像而遭处罚,其奴隶作为财产被充公、拍卖。据亚里士多德《雅典政制》(XLVII,2;LII,1)记载,拍卖事宜系由公共事务官负责。关于拍卖奴隶的平均价格,R.梅格斯与D.刘易斯认为要低于市场价(M-L,p.247)。

在古代希腊,城邦颁布的法律、法令以及收支清单等政务信息,除了记录在书板或草纸上外,另要勒石刊布。作为雅典民主治下的一大举措,财务公开所起到的广而告之作用值得关注。另见铭文57。

该大理石碑残块分别藏于雅典碑刻博物馆与卫城博物馆。

本文据R.梅格斯与D.刘易斯《希腊历史铭文选》中的校勘本(79)[1]译出。

【译文】

科菲索多洛斯,比雷埃夫斯[1]之侨民。

二德拉克马;一百六十五德拉克马:色雷斯女子。[2]

一德拉克马又三奥伯尔;一百三十五德拉克马:色雷斯女子。

[二]德拉克马;一百七十德拉克马:色雷斯男子。

二德拉克马又三奥伯尔;二百四十德拉克马:叙洛斯男子。

[一]德拉克马又三奥伯尔;一百零五德拉克马:卡里亚男子。

二德拉克马;一百六十一德拉克马:伊吕里亚男子。

二德拉克马又三奥伯尔;二百二十德拉克马:色雷斯男子。

一德拉克马又三奥伯尔;一百一十五德拉克马:色雷斯男子。

一德拉克马又三奥伯尔;一百四十四德拉克马:西叙亚男子。

一德拉克马又三奥伯尔;一百二十一德拉克马:伊吕里亚男子。

---

① M-L,pp.240—247.

二德拉克马;一百五十三德拉克马:科尔基斯男子。

二德拉克马;一百七十四德拉克马:卡里亚儿童[3]。

一德拉克马;七十二德拉克马:卡里亚幼儿[4]。

[三]德拉克马又一奥伯尔;三百零一德拉克马:叙洛斯男子。

[二]德拉克马;一百五十一德拉克马:迈利特内[5][男子或女子]。

一德拉克马;▨▨▨▨▨□德拉克马又一奥伯尔:吕底亚女子。

▨。

【注释】

[1] 铭文拟补作"Pera[iei]"。

[2] "二德拉克马"为第一栏,意指购买奴隶所应缴纳的税额;第二栏"一百六十五德拉克马"为奴隶的拍卖价;第三栏为奴隶所属的城邦,余类同。在涉及钱币数额的铭文中,一至四德拉克马简写作"Ⱶ""ⰎⰎ""ⰎⰎⰎ""ⰎⰎⰎⰎ",一至五奥伯尔分别简写作"｜""｜｜""｜｜｜""｜｜｜｜""｜｜｜｜｜"(参见 A.G.Woodhead, *The Study of Greek Inscriptions*, pp.107-111)。另见铭文 57。

[3] 铭文作"pais"。

[4] 铭文作"paidion"。

[5] 铭文拟补作"melitt[enos]或[ete]"。迈利特内(非"Melite")地望在卡帕多西亚(M-L,p.247)。

54. 埃雷特里亚嘉奖赫戈洛霍斯令

【题解】

据修昔底德《伯罗奔尼撒战争史》(VIII,95)记载,公元前411年夏,斯巴达及其盟邦在埃雷特里亚海域击败雅典水军,埃雷特里亚随即举事,因摆脱雅典的控制而告"解放"。此次海战中,塔兰图姆随斯巴达出船参战,而塔兰图姆船队的指挥官可能就是铭文中所提到的赫戈洛霍斯。

该大理石碑发现于埃雷特里亚,现藏埃雷特里亚博物馆。

本文据 R.梅格斯与 D.刘易斯《希腊历史铭文选》中的校勘本(82)①译出。

【译文】

诸神!

议事会决定如次[1]:

塔兰图姆的赫戈洛霍斯——他本人及其子嗣——将为外邦人代理[2]、恩人。若他本人及其子嗣留居埃雷特里亚,将享公养[3],将被免除赋税[4],并可在赛场中享有荣誉席位[5],因他把埃雷特里亚从雅典人的掌控中解放出来。

【注释】

[1] 由议事会出台的该法令表明,埃雷特里亚当时正处于寡头治下。
[2] 即赫戈洛霍斯为埃雷特里亚在塔兰图姆的外邦人代理。
[3] 铭文作"siterin einai",即在议事堂用膳。
[4] 铭文作"atelēn"。
[5] 铭文作"proedriēn",即在赛场、剧场等公共场所的前排席位。

---

① M-L,pp.251-252.

55. 关于刺杀弗吕尼霍斯的嘉奖令

【题解】

公元前411年春,雅典寡头革命,建立四百人议事会,民主政体被推翻;远在萨摩斯的雅典水军遂自称为雅典的合法政府。寡头派极端分子弗吕尼霍斯的被杀则预示着四百人议事会的垮台。同年,五千人议事会取代四百人议事会。翌年春,民主政体恢复。参与谋杀弗吕尼霍斯的斯拉苏伯罗斯、阿戈拉托斯、科蒙、西蒙与腓力诺斯等侨民受到褒奖。

演说家吕西亚斯在《斥阿戈拉托斯辞》(13.72)中称,阿戈拉托斯并未参与此次谋杀行动。本法令的出台似在为阿戈拉托斯正名。另据修昔底德记载(《伯罗奔尼撒战争史》,VIII,92.2),戕杀弗吕尼霍斯的刺客为一名斥兵(peripolos)。而在斥兵队服役的人应为雅典人,无涉授予公民权问题。

该嘉奖令石碑发现于雅典卫城,现藏雅典碑刻博物馆。

本文据R.梅格斯与D.刘易斯《希腊历史铭文选》中的校勘本(85)①译出。

【译文】

在[戈拉乌基]波斯为执政官的那一年[1],科多伊德莫[2]的[劳庞]为司书。

议事会及公民大会[决定]——其时希波松部落在议事会轮值,劳庞为司书,费里斯提德[斯主持议事会],戈拉乌基波斯为执政官,提议者为埃拉西尼德斯——[如次]:

斯拉苏伯罗斯[3][将受到嘉奖],因为他[对]雅典民众友善,并愿[尽其所能]行好;鉴于其对[城邦]及雅典民众所为[4],他[将被奖赏价值一千]德拉克马的[金冠]。[费用将由赫拉斯司库提供。传令官将在狄奥尼索斯酒神节庆期间]宣布[公民大会授予其金冠]的缘由。

狄奥克莱斯提议如次:

[至若余者,一如议事会所议]。斯拉苏[伯罗斯]将成为[雅典人],并将

---

① M-L,pp.252-255.

[在其所愿的部落]及氏族[登记]。[公民大会]针对斯拉苏伯罗斯[所做出的其他决定]将[生效]。鉴于斯拉苏伯罗斯对雅典民众所做之益事,他可从雅典人那里[得到其他特权],议事会司书将勒石刊布所做出的决定。将即刻从议事会中选出[五人]以决定[斯拉苏伯罗斯]以及其他雅典民众恩人所应得到的▢▢▢▢▢▢▢▢▢▢▢▨,以及阿戈拉托斯、科蒙、▢▢▢▢▢[及]▨▢▢▢▢▢▢西蒙与腓力诺斯▨▢▢▢▢▢▢,他们将作为恩人由议事会司书负责刻记在[石]碑上。他们将像雅典人一样拥有不动产及房舍,拥有居住在雅典的权利,并将时刻得到执政议事会及当值部落的关顾以免受到任何伤害。立碑合同将由公共事务官在议事会裁定,赫拉斯司库将提供资金。倘若已决定他们还应有所得,议事会将在商议后提交给公民大会。

　　埃乌迪克斯提议如次:

　　至若余者,一如狄奥克莱斯所提议。那些为通过事关阿波罗[多洛斯][5]的法令而采取贿赂手段的人,[议事会]将[在议事会大厅]举行的下次例会上[商议],并提出惩罚贿赂者的法令,把他们[送交]法庭,一如将决定的那样;与会的[议事会成员]将说出他们所知之事,而其他人若愿意亦可能披露其他情况。

【注释】

[1] 即公元前 410/409 年。

[2] 铭文作"Cedon",隶属于埃莱赫塞奥斯部落。

[3] 原为埃托利亚的卡吕冬人。

[4] 雅典对斯拉苏伯罗斯的嘉奖有别于对其他人的嘉奖(参见铭文 74、81、86 及 89)。希尔认为,嘉奖令中未言及斯拉苏伯罗斯的具体"所为",虽意在表彰刺杀寡头的义举,但又不愿让世人回忆起雅典寡头革命所建立的四百人议事会,详见 Julia L.Shear,*Polis and Revolution*:*Responding to Oligarchy in Classical Athens*,Cambridge:Cambridge University Press,2011,pp.128-131。

[5] 原为迈加拉人,亦参加了刺杀弗吕尼霍斯的行动。

56. 雅典嘉奖奥尼亚德斯令

【题解】

斯基亚索斯地处爱琴海西北部,海湾适于泊船,是雅典船队前往色雷斯或黑海途径的重要良港之一。小岛上的老城可能远离海岸,盖因海盗肃清而建新城。

在已发现的嘉奖外邦人代理的法令中,本篇法令(公元前 408/407 年颁布)最为完整,铭文凡三十一行,每行字母二十六个,阿提卡书体。石碑发现于雅典卫城,现藏雅典碑刻博物馆。

本文据 R.梅格斯与 D.刘易斯《希腊历史铭文选》中的校勘本(90)①译出。

嘉奖令原刻②

---

① M-L,pp.275-277.

② 采自 J.Kirchner,*Imagines Inscriptionum atticarum:Ein Bilderatlas Epigraphischer Denkmäler Attikas*,Berlin:Gebr.Mann Verlag,1935,Tafel 41。

【译文】

诸神!

议事会及公民大会决定——其时安提奥霍斯部落在议事会轮值,埃乌克雷伊德斯为司书,希耶罗克莱斯主持议事会,埃乌克特蒙为执政官,提议者为狄耶伊弗斯——如次:

鉴于斯基亚索斯老城[1]的奥尼亚德斯亲爱雅典城,并尽心力对到斯基亚索斯[2]的雅典人做好事,故予嘉许,他将作为外邦人代理、雅典的恩人为世人所铭记,包括其后代;为使他不受伤害,议事会——无论哪个部落当值,将军以及在斯基亚索斯的职官[3]——无论出于何种原因,均应加以关顾;议事会司书将把本法令刻于石碑之上并立于卫城[4];奥尼亚德斯将受邀明日至议事堂用膳。

安提哈莱斯提议如次:

余者可据议事会所决,但决议中"[斯]基亚索斯的"应改作"斯基亚索斯[老城的]奥尼亚德斯"[5]。

【注释】

[1] 铭文作"Palaisciathios",应为斯基亚索斯的旧城区。

[2] 铭文作"esciathon",为"eis Sciathon"之缩写形式,意作"至斯基亚索斯",应指斯基亚索斯的新城区。

[3] 疑指雅典的官员。

[4] 铭文作"polei"。

[5] 在本法令勒石刊布前已改作"斯基亚索斯老城"。奥尼亚德斯可能素以"斯基亚索斯老城的奥尼亚德斯"之名行世。

57. 埃莱赫塞奥斯神庙建造账目

【题解】

　　矗立在雅典卫城上的埃莱赫塞奥斯神庙始建于公元前421年,曾因战乱一度中断,后经议事会及公民大会决定复建,于公元前407年告竣①。公元前409年夏,雅典勒石刊布了该神庙竣事前的建造费用,其中包括部分未竟项目的收支清单。

　　埃莱赫塞奥斯神庙的石刻清单残断较多,已发现的较大残块计二十八块,分属三个石碑,铭文依次分栏刻勒。第八块到第二十五块为公元前408/407年的账目,第十七块的两栏内容包括已完成的浮雕、尚需开槽的石柱以及相关的收支情况,本文所选为第一栏中的第158行至第248行,残块现藏雅典碑刻博物馆。

　　埃莱赫塞奥斯神庙是古代世界最著名的伊奥尼亚式神庙之一,其建筑风格与艺术特点一直是学界广为讨论的议题,而残存的建造账目则为研究公元前5世纪晚期雅典工匠的薪资提供了极为珍贵的史料。在历史上,对埃莱赫塞奥斯神庙遗址的综合研究始于1903年,历经二十四年的通力合作,美国古典研究院(雅典)项目组的考古学家、铭文学家、历史学家以及建筑学家的研究成果——《埃莱赫塞奥斯神庙》②——最终结集出版。该书对埃莱赫塞奥斯神庙的历史、建筑整体与细部以及铭辞进行了全方位的研究,迄今仍不失为权威著作。

　　本文据 D. 刘易斯《希腊铭文》卷一中的校勘本(476)③译出。

---

　　①　参见 OCD³,2003,p.554。

　　②　L.D.Caskey,H.N.Fowler,G.P.Stevens,*The Erechtheum*,Cambridge:Harvard University Press,1927.后续研究主要见 G. W. Elderkin,"The Cult of the Erechtheion",*Hesperia:The Journal of the American School of Classical Studies at Athens*,Vol.10,No.2(Apr.-Jun.,1941),pp.113-124;Richard H.Randall,Jr.,"The Erechtheum Workmen",*American Journal of Archaeology*,Vol.57,No.3(Jul.,1953),pp.199-210;Kevin Glowacki,"A New Fragment of the Erechtheion Frieze",*Hesperia:The Journal of the American School of Classical Studies at Athens*,Vol.64,No.3(Jul.-Sep.,1995),pp.325-331;Jari Pakkanen,"The Erechtheion Construction Work Inventory(*IG* 1³ 474)and the Dörpfeld Temple",*American Journal of Archaeology*,Vol.110,No.2(April 2006),pp.275-281.

　　③　*IG* 1³,pp.473-474.

【译文】

持矛者□[1]⊠六十德拉克马;

胸甲一侧的青年:[科]菲西亚德莫[2]的弗洛马[霍斯],六十德拉克马;

一匹马以及在其后击打它的男子:住在迈利泰德莫[3]的普拉克[西阿斯],一百二十德拉克马;

一辆双轮马车、一名青年及两匹衔轭的马:[科]拉迈伊斯德莫[4]的安提法奈[斯],二百四十德拉克马;

一名牵马男子:[科]菲西亚德莫的弗洛马[霍斯],六十德拉克马;

一匹马、擦拭它并欲令其负石的一名男子:住在阿戈拉乌洛斯德莫[5]的穆尼昂,一百二十七德拉克马;

一名手持缰绳的男子:住在阿劳贝克德莫的索克罗斯,六十德拉克马;

祭坛旁一名拄着手杖的男子:[科]菲西亚德莫的弗洛马霍[斯],六十德拉克马;

一名妇女——一儿童靠着她:科吕托[斯]德莫的伊阿索斯,八十德拉克马。

雕刻费用总计:三千三百一十五德拉克马。收款:四千三百零二又一奥伯尔[6];各项支出:同前。

议事会第八次会议[7]——潘狄[翁]部落轮值——接收自雅典娜女神司库、阿戈拉乌洛斯德莫的阿莱萨伊克莫斯及其同僚的款额:一千二百三十九德拉克马又一奥伯尔。

购物开销:记录用书板[8]两块,各一德拉克马,总计:二德拉克马。

刻石费用:面对狄奥内[9]祭坛东端的石柱开槽。

狄奥内祭坛的第三根石柱[10]:

住在科伊勒德莫[11]的阿美尼阿德斯,十八德拉克马;

阿伊斯基[奈]斯[12],十八德拉克马;

吕萨尼阿斯,十八德拉克马;

阿美尼阿德斯的索美奈斯[13],十八德拉克马;

提[莫克]拉泰斯,十八德拉克马。

并排下一个石柱:

住在阿劳贝克德莫的[西]米阿斯,十三德拉克马;

科尔冬,十二德拉克马又五奥伯尔;

西[米]阿斯的[辛]德隆,十二德拉克马又五奥伯尔;

阿克西奥佩塞斯的索克莱斯,十二德拉克马又五奥伯尔;

西[米]阿斯的萨尼昂,十二德拉克马又五奥伯尔;

西米阿斯的埃皮埃伊克斯,十二德拉克马又五奥伯尔;

西米阿斯的索桑德洛斯,十二德拉克马又五奥伯尔。

并排下一个石柱:

尼克斯特拉托斯的奥奈西莫斯,十六德拉克马又五奥伯尔;

住在阿劳贝克德莫的埃乌多克索斯,十六德拉克马又四奥伯尔;

[科]莱昂,十六德拉克马又四奥伯尔;

住在阿戈拉乌洛斯德莫的西蒙,十六德拉克马又四奥伯尔;

[戈拉乌]克斯的安提多托斯,十六德拉克马又四奥伯尔。

并排下一个石柱:

比雷埃夫[斯]德莫的塞乌戈[奈斯],十五德拉克马;

比雷埃夫[斯]德莫的科腓索戈[奈斯],十五德拉克马;

住在[库达]塞纳伊昂德莫的特乌克洛斯,十五德拉克马;

住在斯卡姆伯尼达伊德莫[14]的科菲索多洛斯,十五德拉克马;

尼克斯特拉托斯,十五德拉克马;

佩拉埃乌斯的塞奥戈伊同,十五德拉克马;

在吞噬祭物之祭坛[15]旁打磨石柱[16]者:

拉基奥斯德莫的波吕克莱斯,三十五德拉克马。

在狄奥内祭坛旁、东端开槽石柱者:

在狄奥内祭坛旁的石柱,阿劳贝克德莫的拉奥索斯,二十德拉克马;

埃尔西亚德莫的腓[隆],二十德拉克马;

拉奥索斯的帕尔迈农,二十德拉克马;

拉奥索斯的卡[里]昂,二十德拉克马;

伊卡洛斯,二十德拉克马。

并排下一个石柱:

帕伊亚尼亚德莫的[法]拉克洛斯,二十德拉克马;

法拉克洛斯的萨尔戈利奥斯,二十德拉克马;

法拉克洛斯的腓罗尔戈斯，二十德拉克马；

法拉克洛斯的戈吕斯，二十德拉克马。

并排下一个石柱：

住在科伊勒德莫的阿美尼阿德[斯]，二十德拉克马；

阿伊斯基奈[斯]，二十德拉克马；

吕萨尼阿斯，二十德拉克马；

阿美尼阿德斯的索美奈斯，二十德拉克马；

提莫克拉泰斯，二十德拉克马。

并排下一个石柱：

住在阿劳贝克德莫的西米阿斯，十四德拉克马又二奥伯尔；

阿克西奥佩塞斯的索克莱斯，十四德拉克马又一奥伯尔。

并排下一个石柱：

尼克克拉泰斯的奥奈西莫斯，十八德拉克马又三个半奥伯尔；

住在阿劳贝克德莫的埃乌多克索斯，十八德拉克马；[17]

[科莱昂，十八德拉克马又二奥伯尔；

住在阿戈拉乌洛斯德莫的西蒙，十八德拉克马又一个半奥伯尔；

戈拉乌克斯的安提多托斯，十八德拉克马又一个半奥伯尔；

埃乌迪克斯，十八德拉克马又一个半奥伯尔]。[18]

【注释】

[1] 二十二个字母缺失。"持矛者□⊠"，盖为神庙横饰带上的部分造像，工匠的出身、名字缺失，"六十德拉克马"者为薪资。比较下文可推知，所列薪资是以计件的方式支付。另外，从现存残块来看，造像后多带孔洞，说明大理石造像系分别雕刻，再与黑色灰岩背板连接，最后组成饰带上的群雕。

[2] 铭文拟补作"[C]ephiseus"，隶属于埃莱赫塞奥斯部落。"[科]菲西亚的弗洛马[霍斯]"，铭文拟补作"Phuroma[chos C]ephisieus"，人名主格加属格德莫名，意指弗洛马霍斯为科菲西亚德莫的公民。

[3] "住在迈利泰的普拉克[西阿斯]"，铭文拟补作"Prach[ias] em Meliteihoicon"，意指居住在迈利泰的侨民，隶属于科克罗普斯部落。

[4]　铭文作"Cerameon",隶属于安提奥霍斯部落。

[5]　铭文拟补作"agrule[si]",文献中另作"Agraule",隶属于埃莱赫塞奥斯部落。

[6]　铭文拟补作"〈X〉XXXHHH卜卜|"。在铭文中,一至四德拉克马简写作"卜""卜卜""卜卜卜""卜卜卜卜",一至五奥伯尔简写作"|""||""|||""||||""|||||"(参见 A.G.Woodhead, *The Study of Greek Inscriptions*, pp.107-111)。

[7]　时在公元前 409/408 年。

[8]　铭文拟补作"sa[ni]des",即涂有石膏的记事木板。

[9]　铭文作"Diones",提坦众女神之一。

[10]　埃莱赫塞奥斯神庙的石柱为伊奥尼亚式。

[11]　铭文拟补作"Coile〈i〉",隶属于希波松部落。

[12]　因与侨民阿美尼阿德斯共同为第三根石柱开槽,故未标明身份,应为阿美尼阿德斯的奴隶,其所得亦应交与主人。下文未标明身份者类同。

[13]　"阿美尼阿德斯的索美奈斯",铭文拟补作"S[ome]nes hameiniado",人名主格加人名属格,一般指"某某之子",卡斯基等合著的《埃莱赫塞奥斯神庙》(第 391—393 页)即释义作"阿美尼阿德斯之子索美奈斯"。在本篇铭文的语境中,这种表达方式应为"阿美尼阿德斯的奴隶索美奈斯"之意,另见 W.B.Dinsmoor, "The Burning of the Opisthodomos", *American Journal of Archaeology*, Vol.36, No.2(Apr.-Jul., 1932), p.145, n.5。

[14]　铭文作"Scambonidōn",隶属于勒奥斯部落。

[15]　铭文拟补作"to[n Th]uechō Bomo[n]",卡斯基等合著的《埃莱赫塞奥斯神庙》(第 318 页及第 490 页)释义作"倾注祭物者祭坛"。《希英词典》(*LSJ*, 1992, p.808)中的"thuēphagos"一词,有转写作"thuēchoos"的义项,意为"吞噬祭物"。研究表明,该祭坛附近有一坑洞,用于接收祭献的牛血或替代牛血的红葡萄酒,详见 G.W.Elderkin, "The Cult of the Erechtheion", *Hesperia*: *The Journal of the American School of Classical Studies at Athens*, Vol.10, No.2, pp.115-116。

[16]　铭文拟补作"orthos[tat]as"。据《希英辞典》(*LSJ*, 1992, p.1249),该词有"梯子""竖立的柱形物""垂直的建筑用石"以及"祭饼"等义项。

［17］ 以上为158行至244行的内容。

［18］ 从第245行至第248行仅残存"-ōn 与 Δ"三个字母,阙文疑据前文"［科］莱昂,十六德拉克马又四奥伯尔;住在阿戈拉乌洛斯德莫的西蒙,十六德拉克马又四奥伯尔;［戈拉乌］克斯的安提多托斯,十六德拉克马又四奥伯尔"(原刻第208行至211行)的行数拟补,但薪金数额的差异,校勘并未附注说明。

58. 羊河大捷

【题解】

该碑跌为石灰石,中断,1894 年发现于德尔菲,铭辞为萨摩斯诗人伊昂的五音步诗。

羊河一役(公元前 405 年),结束了长达二十七年的伯罗奔尼撒战争,以拉西第梦人水军的最后胜利而告终。是役,来山德虽仅为水军指挥官阿拉克斯的部下(色诺芬《希腊志》,II,1.7),但他野心勃勃,攫功自傲,除战利品外,另把其青铜造像献与阿波罗神。

本文据 M.N.托德《希腊历史铭文选》卷一中的校勘本(95)①译出。

【译文】

来山德,为其所立下的战功——作为胜利者,以快船摧毁了科[克]罗普斯后裔[1]的军队——而进献他的造像。他荣耀了坚不可摧的拉西第梦——赫拉斯的城堡、他美丽的祖国。四面环水的萨摩斯的伊昂[2]写下了这首诗。

【注释】

[1] 亦即雅典人。另见《帕罗斯碑》(铭文 100,甲 1 注释[3])。
[2] 伊昂另作有赞美阿拉克斯的五音步诗。

---

① *GHI* I,pp.230-231.

59. 雅典嘉奖萨摩斯令

【题解】

雅典嘉奖萨摩斯令石碑发现于雅典卫城,现藏卫城博物馆。碑额部分的浮雕分别为雅典的保护神雅典娜及萨摩斯的保护神赫拉。

据修昔底德《伯罗奔尼撒战争史》(I,40,41,115;VII,21)记载,公元前440年,萨摩斯寡头政权因不满雅典而举事。被困数月后,萨摩斯乞降,被迫拆毁城墙,交出人质,并赔付巨额战争款。公元前412年,寡头再度掌权,后被民主派推翻。雅典允其自治,条件是保证效忠雅典。公元前405年雅典兵败羊河,损失惨重,但萨摩斯对其仍无二心,故得到雅典的明令嘉奖。

本文据 R.梅格斯与 D.刘易斯《希腊历史铭文选》中的校勘本(94)①译出。

【译文】

帕亚尼亚德莫[1]的科菲索封时为司书。

致所有站在雅典人一边的萨摩斯人。[2]

议事会及公民大会决定——其时科克罗普斯部落在议事会轮值,埃乌奥努蒙德莫[3]的波吕姆尼斯为司书,阿莱克西亚斯为执政官[4],阿斯莫农德莫[5]的尼科丰主持议事会,提议者为科雷索弗斯及其轮值同僚[6]——如次:

那些曾来此及现在此的萨摩斯使节,议事会、诸将领以及其他萨摩斯人将获得荣誉,因为他们是正直的人并渴望做任何他们所能做的益事,因为他们所做的是为了雅典人及萨摩斯人的利益;为回报他们的泽物,为了他们对我们的敬重以及他们的善意,议事会及公民大会决定:萨摩斯人将成为雅典人[7]并以他们自己所愿的方式参与政治活动。为使这一决定尽可能地有利于双方,一如他们自己所称,和约签订后,他们将就其他事宜共同协商。他们可采用自己的法律,且自主独立,在其他方面则根据雅典人与萨摩斯人达成的誓言及条约行事。至于可能使雅典人及萨摩斯人相互产生对立的争执,他们将根据条约公正裁决;若因战乱需事先就法律问题决策,一如使节自己所言,他们将视时

---

① M-L,pp.283-287.

局并采用最好的办法协商行事;至于和约,一经签订,各项条款均适于雅典人及那些居住在萨摩斯的人[8]。若须作战,萨摩斯人应尽量准备好并与诸将军一致行动。若雅典派使团去某地,在那里的萨摩斯人应遣使与之联系,并要给予他们所能提供的良策。他们可使用停泊在萨摩斯的三层桨船[9]并自行装备它们。使节将为议事会司书及诸将军提供三层桨船所属的指挥官的名单;这些三层桨船的所属人若有欠款在册[10],负责船坞的人[11][将]全部[予以免除],但[要尽快为城邦[12]]收取装备款,并责令那些掌管装备款的人悉数提供。

科雷索弗斯及其轮值同僚提议如次:

至若余者,一如议事会所提议的,到此的[萨摩斯人]因其所请[将得到公民权],并将[随即]被分配到[诸德莫]及十个部落。[诸将军]将尽快[为使节]提供川资,埃乌马克斯及[所有与埃乌马克斯同来的其他萨摩斯人]将受嘉奖,因为他们[善待雅典人]。[埃乌]马克斯[受礼邀明日]至议事堂[13]用膳。议事会司书与[诸将军将负责把上述决定刻记在石碑上],立于卫城[14]。[赫拉斯人]司库[将提供资金;萨摩斯人则自己出资以同样的方式在萨]摩斯勒石刊布。

【注释】

[1] 铭文作"Paianieus",文献中另见"Paiania",隶属于潘狄昂部落。

[2] 以上各句见于碑额。"致所有站在雅典人一边的萨摩斯人"句是为法令格式,一如书信公文中的抬头,用以指明所要嘉奖的对象。

[3] 铭文作"Euōnumeus",隶属于埃莱赫塞奥斯部落。

[4] 公元前405/404年担任执政官一职。

[5] 铭文作"Athmoneus",文献中另作"Athmonia 与 Athmonon",隶属于科克罗普斯部落。

[6] 铭文作"sunprutaneis"。该词在现存法令中只此一见,意在强调当值部落成员的一致提议。

[7] 意指授予萨摩斯人以雅典公民权。

[8] 即居住在萨摩斯的雅典流放者。

[9] 据狄奥多洛斯《历史文库》(XIII,104.2)记载,雅典水军指挥官腓罗克莱

斯与将军科农当时留在萨摩斯的船只计二十条。

[10] 铭文拟补作"dēmosiōi",泛指与公共事务相关者。作名词,义项有"城邦、公共建筑、公共档案"等(*OCD*³,2003,p.887)。伯格霍尔德依据本篇铭文中出现的"en tōi dēmosiōi"以及"tōi dēmosiōi"探讨了雅典公共档案管理制度的形成(A. L. Boegehold, "The Establishment of a Central Archive at Athens", pp.23−30)。

[11] 铭文作"neōroi"。

[12] 铭文作"dēmosiōi"。

[13] 铭文作"prutaneion"。作为公共建筑,议事堂也是古代希腊城邦的行政中心。堂内设有供奉灶神赫斯提娅的不息圣火,新建殖民地的议事堂圣火亦须用母邦的圣火点燃。议事堂除了供当值部落成员下榻、用膳外,另有礼待外邦使节的功用。城邦的荣誉公民也会得到于此用膳的嘉奖。在议事堂用膳,铭文通常作"epi deipnon eis prytaneion"(为用膳至议事堂)。外邦人在议事堂用膳,有时作"epi xenia eis prytaneion"(应宾主之谊至议事堂),为友邦间一方在另一方所得到的礼遇。另见铭文63、64 及 65 等。

[14] 铭文作"polis"。在雅典,该词有时亦可作"卫城"(acropolis)解。

60. 库勒内法令

【题解】

　　库勒内法令石碑刻竣于公元前 4 世纪初。其时,库勒内摆脱了巴托斯家族的统治,充满血腥的内战结束。铭文计五十一行,第一行至第二十二行为公元前 4 世纪初库勒内的法令,第二十三行到第五十一行为公元前 7 世纪晚期母邦塞拉法令的复刻。塞拉人重申母邦法令,意在强调其公民地位。该篇法令的主要内容与希罗多德《历史》(Ⅳ,153-163)中的记载大致相同。

　　该大理石碑发现于库勒内,现藏该地博物馆。

　　本文据 R.梅格斯与 D.刘易斯《希腊历史铭文选》中的校勘本(5)①译出。

【译文】

　　神! 大行好运!

　　巴苏克莱斯之子达米斯提议如次:

　　塞拉人及埃乌苏克莱斯之子科雷伊达马斯所言是为了城邦的繁荣及民众的福祉,是为了塞拉人——那些从塞拉来建库勒内以及定居在塞拉的人——依吾先辈所立祖制——获得公民权。因为,当巴托斯[1]及塞拉人遵从"殖民引导者"阿波罗[2]的意旨[3]殖民库勒内时,阿波罗保证他们生活遂顺,如若他们信守与吾先辈许下的誓言。

　　公民大会决定如次:

　　在库勒内,塞拉人将继续享有公民权,并享有同等的权利;所有留居在库勒内的塞拉人要像其先辈那样发誓;他们将隶属于一个部落、一个胞族及九个兄弟会[4]。本法令将镌刻在石碑上,立于先辈供奉的德尔菲阿波罗[5]神殿内;殖民者——与巴托斯从塞拉前往库勒内——航至利比亚时所发的誓言亦要镌刻在碑上。

　　建城者誓言[6]。

　　公民大会决定如次:

---

① M-L,pp.5-9.

　　既然阿波罗本人命巴托斯及塞拉人殖民库勒内,塞拉人决议派巴托斯前往利比亚为殖民首领[7]、为王,塞拉人伴其同航;他们在平等、相同条件下按户出航,一户出一子[8],□□□□□□□□□□男丁及塞拉的[其余]自由民□□□□□□如愿意亦可航行。若殖民者可作为主人留在殖民地,那些随后前往利比亚的人亦享有全权公民权,并将得到无主地一块;若未能成为殖民地的主人,未能得到塞拉人相助,五年内未能摆脱困境,殖民者可离开那里、无忧地回到塞拉,他们将重获财产并成为塞拉的公民;那些不愿出发、而城邦又指定要出发的人,将受到死刑的惩罚,财产将被充公;那些接待或保护他们的人——父亲接待或保护儿子,兄弟接待或保护兄弟——将受到如同不愿出发者一样的惩罚。

　　那些留在塞拉及那些出发建立殖民地的人如此发誓,并诅咒那些不信守誓言、违背誓言——无论是留居在利比亚还是留居在塞拉——之人。他们做蜡像,并燃尽,所有人——男人与女人、男童与女童——聚在一起诅咒:"无论何人不信守这些誓言,违背这些誓言,都会像这些蜡像一般融化殆尽,其后代及财产亦然;那些信守誓言的人,那些登船前往利比亚的人以及那些留居塞拉的人,愿他们自己及后代富足有余。"

【注释】

[1] 殖民首领巴托斯及其后人在库勒内的统治长达八代,迄至公元前4世纪初才告结束。其间,库勒内经济繁荣,疆域扩大。

[2] 铭文拟补作"tō Apo[l]lōnos tō Archageta","Archagetes"为阿波罗的众多别号之一。阿波罗是殖民者的唯一保护神,殖民者行前均要到德尔菲的阿波罗神庙求得神谕。在亚得里亚海及黑海等地均建有以该神命名的殖民城。

[3] 据希罗多德《历史》(Ⅳ,150-151)记载,塞拉人曾到德尔菲求神谕,但并未从命远行。后因干旱成灾,塞拉人遂再度遣人到德尔菲。神谕复命他们殖民利比亚。

[4] 铭文作"hetairēas",一般指由贵族友生间组成的小团体;在雅典则意指与民主派相对立的一种政治派别。

[5] 铭文作"tō Apollōnos tō Puthiō",另见铭文25注释[3]。

［6］公元前 7 世纪晚期在塞拉公民大会上通过的法令起句,即铭文中的第二
　　　十行。

［7］铭文作"Archagetes",另见注释[2]。

［8］即从两兄弟中抽签选出一人外出殖民,参见希罗多德《历史》(Ⅳ,153)。

61. 德克西莱奥斯墓碑

【题解】

德克西莱奥斯墓碑(公元前 394 年)发现于雅典的陶工区,是为古代希腊典型的墓碑形制之一:碑额为传统的三角饰;碑身浮雕表现的是墓主跃马杀敌的场景;碑跌铭文为伊奥尼亚书体,字体较大,计四行。值得关注的是,在已发现的古希腊遗存中,载有墓主生卒年及生平事迹的墓碑铭文只此一通。

另外,据基奥斯的塞奥彭普斯(约公元前 378/377 年—约前 320 年)记载,公元前 403/402 年雅典出台法令,统一字母书体,以伊奥尼亚书体取代阿提卡书体①,如字母"ϟ"为"Ξ","φϟ"为"Ψ"以及"χϟ"为"Ξ"等。在本篇铭文中,字母"ϟ"即为"Ξ","χϟ"为"Ξ"。从现存最早的草纸文献以及同时发现的书板上的字迹来看,阿提卡书体向伊奥尼亚书体的过渡在公元前 5 世纪中晚期即已出现②,而且这种改制亦非一蹴而就,在同期及稍后的铭文中仍可见伊奥尼亚书体与阿提卡书体混用的例证。

该大理石墓碑现藏雅典的陶工区博物馆。

本文据 M.N.托德《希腊历史铭文选》卷二中的校勘本(105)③译出。

墓志铭摹本

---

① F.Jacoby,*Die Fragmente der griechischen Historiker*,2.B,Berlin:Weidmannsche Buchhandlung,1927,115 F 155.

② Martin L.West,"The Oldest Greek Papyrus and Writing Tablets:Fifth-Century Documents from the'Tomb of the Musician'in Attica",*ZPE* 180(2012),pp.1-16.

③ *GHI* II,pp.20-21.

德克西莱奥斯墓碑 ①

铭辞隶定作：

Δεξίλεως Λυσανίō Θορίκιος,
ἐγένετο ἐπὶ Τεισάνδρō ἄρχοντος,
ἀπέθανε ἐπ᾽ Εὐβōλίδō,
ἐγ Κορίνθωι τῶν πέντε ἱππέων.

【译文】

德克西莱奥斯，吕萨尼奥斯之子，索里克斯德莫人，特伊桑德洛斯任执政官年[1]生，埃乌布利德斯任执政官年[2]卒于科林斯[3]，为五马兵之一[4]。

【注释】

[1] 公元前 414/413 年任执政官。

[2] 公元前 394/393 年任执政官。

---

① 采自 M.Guarducci，*L'epigrafia greca dalle origini al tardo impero*，p.402，fig.130。

[3] 公元前 394 年,斯巴达及其盟友与雅典、科林斯、底比斯、阿哥斯等在科林斯境内交战。是役,墓主德克西莱奥斯阵亡,当在弱冠之年。

[4] 铭文作"tōn pente hippōn",复数属格。此句确切含义不明。

62. 阿闵塔斯与哈尔基斯的盟约

【题解】

马其顿王阿闵塔斯三世在位期间（公元前393年—前370年）曾被迫流亡他乡，后复位。

从盟约内容可以看出，阿闵塔斯为了免受近邻的攻击才不得不与势力强大的哈尔基斯人结盟。

该大理石碑发现于奥林索斯，现藏维也纳艺术博物馆。

本文据 M.N.托德《希腊历史铭文选》卷二中的校勘本（111）①译出。

【译文】

此盟约系与阿里达伊奥斯之子阿闵塔斯所订。

此盟约系阿里达伊奥斯之子阿闵塔斯与哈尔基斯人所订。

他们须互盟五十年，并与他们的全部军队一同作战；若有人进犯阿闵塔斯的领土或哈尔基斯人的领土，哈尔基斯人将向阿闵塔斯提供帮助，阿闵塔斯将向哈尔基斯人提供帮助☐。[1]

为满足同盟之需，除白松外，豌豆及各类建筑木材的出口须经许可，其中包括船用木料；同盟事先向阿闵塔斯申报、交付规定税后亦可出口；至若其他产品，双方均有权出口、过境，条件是哈尔基斯人在离开马其顿前、马其顿人离开哈尔基斯前完税。阿闵塔斯与哈尔基斯人均不可与安菲波利斯、波提阿埃亚、阿坎索斯以及曼德独自交好，但若双方[2]同意，可据共识与之结盟。

盟誓如次：

吾等将恪守哈尔基斯人所定的条约，若有人进犯阿闵塔斯的领土，吾等将帮助阿闵塔斯☐。[3]

---

① *GHI* II, pp.30–34.

【注释】

［1］以上为正面碑文。

［2］即阿闵塔斯与哈尔基斯人。

［3］以上为背面碑文。

63. 雅典与基奥斯的盟约

【题解】

基奥斯为提洛同盟中势力最大的岛邦之一。作为雅典忠实的盟友，继雅典兵败西西里后，基奥斯党争不断，并在雅典与斯巴达的冲突中最终倒戈。公元前 394 年，由于不堪忍受斯巴达的欺压，基奥斯驱逐了斯巴达的驻军。公元前 384 年与雅典复盟。雅典与基奥斯所确立的"自由、自治原则"成为雅典第二次同盟的基本准则。

雅典与基奥斯的盟约石碑由五块残刻组成，现藏于雅典碑刻博物馆。

本文据 M.N.托德《希腊历史铭文选》卷二中的校勘本（118）①译出。

【译文】

此为雅典人与基奥斯人之盟约。其时，狄伊[特]莱弗斯为执政官，[希波松部落]在第一次议事会轮值，奥伊奥斯[1]的[斯特法]诺斯之子□□□□□□□□[为司书]□□□□□。☒□[2]这些□□□□基奥斯人曾在赫拉斯人一致认同的范围内，像雅典人一样，以信守波斯王[3]、[雅典人]、拉西第梦人、其他[赫拉斯人]所立的和约[4]、友谊、盟誓以及已有的条约为怀，并前来向雅典人、整个赫拉斯以及波斯王表达他们的[善]意，故公民大会决议如次：

基奥斯人及来此的使节将得到褒奖，和约、盟誓以及已有的条约将顺延；基奥斯人根据自由、自治原则入盟后，并不会违反那些石碑上所载、与和约相关的条款，若有他人违反，他们也会[尽]其所能不为说服；将在卫城的雕像[5]前立一石碑，上刻：若有人进犯雅典人，基奥斯人将尽其所能倾军相助；若有人进犯基奥斯，雅典人将尽其所能倾军相助。议事会、诸[将军]以及指挥官将向来此的基奥斯人盟誓，在基奥斯则由议事会及其他行政官盟誓；将在全体雅典人中选出[五人]航至基奥斯并接受基奥斯城的盟誓；本同盟将永存；基奥斯人使团明日将受礼邀至议事堂。

[遴选出的]使节有科吕托斯德莫[6]的科法罗斯、阿劳贝克德莫[7]的□□

---

① *GHI* II,pp.50-52.

□□□、□□□□阿伊西莫[斯]、弗莱阿里奥伊德莫[8]的□□□□□□□□□□□⊠以及□□□□德莫克雷[伊德斯][9]。基奥斯的使节有布吕昂、阿贝□□□□□□□□□⊠⊠⊠⊠以及阿尔赫拉斯。

【注释】

[1] 隶属于勒奥斯部落。

[2] 约计二十八个字母缺失。

[3] 铭文作"basileus"。在古希腊文中,该词意为"君王",行文若不加冠词,则特指"波斯王"。

[4] 即"大王和约"。

[5] 即"战神"雅典娜的造像。

[6] 隶属于阿伊戈奥斯部落。

[7] 隶属于安提奥霍斯部落。

[8] 铭文作"Phrearrios",隶属于勒奥斯部落。

[9] 即上文提到的"五人"。

64. 雅典与底比斯及密提林结盟

【题解】

　　雅典与底比斯、密提林结盟的法令约于公元前 378/377 年颁布,此前有雅典与哈尔基斯结盟法令,其后有雅典与拜占庭结盟法令。雅典陆续通过的法令为第二次雅典同盟的成立奠定了基础。

　　该大理石碑发现于雅典卫城,现藏雅典碑刻博物馆。

　　本文据 J.基施纳《希腊铭文》卷二中的校勘本(40)①译出。

【译文】

　　□□□□[每个城邦的]十七人[宣誓]。底比斯[使节☒与☒]☒☒[明日受礼邀至议事堂]用膳。[斯特]法诺斯提议如次:

　　鉴于出使[盟邦]的那些人[所言],[一如]议事会[的其他事宜],□[1]☒☒☒☒、塞奥彭普斯、□□□□□□□□以及三层桨船指挥官阿里斯托马霍斯将受嘉奖,[明日受邀至议事堂用膳]。安提马克斯☒☒☒☒☒□[2][密]提林人[将受嘉奖],明日受邀至议事堂[用膳]。他们的[名字]由议事会司书依据[议事会的]决议——[针对同盟]石碑上条款的决议——刻于石碑上。[如若本碑文]不同于卫城上的碑文,[议事会]可[就]此向[公民大会]提案。密提林人的□[3],[议事会将提案],由公民大会决定。[至若]勒石费用,由[税官][4]每座碑各出三十德拉克马,议事会司书负责[勒石]。

【注释】

[1] 约计十八个字母缺失。
[2] 约计十二个字母缺失。
[3] 约计十一个字母缺失。
[4] 铭文作"apodectai"。

---

① *IG* II, pp.23-24.

65. 拜占庭与雅典同盟结盟令

【题解】

该大理石碑断为两部分,分别发现于雅典的圣三一教堂(Church of Agia Trias)与卫城,现藏雅典碑刻博物馆。

本文据 M.N.托德《希腊历史铭文选》卷二中的校勘本(121)①译出。

【译文】

雅典的□[1]现在[与过去]将被延续,[公民大会]议决如次:

拜占庭人与[雅典人]及[其他]盟友结盟;他们[像基奥斯人一样]结盟[2];[议事会、诸将军以及]诸马兵长官将向他们发誓□[3]⊠⊠□[4]□□□□□。[拜]占庭[使节]明日[将受盛邀]至议事堂[用膳]。议事会司书将负责勒石。

遴选的使节有科拉莫斯德莫的奥尔索布罗斯、帕拉斯德莫[5]的埃克塞凯斯提德斯、阿哈尔纳伊德莫的色诺多克斯、阿纳弗吕斯托斯德莫[6]的普兰德洛斯以及昂戈罗斯德莫的阿尔西马霍斯。

拜占庭的使节有库冬、迈奈斯特拉托斯、赫戈蒙、赫斯提阿伊奥斯以及腓力诺斯。

【注释】

[1] 约计十七个字母缺失。

[2] 参见铭文63。

[3] 约计十二个字母缺失。

[4] 约计十八个字母缺失。

[5] 铭文作"Pallēneus",文献中该德莫另作"Pallenis 或 Pellene",隶属于安提奥霍斯部落。

[6] 隶属于安提奥霍斯部落。

---

① *GHI* II,pp.56-57.

66. 阿里斯多泰莱斯法令

【题解】

公元前 386 年,科林斯战争结束,波斯王阿尔塔薛西斯二世与希腊诸邦在萨尔底斯签订和约,史称"大王和约"或"安塔尔基达斯和约",由斯巴达具体负责执行。公元前 382 年,斯巴达占领底比斯的卡德莫斯堡,并于公元前 379 年推翻了哈尔基斯邦联(哈尔基斯半岛以奥林索斯为中心的一批殖民地),大王和约遂遭破坏。公元前 378 年,旨在抵抗斯巴达此种侵犯行为的同盟建立,时间恰好在提洛同盟成立后的一百年。该法令故被视为"第二次雅典同盟宣言",因提议者为阿里斯多泰莱斯,又被称作"阿里斯多泰莱斯法令"。有关第二次雅典同盟的性质、运行方式等,另见铭文 67、68、69、70、71、73、74、75 及 77 等。

该大理石碑发现于雅典广场,碑体断为二十块,刻文见于正面与左侧面,现藏雅典碑刻博物馆。

本文据 M.N.托德《希腊历史铭文选》卷二中的校勘本(123)①译出。

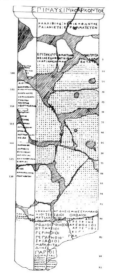

铭辞摹本(正面与左侧面)②

---

① *GHI* II,pp.59-70.

② 采自 Jack Cargil,*The Second Athenian League:Empire or Free Alliance*,Berkeley:University of California Press,1981,扉页。

【译文】

议事会及公民大会决定——其时纳乌西尼克斯为执政官,科菲索丰之子帕亚尼亚德莫的卡利比奥斯为司书,希波松部落在第七届议事会上轮值,阿斯莫农德莫的哈里诺斯主持议事会,提议者为阿里斯多泰莱斯——如次:

雅典人及雅典盟友行好运!

为拉西第[梦]人使赫拉斯人自由而自治地安逸生活并保证拥有属于他们的[土地],为使[赫拉斯人]与波斯王缔结的和约永远生效,公民大会决议如次:若有赫拉斯人、居于大陆的异族或岛民——并不臣属于波斯王——意与雅典人及其盟友结盟者,可依据基奥斯人、底比斯人[1]以及其他同盟的相同条件在保有自由与自治的同时结盟,并根据其所希望的体制行政,无须接纳驻军或统治者,无须缴纳盟金。至若与雅典人及其盟友结盟者,公民大会将放弃雅典人在盟友领土上所据的全部公私财物,并保证归还。若在雅典有与雅典结盟城邦不利的石刻,本议事会将予以销毁。自纳乌西尼克斯任执政官起,雅典人不得以个人名义、亦不可以城邦名义在同盟领土上通过购买、抵押抑或其他方式获得住房或土地。若有人购置或通过任一方式获得、占有此类抵押财产,任一同盟均可向同盟议事会控诉,同盟议事会将负责变卖其财产,钱款的一半归检举者,一半为同盟的共同财产。若有人经陆路或海路进犯任一同盟成员,雅典人及其同盟将倾全军之力相助。若有人——官员或普通百姓——提议、付决与本法令相悖的法令或试图取消本法令的任一条款将被剥夺公民权,其财产将被充公,其中十分之一交与女神[2],他本人会因瓦解同盟而受到雅典人及盟友的指控,会被判死罪或被逐出雅典人及其盟友所掌控的领土;若被判死罪,不可葬在[阿提]卡,亦不可葬在同盟的领土内。议事会司书将勒石刊布本法令,立于"解放者"宙斯的造像旁。女神司库[3]将从十塔兰特中支出六十德拉克马用于勒石,石碑上将刻有现已为盟友及将成为盟友的城邦名。将要刻勒的内容如上。公民大会将遴选三名使节前往底比斯,以说服底比斯人尽其所能做好。遴选出的使节为马拉松德莫的阿里斯多泰莱斯、阿纳弗吕斯托斯德莫的普兰德洛斯以及科吕托斯德莫的斯拉苏布罗斯。

雅典人的盟友有基奥斯人、特奈多斯人、底比斯人、密提林人、哈尔基斯人、迈苏姆纳人、埃雷特里亚人、罗德斯人、波伊埃萨人、阿莱苏萨人、拜占庭人、卡吕斯托斯、派林索斯人、伊克斯人、佩帕莱索斯人、▨▢人、斯基亚索斯人、▢、马罗内亚人、▢、狄雍人、▢、帕罗斯人、⊠▢人、▢、阿塞纳埃人、▢、▢。

阿里斯多泰莱斯提议如次：

▢▢。[4]

[普]拉人[5]、[阿布德]拉人、[萨索]斯人、[色雷斯]的[哈尔基]斯人、阿伊诺斯人、萨摩斯拉斯人、狄卡亚人、阿卡尔纳尼亚人、科法莱尼亚岛的普罗诺伊人、阿尔克塔斯[6]、奈奥普托勒莫斯、[伊阿宋][7]、安德罗斯人、特诺斯人、[希斯]提亚埃亚人、穆科诺斯人、安提萨人、埃莱索斯人、阿斯特拉亚人、科奥斯岛的伊奥乌利斯人、卡尔萨亚人与科莱西亚人、埃拉伊乌西亚人、阿摩哥斯人、塞吕姆布里亚人、西弗诺斯人、西基诺斯人、色雷斯的狄雍人、新城人以及居住在奈罗斯的扎库恩索斯人[8]。[9]

【注释】

[1] 另见铭文 63 及 64。

[2] 即雅典娜。

[3] 公元前 454 年提洛同盟的金库从提洛岛移至雅典卫城后，同盟的年收入均被视为女神雅典娜的圣款，且多为雅典公共建筑用项的支出。

[4] 计四行残破，多争议，略。以上为正面。

[5] 铭文拟补作"[Cercu]paiōn[o d]ēmos"（[科尔库]拉人）。P.J.罗兹与 R.奥斯本的校勘本（29）[P.J.Rhodes & Robin Osborne, *Greek Historical Inscriptions：404-323 BC*, Oxford：Oxford University Press, 2003, p.96]拟补作"[Puɪ]raiōn[o d]ēmos"（[普]拉人）。铭义 73 中"……普拉的同盟大会代表也将受礼邀明日至议事堂"句可为旁证，今据改。

[6] 伊庇鲁斯的王。

[7] 斐拉埃的僭主（公元前 385 年—前 370 年）。J.维克沙姆等认为（John Wickersham and Gerald Verbrugghe, *Greek Historical Documents：The Fourth Century B.C.*, Toronto：Hakkert, 1973, p.40），公元前 371 年前后，伊阿宋脱离同盟，其在碑文上的名字遂被除去。

[8] 铭文作"Zacunthiōn o dēmos", M.N.托德认为是指被外放的民主派人士（*GHI* II, p.67）。

[9] 以上为左侧面，碑文所列入盟者中还包括国王等。

67. 雅典同盟与哈尔基斯结盟令

【题解】

在第二次雅典同盟法令碑文中,哈尔基斯等优卑亚四邦的邦名刻法明显不同于其他盟邦,应为雅典与哈尔基斯结盟法令通过后(公元前 377 年)的添刻。J.卡吉尔认为,第二次雅典同盟的全部盟邦悉数出现在阿里斯多泰莱斯法令铭文中,盟邦约计六十个左右①。

该大理石碑发现于雅典卫城南坡,现藏雅典碑刻博物馆。

本文据 M.N.托德《希腊历史铭文选》卷二中的校勘本(124)②译出。

【译文】

埃乌腓勒托斯之子[阿]哈尔纳伊德莫的[阿]里斯多泰莱斯[1]为司书,纳乌西尼克斯为执政官[2]。

议事会及公民大会[决定]——其时勒奥斯部落在议事会轮值,阿里斯多泰莱斯为司书,主会委员□□□□□▨▨▨的潘塔莱托[斯]付决,皮兰德罗斯为提议者——如次:

鉴于哈尔基斯人[所言],他们将在下届会议被引至公民大会,议事会的[议案]将被审议,因为议事会决定依据哈尔基斯人所诺接受——愿行好运——哈尔基斯人入盟。雅典须向[哈]尔基斯人、哈尔基斯人须向雅典人发誓,誓言与盟约将刻于石上,立于雅典卫城和哈尔基斯的雅典娜神庙。

雅典人和哈尔基斯人的盟约如是:优卑亚的哈尔基斯人与雅典人[结盟]。哈尔基斯人独拥其土[3],自由而自治,且▨▨□□□□□□□□□□▨。他们既不违背[同盟盟约]接纳[雅典人]驻军,不缴纳盟金,亦不接受[统治者]。[若]有人进犯[领土][4]▨。

---

① J. Cargill, *The Second Athenian League*, Berkeley-Los Angeles: University of California Press, 1981, pp. 45-47.

② *GHI* II, pp.70-72.

【注释】

[1] 铭文拟补作"[Ar]istotelēs",为开篇,后见"∴"间隔符号。

[2] 疑指法令勒石刊布时为司书、为执政官。

[3] 铭文拟补作"echei[n tē]n heautōn"。

[4] 铭文拟补作"tēn [chōran]"。M.N.托德认为,冠词"tēn"所接名词应拟补作"chōran"(*GHI* II,p.71),即哈尔基斯人的领土。

68. 雅典与迈苏姆纳的盟约

【题解】

迈苏姆纳为莱斯沃斯岛上的五个城邦之一,素与雅典交好。此次再盟(公元前 377 年)表明,迈苏姆纳不仅要与雅典、亦要与其他盟邦相互盟誓。

该大理石碑发现于雅典卫城,现藏雅典碑刻博物馆。

本文据 J.基施纳《希腊铭文》卷二中的校勘本(42)①译出。

【译文】

[议事会及公民大会决定]——[其时☐☐☐在议事会轮值],[阿劳]贝克德莫的☐☐☐☐☐☐☐☐为司书,☐☐☐☐☐的西蒙主持议事会,提议者为阿斯图菲罗斯——如次:

至于迈苏姆纳人所告——因迈苏姆纳人为盟友并对雅典城邦向怀好意,为使他们亦可与雅典的其他盟邦成为盟友,议事会司书将以记录雅典其他盟友的方式同样载记[1]。迈苏姆纳人使团将像其他盟友发誓那样向同盟大会代表[2]、将军以及马军长官发誓。而同盟大会代表、将军以及马军长官亦同样向迈苏姆纳人发誓。阿伊西莫斯与船上的同盟大会代表[3]将负责迈苏姆纳人要像其他盟友那样发誓。迈苏姆纳人城邦将受到褒奖,迈苏姆纳人使节将受礼邀[4]。

【注释】

[1] 即把迈苏姆纳人的名字刻列于同盟盟碑之上。另见铭文 66。M.N.托德亦认为,该法令是继"阿里斯多泰莱斯法令"出台后不久颁布的(*GHI* II, p.59)。

[2] 铭文作"sunedroi"。

[3] 疑为在爱琴海巡视的同盟大会代表(*GHI* II,p.59)。

[4] 即在议事堂用膳。

---

① *IG* II, pp.24−25.

69. 雅典与北部三邦的盟约

【题解】

伯罗奔尼撒战争期间,科尔库拉、阿尔卡纳尼亚及科法莱尼亚均为雅典的盟邦。战后,希腊世界的各方势力此消彼长,冲突不断,政治格局风云变幻。公元前 375 年,作为第二次雅典同盟的将军,提莫塞奥斯率水军远征途中,复与上述诸邦再盟。

该大理石碑由四块残刻组成,发现于雅典卫城,现藏雅典碑刻博物馆。

本文据 M.N.托德《希腊历史铭文选》卷二中的校勘本(126)①译出。

【译文】

奥□之子腓罗克莱斯[时为司书][1]。

[议事会及公民大会]决定——其时希波达马斯为[执政官],[安提奥霍斯部落]在第二届议事会轮值,[弗拉克斯□□□□□□□奥伊诺埃德莫[2]]为司书,提议者为科里提奥斯——如次:

鉴于科尔库拉人、阿尔卡纳尼亚人及科法莱尼亚人使节在议事会所言,科尔库拉人、阿尔卡纳尼亚人及科法莱尼亚人使节将受到褒扬,因为现在与过去他们亲善雅典人及盟友。为满足其所愿,带他们至公民大会[3],公布议事会所议之决定:

议事会司书将把来使城邦的名字镌刻在同盟共有石碑上。议事会、诸将军及马军将向来使的城邦发誓,同盟亦要发誓。事毕,公民大会将遴选数人——一如同盟共同体所决定的——听取这些城邦的誓言;它们的名字将被镌刻在共有石碑——刻有同盟的名字——之上。每一城邦将根据同盟与雅典公民大会的决定派代表至同盟代表大会[4]。至若阿尔卡纳尼亚人,将与埃斯库罗斯、埃乌阿尔霍斯、埃乌吕□、□、□□、□□□□□□、以及赫吕西阿德[斯]□[5]一同考虑[6]。

---

① *GHI* II,pp.82-86.

【注释】

［1］ 据 M.N.托德推断,腓罗克莱斯似为担当另一届议事会的司书,即该法令在勒石刊布前其他部落可能在议事会轮值(*GHI* II,p.128)。

［2］ 铭文作"Oinaio",该德莫另记作"Oinoe",隶属于希波松部落。

［3］ 铭文作"dēmon"。

［4］ 铭文拟补作"sun[edrion]",即由各盟邦代表组成的同盟大会,雅典除外。同盟代表之于同盟事务的决议等同于雅典公民大会。

［5］ 约计十五个字母缺失。

［6］ 因残破较多,雅典人具体虑及何事不明。

70. 雅典谷物税法

【题解】

由于自然环境所限,雅典的谷物产量不能自给,主要依赖境外进口。在古典时代,雅典的谷物贸易活动已为常态,事关民生之要务①。其时,雅典的谷物贸易遍及整个地中海世界,其中东北一线为黑海粮道。

勒莫诺斯、因布洛斯、斯库洛斯三岛地处爱琴海北部,盛产谷物,亦为雅典通往黑海的前哨。伯罗奔尼撒战争后,雅典海外领地告失,其中包括早期屯垦地②勒莫诺斯、因布洛斯及斯库洛斯。公元前4世纪初期,雅典复兴,复收三岛。据色诺芬《希腊志》(Ⅴ,1.31)记载,"阿塔薛西斯王认为,亚细亚诸城邦、岛屿中的克拉佐美纳伊、塞浦路斯理应归己;除勒莫诺斯、因布洛斯及斯库洛斯外其他希腊大小城邦理应自治。三岛理应一如既往归雅典人"。此即所谓的"大王敕令",从中可以看出波斯在这一时期对希腊各方势力的制衡与影响。

公元前374/373年,雅典针对勒莫诺斯、因布洛斯、斯库洛斯三岛出台的谷物税法,是由货币税而实物税的一次税法改制,目的是保障雅典的粮食供给,所得税款则用于城邦的军费支出。西方古典学界在铭文整理的基础上,对十二一税、五十一税以及该税法所反映的谷物度量、监管机制等问题亦多有讨论③。

该大理石碑1986年发现于雅典广场遗址。铭辞计六十一行,除个别字母

---

① P.Garnsey, *Famine and Food Supply in the Graeco-Roman World : Responses to Risk and Crisis*, Cambridge : Cambridge University Press, 1988, pp.89-166.

② 详见阴元涛:《雅典拓殖地初探》,《史林》2012年第5期,第145—151页。

③ R.S.Stroud, *The Athenian Grain-Tax law of 374/3 B.C.*, *Hesperia Supplement* 29, American School of Classical Studies at Athens, 1998; E.M.Harris, "Notes on the new grain-tax law", *ZPE* 128(1999), pp.269-272; M. Faraguna, "Intorno alla nuova legge ateniese sulla tassazione del grano", *Dike* 2(1999), pp.63-97; J.Engeles, "Das athenische Getreidesteuer-Gesetz des Agyrrhios", *ZPE* 132 (2000), pp.97-124; A. Moreno, "Athenian bread-baskets : The grain-tax law of 374/3 BC re-interpreted", *ZPE* 145(2003), pp.97-106; P.J.Rhodes, and R.Osborne (eds.) *Greek Historical Inscriptions 403-322 B.C.*, Oxford : Oxford University Press, 2003; A.Moreno, *Feeding the Democracy : The Athenian Grain Supply in the Fifth and Fourth Centuries B.C.*, Oxford : Oxford University Press, 2007; M.H.Hansen, "A note on Agyrrhios' Grain-Tax Law of 374/3 B.C.", in L.Mitchell and L.Rubinstein(eds.), *Greek History and Epigraphy*, Swansea : The Classical Press of Wales, 2008, pp.145-154; E.M.A.Bissa, *Governmental Intervention in Foreign Trade in Archaic and Classical Greece*, Leiden : Brill, 2009.

漫漶外,整体保存完好,现藏广场博物馆(Agora Museum)。

本文据 R.S.斯特劳德的校勘本译出①。

【译文】

诸神!

索克拉提德斯时任执政官[1]——关于诸岛[2]的谷物十二一税法[3]——阿古里奥斯[4]提议如次:

为使民众[5]共有谷物,将在勒莫诺斯岛、因布洛斯岛和斯库洛斯岛出赁谷物的十二一税及五十一税。

每股五百麦地姆诺斯:小麦一百,大麦四百。包税人须自负风险将谷物输入比雷埃夫斯港,并自费运进城,将谷物堆入阿伊阿克斯圣所[6]。城邦将为阿伊阿克斯圣所置顶、设门,包税人运谷物进城须在三十天内自费替城邦度量。谷物运进城后,城邦不会收取包税人存储费用。

包税人须度量小麦,度量的小麦,六分之五[7]麦地姆诺斯为一塔兰特;度量的大麦,一麦地姆诺斯为一塔兰特,干燥且无毒麦。一如其他商贾[8],包税人须采用标准量器[9]度量。

包税人无须预付定金,但须支付销售税与拍卖人的费用,每股二十德拉克马。包税人须每股指定两名——经议事会核准——有财力的保人。

六人为一组,份额三千麦地姆诺斯。城邦向六人组——一人或全部组人征收谷物,征齐应缴谷物为止。

选举将军时,民众须在公民大会从所有雅典人中遴选十人,负责监管谷物。依成文所定度量谷物后,他们须经公民大会决议在广场出售;但不可在花月[10]前将出售谷物事宜付诸票决。

公民大会负责制定小麦、大麦的价格,被遴选之人须照此出售。十二一税包税人须在凶月[11]前运送谷物。公民大会遴选之人负责监督,确保谷物按时运达。

被遴选之人售完谷物后,须向公民大会呈账,将钱款携至公民大会,并使谷物所得用于军饷。

---

① R.S.Stroud, *The Athenian Grain-Tax law of 374/3 B.C.*.

收税官应分配自诸岛的定金及五十一税所得——同于上一年自什二税所得[12]。所得现用于城邦的治理,今后所得将不再征收存款的什二税[13]。

【注释】

[1] 据狄奥多洛斯《历史文库》(XV,41.1)记载,"索克拉提德斯在雅典为执政官之时,罗马人遴选昆图斯·塞尔维利乌斯、塞尔维乌斯·科尔奈利乌斯、斯普里乌斯·帕皮里乌斯为军团长,握有执政官权"。其时为第101届奥林匹亚赛会的第三年,即本谷物税法附议的公元前374/373年。

[2] 即下文中所列的勒莫诺斯、因布洛斯和斯库洛斯三岛。

[3] 铭文作"nomos","法律"之意,异于常见的"psephisma"——"法令",开篇亦无"议事会及公民大会决定"等套语。

[4] 约公元前389/388年出任雅典将军。据德莫斯提尼《诉提莫克拉泰斯》(24,134-135)记载,阿古里奥斯因侵占公帑而入狱多年,偿清后才获自由。从其所提税法一案来看,阿古里奥斯在公元前374/373年仍活跃在雅典政坛。

[5] 铭文作"demos",可指"民众",也可指代"公民大会"。本文根据不同的语境亦有所选。

[6] 铭文作"Aiaceion"。阿伊阿克斯圣地供奉的是希腊神话中的英雄、埃吉纳王阿伊阿克斯。该圣所位于雅典广场西南角,呈正方形,四周带有围墙,露天,始建于公元前5世纪初,公元前4世纪初用作大宗谷物的集散。

[7] 铭义拟补作"he[c]te⟨a⟩s",其中方括号中的"c"为拟补,尖括号中的"a"为窜定。若由是推,"he[c]te⟨a⟩s"的主格形式"hecteus"(赫克特乌斯)应为古代希腊的干量单位,一赫克特乌斯相当于一麦地姆诺斯的六分之一(O.Viedebantt,Hekteus,Paulys Realencyclopädie der classischen Altertums wissenschaft,VII.2,Stuttgart:J. B. Metzler,1912,Sp.2803)。校勘本中的"pente he[c]te⟨a⟩s"之意为"五个六分之一麦地姆诺斯",即"六分之五麦地姆诺斯"。

[8] 铭文作"emporoi",即从事长途贸易的商人,多为外邦人与雅典侨民。

[9] 各家校勘的拟补与窜定凡"TE[..]ON⟨E⟩I""te[iz]on⟨e⟩i""te[ich]on⟨e⟩i"三种,本文试译作"标准量器"。

［10］铭文拟补作"Anthes[t]ēriōnos"，即公历的二月与三月之交。

［11］铭文作"Maimactēriōnos"，即公历的十一月与十二月之交。因处冬季，不宜航行，故曰"凶月"。

［12］即谷物税法颁布前一年三岛缴纳的税款。此后货币税变为以谷物形式缴纳的实物税。

［13］疑为实物税实施后，"存款的什二税"遂被取消。

71. 帕罗斯与第二次雅典同盟法令

【题解】

该篇铭文残破较多,铭文学家对缺文的拟补亦各有不同。P.J.罗兹与 R. 奥斯本集各家之说,补残成文,且分作上下两篇。第一篇为雅典公民大会法令;第二篇为现存铭文中唯一一部经由同盟代表大会通过的法令(公元前372年)。

该大理石碑发现于雅典卫城南坡,现藏雅典碑刻博物馆。

本文据 P.J.罗兹与 R.奥斯本《希腊历史铭文:公元前 404 年至前 323 年》中的校勘本(29)①译出。

【译文】

□[1]▨▨□[2]▨▨▨▨依祖[制,须向泛雅典娜大庆献]一头母牛及全副[甲胄,向狄奥尼索斯大庆]献母牛一头、阳具造像一尊[3][以为念物],因他们[4]恰巧是雅典的移民[5]。本法令与盟邦议决[6]的关于帕罗斯人和解事宜[7]将付载记,并立碑于卫城;公民大会[司库]将出二十德拉克马用于勒石。帕罗斯使节受礼邀明日至议事堂。[8]

盟邦决议——其时阿斯特伊奥斯为执政官,斯基洛弗里昂月[9]的最后一天,底比斯的□▨▨▨▨提议——如次:

为使帕罗斯人[和睦相处],于彼无任何暴力事件发生,如若某人[无端杀人],祸主将被处死□□□□□□□依律交纳罚锾□[10]▨▨▨▨或流放违反法律及本法令者[11]▨▨▨▨▨▨。[12]

【注释】

[1] 约计二十八个字母缺失。

[2] 约计十八个字母缺失。

[3] 另见铭文 66。

---

① P.J.Rhodes & R.Osborne, *Greek Historical Inscriptions*:*404 - 323 BC*, Oxford:Oxford University Press, 2003,pp.146-149.

［4］即帕罗斯人。

［5］雅典人曾殖民库克拉德斯群岛,帕罗斯作为其中的一个岛屿,故雅典人认为帕罗斯须向母邦的节庆贡献。

［6］铭文作"epseisanto"。P.J.罗兹与 R.奥斯本本中"epse-"后的字母"ph-"遗漏,应为"epsephisanto"。由该词娩出的"epipsephizo"一词含有"提议"之意,如本文"底比斯的□⊠□□□提议"。今据补。另见 C.A.Baron,"The Aristoteles of the Second Athenian League",*Hesperia*75,2006,p.392。

［7］P.J.罗兹与 R.奥斯本认为,此处系指帕罗斯人内部,而非雅典和帕罗斯之间的和解。

［8］以上为上篇。

［9］铭文拟补作"Sciropho［riō］nos",阿提卡历的第十二个月,公历六月与七月之交。该月份的词源不明,故音译作"斯基洛弗里昂"。

［10］约计十二个字母缺失。

［11］约计十三个字母缺失。

［12］以上为下篇。

72. 底比斯留克特拉大捷

【题解】

碑文中的科塞诺克拉泰斯、塞奥彭普斯及姆内西拉奥斯均为征战留克特拉的底比斯将士,盖因不满埃帕米农达斯一人居功而立此碑(公元前371年)。

底比斯留克特拉大捷石碑发现于底比斯郊外,现藏底比斯博物馆。

本文据 M.N.托德《希腊历史铭文选》卷二中的校勘本(130)①译出。

【译文】

科塞诺克拉泰斯;塞奥彭普斯;姆内西拉奥斯[1]。

当斯巴达人的长矛寒光四射时,是科塞诺克拉泰斯的命运为宙斯带来了战利品,他不惧怕来自埃乌罗塔斯[2]的军队,亦不畏惧拉哥尼亚人的盾牌。在留克特拉,因矛带来胜利的战利品宣告,"底比斯人,此役的胜利者",而我们也曾冲锋陷阵,并不逊于埃帕米农达斯。

【注释】

[1] 科塞诺克拉泰斯时为彼奥提亚邦联指挥官(boeotarch)之一;塞奥彭普斯为底比斯的望族之后,曾与佩罗皮达斯一道于公元前379年把斯巴达驻军逐出卡德莫斯堡;姆内西拉奥斯的生平不详。

[2] 拉哥尼亚的主要河流之一。

---

① *GHI* II, pp.92-94.

73. 雅典嘉奖密提林令

【题解】

该大理石碑残断为四,分别发现于雅典卫城南坡与雅典城北。现藏雅典碑刻博物馆。

铭文中的嘉奖令计两项,第二项为补充案。雅典先后出台的这两项法令(公元前 369—前 367 年)采用的是传统嘉奖令的表述方法,从中可看出雅典在第二次同盟中所处的主导地位。

本文系据 M.N.托德《希腊历史铭文选》卷二中的校勘本(131)①译出。

【译文】

诸神!

致[密提]林人。[1]

议事会及公民大会决定——其时[纳乌西戈]奈斯为执政官,阿亚克斯部落[在议事会轮值],库达塞纳伊昂德莫[2]的摩斯霍斯[为司书],埃尔西亚德莫[3]的阿里斯图罗斯[主持议事会],提议者为[狄奥]范[托斯]——如次:

关于莱斯沃斯来使所言,经议事会提议,主会委员[4]——经抽签选出主持公民大会第一次会议者——将带他们至公民大会,并向公民大会呈报议事会的议案。因议事会提议:鉴于密提林人无论现在[还是过去]向与雅典民众交好,密提林民众会因其礼遇雅典民众而受嘉奖。[如有所需],他们可在祭仪后最先至议事会或公民大会。希耶罗伊塔斯[5]亦将受嘉奖,因其一直善待雅典民众与密提林民众。经议事会提议的本法令将刻记于石碑上,并立于卫城。公民大会针对[密]提林使节及同来的希耶罗埃塔斯所做出的法令也将刻记于同一石碑上。公民大会司库将支付给议事会司书用于刻碑所需的二十德拉克马。派往密提林的使节将受褒奖,明日受邀至议事堂用膳。密提林的同盟大会代表受礼邀明日至议事堂。迈苏姆纳、安提萨、埃莱索斯以及普拉的同盟大会代表也将受礼邀明日至议事堂。

---

① *GHI* II, pp.95-98.

阿乌托吕克斯提议：至于余者，一如议事会所议。派往莱斯沃斯的使节——提莫诺索斯、阿乌托吕克斯、阿里斯托皮塞斯——将受嘉奖，明日受邀至议事堂用膳。[6]

议事会及公民大会决定——其时吕西斯特拉托斯为执政官，卡利斯特拉托斯为提议者——如次：

密提林民众将受嘉奖，因为他们曾斗志昂扬地参战，直至结束。对来使回复的是，雅典人是为赫拉斯人的自由而战。而当拉西第梦人违背誓言与条约征讨赫拉斯人时，密提林人不仅亲援雅典人，且号召其他盟友襄助。他们信守誓言，反对违背和约的那些人，▨□▨[7]。

【注释】

[1] 原刻一行，为表目的的属格。

[2] 隶属于阿伊戈奥斯部落。

[3] 隶属于阿伊戈奥斯部落。

[4] 铭文作"proedrous"。据亚里士多德《雅典政制》（XLIV，2-4）记载，主会委员由当值部落从九个部落中（其所在的部落除外）抽签选出的九人主持公民大会例会。九人中再签选一人出任会议主席（epistatēs）。

[5] 疑为雅典在密提林的外邦代理人。

[6] 以上为第一项法令。

[7] 约计五行略。

74. 雅典嘉奖狄奥尼西奥斯父子令

【题解】

公元前4世纪初,为平衡各方的关系,雅典一直试图与叙拉古交好。在狄奥尼西奥斯治下(公元前430—前367年),以僭主政制立国的叙拉古势力强大,威震一方,并不为雅典的示好所动,对雅典的民主制也颇持敌意。留克特拉一役,希腊世界的格局突变。面对底比斯的崛起,雅典与斯巴达结盟,斯巴达的昔日盟友叙拉古与雅典的关系随之改善。

该大理石碑发现于雅典,现藏雅典碑刻博物馆。

本文据 M.N.托德《希腊历史铭文选》卷二中的校勘本(133)①译出。

【译文】

议事会及公民大会决定——其时[吕]西斯特拉托斯为执政官,[埃]莱赫塞奥斯部落在第十届议事会轮值,阿泽尼亚[1]的帕伊[奥尼德斯]之子埃克塞[凯斯托斯]为司书,主会委员埃乌阿戈洛斯付决☒,提议者为[潘]狄奥斯——如次:

关于狄奥尼西奥斯的诸来使所言,议事会就狄奥尼西奥斯关于修建神庙[2]与和平的信件业已议决,盟友[3]将向公民大会提交他们[4]认为最合意的议案。主会委员将在公民大会第一次例会带诸使节至公民大会,同时邀请诸盟友,并将商议他们所告,向公民大会提交议案,因为议事会已决议嘉奖在西西里为政的狄奥尼西奥斯及[狄]奥尼西奥斯之子[狄奥尼]西奥斯与赫尔莫克里托斯[5]:他们一直善待[雅典]民众及其盟友,信守[雅典人]、拉西第梦人和[其他赫拉斯人]共同签订的大王和约[6]。公民大会决定送狄奥尼西奥斯橄榄冠[7]一顶,狄奥尼[西奥斯]之子每人一顶价值[一千德拉克马的金冠],因为他们的[正直与友善]。[狄奥尼西奥斯]及其子将成为[雅典人],他们自己以及他们的后代将[任选部落、德莫]以及胞族。[埃莱赫塞奥斯部落]将在

---

① *GHI* II, pp.102–104.

[公民大会]上就他们的公民权一事[投票表决]□□□□□^[8]□□□□□□□□□□□□□□□。[他们可在祭仪后最先进入议事会和公民大会]。[诸端事宜]将由众将军与当值议事会成员[负责]完成。[司书将刻记]本法令□□□□。

【注释】

[1] 隶属于希波松部落。

[2] 即德尔菲的阿波罗神庙,毁于公元前 373/372 年前后。

[3] 即同盟议事会代表。

[4] 即狄奥尼西奥斯所遣使节。

[5] 据载,狄奥尼西奥斯育有四子,另外二子当时尚年幼。

[6] 铭文作"tei basileos eipenei"。

[7] 铭文作"stephanon"。在古代希腊,诸如用橄榄树或月桂树枝叶编制的环形冠是授予赛事获胜者的奖品。作为雅典娜的圣树,祭司所佩戴的即是用橄榄树枝叶编制的环形冠,对统治者而言,橄榄冠则为权力的象征。故本文把授予狄奥尼西奥斯的"stephanos"试译为"橄榄冠"。奖与其子的"金冠"铭文作"chrusos stephanos"。

[8] 约计十一个字母缺失。

75. 雅典与狄奥尼西奥斯结盟令

【题解】

雅典经不懈的外交努力终与狄奥尼西奥斯结盟(公元前367年)。同年,狄奥尼西奥斯身亡,其子继位。

该碑发现于雅典卫城,现藏雅典碑刻博物馆。

本文据 M.N.托德《希腊历史铭文选》卷二中的校勘本(136)①译出。

【译文】

[公民大会]决定——其时[纳乌西戈]奈斯为执政官[1],阿[亚克斯部落在第七届]议事会轮值,[库达塞纳伊昂的摩斯霍斯]为司书,轮值期的[第三十二天],[主会委员、马拉松的]达伊普斯之子□□□□□□⊠[付决],提议者为[潘狄奥斯]——如次:

[雅典人行好运]!

公民大会[决议褒奖]西西里的[统治者狄奥尼西]奥[斯],[因为他]一直善待[雅典民众及]盟友。[他本人与]其后代将永为[雅典民众的盟友],[条文如下]:[如若有人]或从陆路或从海路进犯雅典人的领土,[只要]雅典人有需,[狄奥尼西奥斯]及其后代将尽全力从[陆路]、海路[支援他们];如若有人或从陆路或从[海路]武装进犯[狄奥尼西奥斯或其后代],抑或狄奥尼西奥斯治下的人,只要[有需],雅典人将尽[全力]从陆路和海路[支援他们]。狄[奥]尼西奥斯或[其后代不可携]武器或从陆路或[从海路]敌视[雅典人]领土;[雅典人]亦不可携武器[从陆路]或从海路敌视[狄奥尼]西奥斯或其后代,抑或狄奥尼西奥斯治下的人。狄奥尼西奥斯的[来使]将接受关于结盟——议事会、[诸将军]、诸马军长官以及[诸步军团指挥官[2]所发的]——[誓言],而[狄奥]尼西奥斯、[诸官员]、叙拉古人议事会、诸将军和[三层桨船]长官亦将发誓。双方均将[依惯例发誓]。[航往西西里]的雅典使节[将接受誓言]。[议事会]司书将刻记[本法令]于[石碑之上,立于卫城,公民大

---

① *GHI* II,pp.107-109.

会司库将出三十德拉克马[3]用于勒石]。

【注释】

[1] 公元前 368/367 年。

[2] 铭文作"taxiarchos",十个部落的步军团指挥官。公元前 5 世纪,经科里斯提尼改制,雅典新创十个部落,每个部落须组成一个步军团(taxis),由步军团指挥官统领。

[3] 铭文拟补作"[△△△ drachmas]"。

76. 雅典与埃托利亚结盟令

【题解】

厄琉西斯秘仪有着大小之分,大秘仪在每年九月举行,小秘仪在每年二月举行。在圣月期间,传令官要宣布各敌对邦间的休战通知。铭文中的传令官普罗菲泰斯和埃皮戈奈斯分别选自掌管厄琉西斯秘仪的埃乌莫尔普斯与科吕克斯两个家族。至若普罗菲泰斯和埃皮戈奈斯缘何被捕入狱,从现有文献看,尚不清楚埃托利亚联盟内部的相关运作方式。

该大理石碑为两段,发现于雅典广场,现藏雅典碑刻博物馆。

本文据 M.N.托德《希腊历史铭文选》卷二中的校勘本(137)①译出。

【译文】

诸神!

塞奥罗斯之子、科法罗[斯德莫][1]的菲罗斯时为司书。

议事会及公民大会[决定]——其时奥埃内乌奥部落[在议事会轮值],塞奥罗斯之子、科法勒的德莫菲罗斯为司书,塞马克斯德莫[2]的腓[力][主持议事会],[波]吕泽洛斯[3]为[执政官],[提议者]为科菲索多托斯——[如次]:

埃托利亚人共同体既已同意厄琉西斯得墨忒耳与科瑞[4]秘仪期间休战,宣布休战的埃乌莫尔普斯[5]与科吕克斯[6]后裔——普罗[菲泰斯]与埃皮戈奈斯——却被违背赫拉斯共同法的特里克尼乌姆[7]人投监入狱,议事会将即刻在全体雅典人中遴选一传令官赶赴埃托利亚人共同体,以求释放他们□⊠。

【注释】

[1] 隶属于阿卡马斯部落。

[2] 铭文作"Sēmachidēs",隶属于安提奥霍斯部落。

[3] 公元前 367/366 年出任执政官。

[4] 又称"珀尔塞福涅"。参见《帕罗斯碑》(铭文 100,甲 14 注释[2])。

---

① *GHI* II, pp.110–112.

[5] 参见《帕罗斯碑》(铭文 100,甲 15)。

[6] 厄琉西斯秘仪系由埃乌莫尔普斯与科吕克斯这两个家族的祭司掌控。

[7] 埃托利亚城邑,因特里克尼乌姆湖而得名。

77. 雅典与狄奥尼西奥斯结盟令

【题解】

　　伊奥乌利斯为科奥斯岛上的四邦之一,与卡尔萨亚、科莱西亚、波伊埃萨同为第二次雅典同盟成员。后因底比斯的崛起,伊奥乌利斯的党争不断。从公元前362年出台的这部法令可以看出,第二次雅典同盟在处理盟邦内部冲突过程中的运行机制。

　　该大理石碑发现于雅典卫城南坡,现藏碑刻博物馆。

　　本文据 M.N.托德《希腊历史铭文选》卷二中的校勘本(142)①译出。

【译文】

　　诸神!

　　议事会及公民大会决定——其时哈里克莱德斯为执政官,阿亚克斯部落在议事会轮值,帕勒内[1]的尼克斯特拉托斯为司书,布塔达伊[2]的腓力提奥斯主持议事会,提议者为阿里斯多法奈斯——如次:

　　鉴于那些被雅典人带回的伊奥乌利斯人[3]称伊奥乌利斯城邦亏欠雅典城邦——系经迈奈克塞诺斯提议、雅典公民大会法令决算出的——三塔兰特,公民大会业已决定伊奥乌利斯人应在哈里克莱德斯任执政官的斯基洛弗里昂月交付雅典人此笔钱款。如若在议定的时间内未交付,由公民大会选出、负责收取岛人[4]欠款的那些人将采取已知的任何方式追缴欠款,与其追款者为伊奥乌利斯的诸将领埃克塞提莫斯、尼克莱奥[斯]、萨图洛斯、戈拉乌孔以及赫拉克莱德斯。为使哈布里亚斯将军以雅典人和那些被雅典人带回的科奥斯人[5]的名义向科奥斯人所发誓言与所立条约生效,本法令所提及的、同去追款的伊奥乌利斯诸将领将把誓言与条约——一如在卡尔萨亚所刻记的——刻记在石碑上,置于德尔菲的阿波罗圣殿。议事会司书亦将刻记在石碑上,置于卫城。公民大会司库将依据法令从专款中拨出二十德拉克马用于勒石。那些违背誓言与条约、向雅典民众、科奥斯人以及其他盟友开战的伊奥乌利斯人,在被判

---

　　① GHI II,pp.112-116.

处死刑后返回科奥斯,推倒刻有与雅典人的条约以及那些违背誓言与条约的人名的石碑;他们违背誓言与条约戕杀民众带回的一些雅典友人,判处另一些人死刑,并没收萨图里德斯、提莫克塞诺斯以及米泰亚德的财产,因为他们曾指控安提帕特——雅典议事会因其违背雅典公民大会的法令、破坏誓言与和约戕杀雅典的外邦代理人阿□伊西昂而判其死刑。他们将被逐出科奥斯岛和雅典,其财产归伊奥乌利斯民众公有;留居雅典的伊奥乌利斯诸将领将于公民大会司书在场时即刻记录这些人的名字。如被记录者有人对被归于这些人之列质疑,他们可提供保人,三十天内据誓言与条约在科奥斯接受伊奥乌利斯诸将领的审判,在雅典接受仲裁城邦[6]的处理。萨图里德斯、提莫[克塞诺斯以及米]泰亚德将返回伊奥乌利斯,并返还其财产。前来的伊奥乌利斯人德莫特里奥斯、赫拉克莱[德斯]、埃克[塞提]莫斯和[卡利]凡托斯将受到嘉奖;萨图[里德斯]、[提莫]克塞诺斯和米泰亚德将受到嘉奖;卡尔萨亚城邦和阿戈罗克里托斯将受到嘉奖;他们明日将被盛邀至议事堂用膳。

雅典诸将军及雅典盟友向科奥斯诸城邦所立条约及所发誓言如次:

我们不会记恨任何人对科奥斯人曾经造成的伤害,亦不会戕杀或放逐任何信守誓言与条约的科[奥斯]人,会如同其他盟友一样与之结盟。如若有人[在科奥斯]违背誓言与条约行事,我们将不惜任何方式、任何方法阻止他。如若有人[不愿]住在科奥斯,可按其所愿住在[盟]邦,并保有自己的财产。[我们将]以宙斯、雅典娜、波塞冬和[得墨忒尔]的名义[信守誓言]:[信守誓言者],将获益无穷,违者遭[恶报]。

科奥斯诸邦与[雅典及其盟友以及]那些被雅典人带回的科奥斯人的誓言与条约如次:

我们将与雅典人及其盟友结盟,不叛离雅典人及其盟友,不仅自己不会而且会[尽力不听信他人]。所有针对[雅典人]、超过一百德拉克马的公、[私诉讼],我们将[依照条约]处理如上。若有人违背誓言与条约敢对返回科奥斯的那些人、雅典人或[盟友]有所虐待,我们将[不惜以任何方式、任何方法]阻止他,并尽力相助。我们将以[宙斯、雅典娜、波塞冬和得]墨忒尔的名义信守誓言:[信守誓言者,将获益无穷,违者遭恶]报。

[被雅典人带回的那些科奥斯人的誓言如次:

我们将不会记恨]□□□,不会□□□□□□□□。

【注释】

［1］ 隶属于安提奥霍斯部落。

［2］ 隶属于奥伊内奥斯部落。

［3］ 即此前被放逐的亲雅典派。

［4］ 即伊奥乌利斯人。

［5］ 从上文"那些被雅典人带回的伊奥乌利斯人"来看，本篇铭文中的伊奥乌利斯人有时混同于整体意义上的"科奥斯人""岛人"。

［6］ 铭文拟补作"［ecc］ēltōi polei"。

78. 雅典与阿卡狄亚、阿卡亚等城邦结盟令

【题解】

公元前 362 年,雅典、斯巴达率领的联军兵败曼提内亚。未几,地处伯罗奔尼撒半岛的阿卡狄亚、阿卡亚、埃利斯及弗利奥斯与雅典结盟。

该大理石碑中断,分别发现于雅典卫城及其南坡,现藏雅典碑刻博物馆。

本文据 M.N.托德《希腊历史铭文选》卷二中的校勘本(144)①译出。

【译文】

雅典与阿尔卡狄亚、阿卡亚、埃利斯以及弗利奥斯结盟。

议事会及公民大会决定——其时摩隆为执政官[1],奥伊内奥斯部落在议事会轮值,奥阿德莫[2]的阿伽萨尔霍斯之子阿伽萨尔霍斯为司书,赫尔姆摩斯德莫[3]的科桑提普斯主持议事会,提议者为佩里安德洛斯——如次:

传令官向奥林匹斯的宙斯、城邦保护神雅典娜、得墨忒尔、科瑞、"十二主神"及复仇三女神[4]发誓——如若结盟决议对雅典民众有利——[诸端]依公民大会议决告毕将即刻举行[祭仪]和游行。誓言既出,盟友[5]遂向[议事会]提议接受阿卡狄亚、阿卡亚、埃利斯和弗利奥斯发出的结盟请求,议事会则据此提交预案,并由[公民大会]决议。民众行好运!雅典[民众及其盟友]与阿卡狄亚人、[阿卡亚人、埃利斯人和弗利奥斯人永为]盟友。□⊠⊠[6]于此石碑。[若有人与阿提卡为敌],或[进犯雅典]民众,抑或建立[僭主制]或者寡头制,[阿卡狄亚人、阿卡亚人]、埃利斯人和[弗利奥斯人]将应[雅典人的请]求,竭力援助[雅典人];若[有人与这些城邦为敌],或进犯[弗利奥斯]民众[7],[颠覆或者]改变阿卡亚、[阿卡狄亚和埃利斯以及政体][8],或者放逐[某些人],[雅典人]将竭尽全力援助那些提出请求的受害者。[各城邦]均享有[自治权]。[若]所有城邦议决增加[其他事项],无论决议如何均须符合本誓言。[在各邦],伯罗奔尼撒人的[高级官员]、[雅典将军]、步军团指挥官、[马军长官、部落长官[9]以及马军]将发誓⊠。

① *GHI* II, pp.134–138.

【注释】

[1] 该句为铭文的开篇,异于此前雅典法令的表述格式。摩隆出任执政官的时间为公元前 362/361 年。

[2] 铭文作"Oēthen",文献中该德莫另作"Oai 或 Ōo",隶属于潘狄昂部落。

[3] 隶属于阿卡马斯部落。

[4] 铭文作"Semnais Theais"。

[5] 铭文作"summachoi"。M.N.托德认为该词指的是第二次雅典同盟代表(*GHI* II,p.137)。

[6] 残破较多,难以拟补成文,约计五行略。

[7] 据色诺芬《希腊志》(V,iii.16)记载,弗利奥斯时为民主政体。

[8] 据色诺芬《希腊志》(VII,i.43;iv.15)记载,阿卡亚、埃利斯和阿卡狄亚时为寡头政体。

[9] 铭文作"phularchous"。

79. 雅典与色萨利结盟令

【题解】

曾一度统治色萨利地区的费拉埃僭主伊阿宋于公元前 370 年被杀,其后该地区陷入内乱。伊阿宋的侄儿亚历山大试图摆脱困局,恢复费拉埃的统治地位,但因底比斯与马其顿的介入而受阻。继埃帕米农达斯阵亡曼提内亚后,底比斯已无力他顾。公元前 361/360 年色萨利其余各邦遂向雅典寻盟。

雅典与色萨利结盟石碑发现于雅典卫城南坡,现藏雅典碑刻博物馆。

本文据 M.N.托德《希腊历史铭文选》卷二中的校勘本(147)①译出。

【译文】

诸神!

雅典人与色萨利人永结同盟。

议事会及公民大会决定——其时尼克斐莫斯为执政官[1],勒奥斯部落在议事会轮值,法勒隆德莫的卡里纳乌泰斯之子哈伊里昂为司书,安菲特洛贝[2]的阿尔西普斯主持议事会,轮值之第十二天,提议者为埃克塞凯斯提德斯——如次:

鉴于色萨利人使节所言,公民大会决定——愿行好运——接受色萨利人的提请入盟;他们将与雅典人永结同盟。雅典人的所有盟友将成为色萨利人的盟友,而色萨利人的盟友亦将成为雅典人的盟友。

雅典将军、议事会、马军长官以及马军发誓:若有人向色萨利人共同体[3]开战,或废除色萨利人推举的执政官,或在色萨利建立僭主制,我等将竭尽全力相助。他们亦将正式发誓。为使色萨利人向雅典起誓,公民大会将从全体雅典人中选五人赴色萨利,使执政官阿格拉奥斯、诸军事执政官、马军长官、马军、圣记官[4]以及在色萨利人共同体任职的其他官员发誓:若有人向雅典人城邦开战,或推翻雅典民众,我等将竭尽全力相助。尚在雅典的色雷斯使节将在议事会同样发誓。未经雅典人同意,色萨利人不得与亚历山大停战,同样,未

---

① *GHI* II, pp.143–147.

经[色萨利人]执政官与共同体同意,雅典人亦不得停战。执政官阿格拉奥斯和色萨利人[共同体]将受褒奖,因为他们一直在尽力做好雅典城邦[要求]他们的每一件事。色萨利来使将受褒奖,明日将受盛邀至议事堂用膳。女神[司库]将毁掉有关与[亚]历山大结盟的石碑[5]。[公民大会]司库将付给使节川资,每人二十德拉克马。议事会司书将把结盟一事刻在石碑上,立于卫城;公民大会司库将出三十德拉克马,用作石碑刻记费用。

埃尔凯奥斯的塞阿伊特托斯因其对[雅典民众]与色萨利人的利益言与行俱善,故已尽责。

【注释】

[1] 该句为铭文的第二行,其表述格式与铭文78的开篇相类,另见铭文78注释[1]。尼克斐莫斯出任执政官的时间为公元前361/360年。

[2] 隶属于安提奥霍斯部落。

[3] M.N.托德本释义作"色萨利同盟"(*GHI* II,p.147)。

[4] 铭文作"hieromnemones",盖为德尔菲近邻同盟议事会的两位代表,也可能是色萨利同盟的两位官员。

[5] 斐拉埃的亚历山大曾在公元前368年前后与雅典结盟。

80. 雅典与色雷斯诸王结盟令

【题解】

公元前 357 年,奥德吕西亚王科图斯被杀后,其王国被一分为三。贝里萨德斯、阿马多克斯以及克尔塞伯莱普泰斯为争夺最高统治权,纷纷求助外援。雅典为维护在该地区的利益,遂与三王同时结盟。

雅典与色雷斯诸王结盟石碑发现于雅典卫城,现藏雅典碑刻博物馆。

本文据 M.N.托德《希腊历史铭文选》卷二中的校勘本(151)①译出。

【译文】

□▨▨[1][至若被刻记在各碑石上的]诸邦,因须向贝里萨德斯,[或阿马多克斯,或科尔塞伯莱普泰斯[2]缴纳]贡金[3],且即向雅典人[缴纳盟金[4]],若[上述城邦]未向雅典人[缴纳盟金],贝里萨德斯、[阿马多克斯和科尔塞伯莱普泰斯]将尽其所能征收。[若]上述城邦未向[贝里萨德斯、阿马多克斯]、科尔塞伯莱普泰斯[缴纳贡金],雅典人及在军中[任职的将军们]将尽其所能征收。[在色雷斯半岛[5]的]赫拉斯[诸邦]向贝里萨德斯、阿马多克斯[和科尔塞伯莱普泰斯缴纳]传统贡金[6],[向雅典人缴纳盟金[7]],将会享有自由与自治。依据誓言,他们已与雅典人和[贝里萨德斯、阿马多克斯]以及科尔塞伯莱普泰斯[结盟]。若[有城邦背弃]雅典,[应雅典人请求,贝里萨德斯、阿马多克斯]和科尔塞伯莱普泰斯将相助。如若▨。

【注释】

[1] 开篇残损较多,计二行略。

[2] 科图斯之子。

[3] 铭文作"phorous"。

[4] 铭文拟补作"[phorous]"。雅典霸政时代,该词多为"盟金"之意。

[5] 铭文作"Cherronesōi",阿提卡方言拼写法,现今之加利波利半岛

---

① *GHI* II, pp.151–154.

（Gallipoli）。科图斯被杀前,曾一度统辖该地。

［6］ 铭文拟补作"［tom phoron］ tom patrion"。

［7］ 铭文作"［suntaxin］"。

81. 阿尔克西内嘉奖安德罗提昂令

【题解】

第二次雅典同盟虽明文规定盟邦"无须接纳驻军或统治者,无须缴纳盟金"(铭文 66),但有盟邦仍为不满,且随着时局的变化倒戈他盟。为镇服反叛,第二次雅典同盟与倒戈城邦的战争爆发,史称"同盟战争"(公元前 357—前 355 年)。其间,第二次雅典同盟开始派兵进驻同盟城邦。另见铭文 84。

该大理石碑发现于阿尔克西内,现藏希腊叙洛斯岛(Syros)博物馆。

本文据 M.N.托德《希腊历史铭文选》卷二中的校勘本(152)①译出。

【译文】

阿尔克西内议事会及公民大会决定如次:

因安德罗提昂[1]一直善待阿尔克西内民众,且为政城邦时未伤害任何公民或到城邦的任何外邦人的利益。他在紧急关头借款给城邦,且无意收取息金。他自己出资替困境中的城邦垫付驻军军费,年底收讫未取任何息金。他每年为城邦节省十二米那的花费,并将其遇到的那些被敌方虏去的人赎回。安德罗恩之子、雅典人安德罗提昂因其对阿尔克西内民众的善行、公平及好意,将获价值五百德拉克马的金冠一顶。他与其后人为阿尔克西内城邦的外邦代理人和恩人,并免除所有税赋[2]。鉴于诸盟邦如是决定□[3]▨▨▨▨▨▨▨▨。

【注释】

[1] 雅典演说家、政治家,德摩斯提尼同时代人,伊索克拉底的门生,著有《阿提卡编年史》。

[2] 铭文作"ateleian"。

[3] 约计十六个字母缺失。

---

① *GHI* II, pp.154–157.

82. 雅典与优卑亚诸邦结盟令

【题解】

优卑亚岛物产丰富,地扼黑海通往雅典的海上粮道,地理位置极其重要。优卑亚各邦曾为提洛同盟成员,后反叛。公元前378/377年第二次雅典同盟成立,各邦纷纷入盟。公元前357/356年,因与底比斯的关系,优卑亚岛部分城邦政治纷争突起,导致底比斯与雅典相继介入。雅典获胜,并借机重启了与优卑亚岛诸邦的往来关系。

该大理石碑发现于雅典卫城西北坡上的潘神洞(Crotto of Pan),现藏雅典碑刻博物馆。

本文据 M.N.托德《希腊历史铭文选》卷二中的校勘本(153)[1]译出。

【译文】

□□□□□□□[当值部落]司书[将勒石刊布本法令于卫城],[公民大会司库将从法令刊布]专款中[拨款勒石]。

[将遴选五人前去]接受[卡吕斯托斯人[1]盟誓]。[诸支队长官、诸将军和议事会将]向他们[发誓]。[卡吕]斯托斯的[民众]将受褒奖,卡吕斯托斯使节及[同盟]代表明日受盛邀至议事堂用膳。将军迈农与派往卡吕斯托斯的诸使节将受褒奖,明日受邀至议事堂用膳。公民大会司库将从法令刊布专款中拨付他们川资,每人二十德拉克马;公民大会司库将付给那些前往埃雷特里亚、[哈尔]基斯以及[赫斯提]亚埃亚的诸使节川资,每人二十德拉克马;公民大会司库亦将付给负责结盟事宜的[每人]十[德]拉克马。

盟誓者:

阿伽索克勒斯任[执政官时]之议事会;

诸将军为[阿伊]克索内德莫的[卡]布里阿斯、[昂戈罗斯德莫]的哈[莱斯]、赫拉姆诺斯德莫[2]的[伊菲克拉泰斯]、波塔莫斯[3]的迈农、赫拉姆[诺斯德莫]的腓罗哈莱斯、索里[克斯德莫][4]的埃克塞凯斯提德斯、[阿纳]古洛斯

---

① *GHI* II,pp.157–161.

德莫[5]的阿尔西[马霍斯]以及阿劳贝克德莫的狄奥克莱斯。

【注释】

[1] 地处优卑亚岛南端。

[2] 铭文拟补作"Rham[nousios]",文献中"Rihamnus",隶属于阿亚克斯部落。

[3] 铭文作"Potamios",该德莫地分两处,隶属于勒奥斯部落。

[4] 铭文作"Thoricios",隶属于阿卡马斯部落。

[5] 铭文拟补作"[Ana]gurasios",隶属于埃莱赫塞奥斯部落。

83. 雅典同盟关于埃雷特里亚的法令

【题解】

优卑亚岛动乱后,雅典针对埃雷特里亚出台的法令(公元前 357/356 年)创下了以第二次雅典同盟法律干预同盟内政的先例。

该大理石碑发现于雅典卫城,现藏雅典碑刻博物馆。

本文据 M.N.托德《希腊历史铭文选》卷二中的校勘本(154)①译出。

【译文】

赫格戈普斯[提议],公民大会[决定如次]:

[为使]无人——[雅典民众]或他人,外邦人或[公民]——从阿提卡或同盟盟邦任何一地发兵伤及[其余]盟邦,公民大会[决定]由议事会——针对那些进犯埃雷特里亚领土的人——将向下届公民大会提出预案,以使其依[法]受审。[若]有人将来进犯[埃雷]特里亚或其他任一盟[邦],或雅典人城邦,抑或雅典人盟邦,[将被判处死],财产[充公],其中十分之一献与女神[1]。所有[盟]邦均可罚没[其财产];[若]有城邦阻挠,则由其偿付给同盟[共同体][2]。本[法令]将被刻写在石碑上,置于雅典卫城、[广场]及港口。[公民大会]司库[将出资]刻碑。曾帮助过埃雷特里亚人的那些人将受[褒奖]□□□□□□□□□□[卡]吕斯托斯人□[3]将军□[4]□□□□□□[5]□□□。

【注释】

[1] 即雅典娜女神。
[2] 即第二次雅典同盟。
[3] 约计二十五个字母缺失。
[4] 约计三十三个字母缺失。
[5] 约计三十四个字母缺失。

---

① *GHI* II,pp.161-163.

84. 同盟战争中的安德罗斯岛

【题解】

地处库克拉德斯群岛北部的安德罗斯岛战略地位极为重要。同盟战争期间,雅典违反第二次雅典同盟条约,不仅在安德罗斯岛驻军,而且派员负责处理安德罗斯岛事务。相关法令于公元前 356 年通过。

该大理石碑发现于雅典卫城,现藏雅典碑刻博物馆。

本文据 M.N.托德《希腊历史铭文选》卷二中的校勘本(156)①译出。

【译文】

议事会及公民大会决定——阿伽索克勒[斯]时任执政官,阿伊戈奥斯部落在第九届议事会轮值,安[戈勒德莫][1]的[狄]奥克勒斯之子狄奥多图斯为司书,轮值期之第八天;主会委员奥伊诺埃德莫的[狄奥]提莫斯付决,提议者为[赫戈]山德洛斯——如次:

为使安德罗斯无虞于雅典民众及安德罗斯民众,[据]同盟之决议,在安德[罗斯]的驻军将从盟金中领取酬金,且驻军不得解散。从那些遴选出的人中选任将军一名,入选者负责[安德罗斯]事务。阿尔赫德莫斯[2]将征收[诸岛]拖欠在[安德罗斯]兵士的饷金,并交付在安德罗斯的[官员],以使[兵士]得到饷金□[3]。

【注释】

[1] 铭文拟补作"Ag[gelēth]en",文献中另见"Angeleis",隶属于潘狄昂部落。
[2] 疑为雅典十将军之一。
[3] 约计十五个字母缺失。

---

① *GHI* II, pp.165–167.

85. 雅典垄断科奥斯岛赭石令

【题解】

　　该大理石碑发现于雅典卫城,现藏雅典碑刻博物馆。碑文包括科奥斯岛上的卡尔萨亚、科莱西亚和伊奥乌利斯出台的三部法令(颁布时间应在公元前350年之前),所及内容表面上是雅典对科奥斯岛赭石出口的垄断,实际上是其对盟邦的经济控制。

　　本文据 M.N.托德《希腊历史铭文选》(卷二)中的校勘本(162)①译出。

【译文】

　　□□□[1]卡尔萨亚人决定□。[雅典人将被盛邀至]议事堂[用膳]。为使□刻记,措意□□,尽量好地□[2]。

　　科莱西亚议事会及公民大会决定——提议者为塞奥戈奈斯——如次:

　　鉴于雅典来使所言,赭石应出口至[雅典]□,一如从前。为使[雅典人]和科莱西亚人[先前出台]的事关赭石的法令有效,出口赭石的船只应由[雅典人指定],不得用[其他]船只。[每塔兰特[3]],经营者应付一奥伯尔给[船主]作为[船费]。若有人用其他船只,[将受处罚]□。本法令将刻记在石碑上,[置于]阿波罗□,且如从前一样[有效]。[举证]由治安长官[4]负责,治安长官应[在三十天内]把[举证结果]移交法庭。揭发者或检举者□分得一半。若检举者为奴隶,且为出口商的奴隶,[将获自由],可分得三分之一;若检举者为他人的奴隶,将获自由并且□。揭发者与检举者均可上诉至雅典。若雅典人通过[其他]关于保护赭石的[法令],[法令]一经送达即生效。[经营者]应向五十之一税官缴纳五十之一税。雅典人明日将受[盛邀]至议事堂用膳。

　　伊奥乌利斯议事会及公民大会决定如次:

　　鉴于[雅典来使所言],伊奥乌利斯议事会及公民大会决议从即日起,[将赭石出口至雅典],而非他地。如若有人[出口他地],其船只及船货[将被充

---

① *GHI* II,pp.181–185.

公];一半归揭发者[或检举者]所有。若揭发者为奴隶,将获自由,并☐☐☐☐分享此笔财物。科奥斯的赭石出口将由[雅典人指定的船只]运送。若有人使用其他船只运送,将受惩处☐。若雅典人通过其他关于保护赭石的法令☐,雅典人的法令即生效。从赫尔墨斯月[5]起,☐将免税。[雅典人]将受盛邀[至议事堂用膳]。在雅典,举证由["十一人"委员会]负责,在伊奥乌利斯由诸首领[6]负责。凡被裁定[违法]出口赭石者,其一半[财物]归伊奥乌利斯民众所有,一半归[揭发者]所有。议事会[将负责刻记本]法令,并置于港口。

遴选出的人员有:科拉莫斯德莫的安德隆、☐的吕西亚☐、弗吕奥斯德莫[7]的☐以及帕埃亚尼亚的埃乌弗洛叙诺斯。

【注释】

[1] 开篇四行缺文过多,难以拟补成文。

[2] 卡尔萨亚法令残破较多,但内容应与其他两部法令相类。

[3] 此处的"塔兰特"为重量单位,约合三十公斤。

[4] 铭文作"astunomoi",即负责公共秩序的行政官员。

[5] 铭文作"Hermaiōs",疑为科奥斯岛三城所采用的月份名称。因证据所限,无法推算出现行公历的月份。有关这一地区的相关历法详见 A. E. Samuel, *Greek and Roman Chronology*:*Calendars and Years in Classical Antiquity*, pp.103−105。

[6] 铭文作"prostatai"。

[7] 铭文作"Phlueus",文献中另作"Phlias",隶属于科克罗普斯部落。

86. 雅典嘉奖特奈多斯令

【题解】

公元前 342 年腓力占领色雷斯,直接威胁到半岛的安危。雅典的忠实盟友特奈多斯人盖因反对腓力而被嘉奖(公元前 339 年)。

雅典嘉奖特奈多斯令石碑发现于雅典卫城,现藏雅典碑刻博物馆。

本文据 M.N.托德《希腊历史铭文选》(卷二)中的校勘本(175)①译出。

【译文】

[公民大会决议]——其时塞[奥弗拉斯托斯]为执政官,科克罗普斯部落在第八届议事会轮值,主会委员斯□[1]付决,[库塞洛斯德莫[2]的德莫斯特拉托斯之子]阿斯佩托斯为司书,[拉姆普特拉伊[3]的哈洛皮德斯之子卡利克拉泰斯[提议]——如次:

[鉴于]特奈多斯人所言,[因]其对雅典民众[及其盟友]的善行[与好意]、[过去及现在]一如既往的相助,特奈多斯民众将被嘉奖,□⊠⊠[4]。为使特奈多斯人在塞奥弗拉斯托斯任执政官时收到借给[雅典民众]的钱款□[5],所有□[6]在对民众的帮助□[7],[公民大会]决定□[8]⊠⊠⊠在塞奥弗拉斯托斯任期后□[9],所议定的[盟金]□[10]及日常[管理]□□□□□□,在[塞奥弗拉斯托斯执政官]任期后的那一年,他们将归还特[奈多斯]。收毕[全部钱款],这些钱款即属于他们。其间,将军或其他任何人[不得敛]钱或他物;其间,[同盟代表大会]亦不得安排,[直到]特奈多斯人收毕他们[借出的全部钱款]。为使将来那些[善待]雅典民众的盟友及他人知道,[雅典]民众会公正地对待以[雅典民众]及其盟友利益为重的那些盟友。[特奈多斯民众]将被嘉奖,获价值一千德拉克马的[金冠]一顶,[因]对[雅典]民众及其盟友的[善行和好意]。[特奈多斯人的同盟代表]阿拉托斯将被嘉奖,[获橄榄冠一顶]。特奈多斯人的同盟代表及□[11]亦将被嘉奖□[12]⊠⊠。

---

① *GHI* II, pp.219-223.

【注释】

[1] 约计十九个字母缺失。

[2] 铭文拟补作"Cuther[rios]"。

[3] 铭文拟补作"[Lamptreus]",拉姆普特拉伊德莫地分两处,隶属于埃莱赫塞奥斯部落。

[4] 约计四行缺失,无以拟补成文。

[5] 约计十四个字母缺失。

[6] 约计十八个字母缺失。

[7] 约计四个字母缺失。

[8] 约计十六个字母缺失。

[9] 约计十二个字母缺失。

[10] 约计十九个字母缺失。

[11] 约计十六个字母缺失。

[12] 约计十九个字母缺失。

87. 科林斯同盟誓辞

【题解】

哈伊罗内亚一役获胜后,腓力于公元前 338/337 年创立旨在对抗波斯的希腊城邦同盟。

因盟址设在科林斯,史称"科林斯同盟"。

科林斯同盟誓碑残为两段,发现于雅典卫城,现藏雅典碑刻博物馆。

本文据 M.N.托德《希腊历史铭文选》(卷二)中的校勘本(177)①译出。

【译文】

□[1]。

誓曰:

吾等以宙斯、该亚、赫利奥斯、[波]塞冬、[雅典娜、阿莱斯以及所有男神与女神的名义发誓]。吾等将遵守[和约,不会违背与马其顿的腓力签订的和约]。吾等不会在陆地或海上携武器伤害信守盟誓的任何一方,不会占领属于同盟者的城池、要塞抑或海湾,动武时既不用战术[2],亦不施[诡计];吾等不会推翻腓力及其子嗣的王国,亦不会推翻任一城邦——继其就和约发誓后——的[现制];吾等不会做任何违反和约之事,会[尽吾等所能]不让任何人如此行事。如若有人做任何违背誓言与盟约之事,吾等会向受害者提供帮助,会依据共同议事会的决议及首领[3]的命令向违背共同和约的人开战,吾等不会强迫⊠⊠[4]⊠⊠⊠⊠⊠⊠⊠⊠⊠五名⊠人、两名科尔库拉人、十名色萨利人、两名[色萨利的马格奈西亚人]、两名弗提奥提斯的阿卡亚人、一名海岛人[5]、两名[萨摩斯拉斯人与萨索斯人]、三名埃托利亚人、两名阿卡尔纳尼亚人、一名安布拉吉亚人、三名色雷斯⊠人与⊠]弗基斯⊠人、三名罗克里斯人、多利斯人、奥埃特]亚人、马利亚、[阿埃尼亚尼亚、阿戈]拉埃亚以及派拉埃比亚人各一人、两名[阿撒马尼亚人与派]拉埃比亚人、三名[扎库恩索斯]人与科法莱尼亚人。

---

① *GHI* II, pp.224–231.

【注释】

[1] 约计三十二个字母缺失。

[2] 铭文作"techne"。

[3] 铭文作"hegemon"，即腓力。

[4] 约计二十三个字母缺失。

[5] 具体所指不明。铭文学家对此处阙文的拟补各有所异。但从可确认的名录可以看出，各盟邦系以区域为单位入盟，其组织形式已不同于传统的同盟。

三　希腊化时代

88. 亚历山大大帝与雅典的盟约

【题解】

该大理石碑残破较多,从残存的铭辞可以看出,雅典与亚历山大于公元前336/335 年签订的盟约规定了雅典重装兵参加科林斯同盟远征的相关细节。

该大理石碑发现于雅典卫城北坡,现藏雅典碑刻博物馆。

本文据 M.N.托德《希腊历史铭文选》(卷二)中的校勘本(183)①译出。

【译文】

□[1]护送□□□□给每个□□□那些前来的人□□□□提供谷物□□□□□□。但若☒从那里得到谷物☒□□□□☒□□□□□☒□☒亚历山大☒□□给予每个重装兵一德拉克马,每天给予☒。派遣□□□可使用武力,如若任何交付☒十日用谷物☒。凡此[2]将由负责共同保卫的官员刻勒在石碑上并立于皮德纳的雅典[娜神庙]。

【注释】

[1] 约计十七个字母缺失。
[2] 即盟约中所列条文。

---

① *GHI* II, pp.240-241.

89. 普里埃内嘉奖安提戈诺斯令

【题解】

"独目"安提戈诺斯曾于公元前 334 年统领希腊联盟,后坐镇弗吕基亚。至于他缘何有恩于普里埃内,未见其他史料记载。

普里埃内嘉奖安提戈诺斯令石碑发现于普里埃内,现藏柏林博物馆。

本文据 M.N.托德《希腊历史铭文选》(卷二)中的校勘本(186)①译出。

【译文】

议事会与公民大会决定——时在迁徙月[1]的第二天,公民大会召开之日,普里埃内人业已自治,希波克拉泰斯主持议事会——如次:作为普里埃内的恩人,腓力[2]之子马其顿人安提戈诺斯将成为外邦代理人并拥有公民权及土地与房屋的特权;和平与战时,其房屋所应缴纳的税款均将被取消,但不包括土地税;有权出口与进口,且无被扣押之风险,亦无需协定;有权在献祭后参加普里埃内公民大会。此为安提戈诺斯及其后裔之特权。

【注释】

[1] 铭文拟补作"[Met]ageitniōnos",阿提卡历的第二个月,公历七月与八月之交。雅典月份的名称或从神名或从相关节庆的所指而来。迁徙月系娩出于阿波罗的职司,亦为其别号之一。普里埃内法令采用的是阿提卡历,不同于雅典的执政官名年方法。

[2] 生于马其顿西北部的埃利米奥提斯地区。公元前 327 年为亚历山大的印度总督,翌年卒。

---

① *GHI* II, pp.244-246.

90. 德尔菲嘉奖阿里斯多泰莱斯及卡里斯塞奈斯令

【题解】

德尔菲约在公元前334年嘉奖阿里斯多泰莱斯及卡里斯塞奈斯的法令石碑1896年发现于德尔菲。碑文书体标准,为成行列刻写法。

因铭辞开篇缺失,学界对嘉奖令的颁布方观点不一。M.N.托德认为,法令由德尔菲城颁布,而P.J.罗兹与R.奥斯本则认为是负责管理德尔菲阿波罗神谕所及其神殿的近邻议事会的决定①。值得一提的是,阿里斯多泰莱斯所拟定的皮提娅赛会获胜者名录盖为后来的泛希腊赛会获胜者名录所仿效②。

该法令碑刻现藏德尔菲博物馆。

本文据M.N.托德《希腊历史铭文选》(卷二)中的校勘本(187)③译出。

【译文】

☒鉴于斯塔基拉的尼克马霍斯之子阿里斯多泰莱斯与奥林索[斯]的达莫提莫斯之子卡里斯塞奈斯[1]☒☐☐☐☐☐☐☐[2]拟定那些在[皮提娅]赛会[3]获胜者以及那些自始组织赛事者的名录[4],阿里斯多泰莱斯与卡[里]斯塞奈斯将得美誉并获授冠。

司库负责将抄录石上[5]之名录立于圣所☒。

【注释】

[1] 亚里士多德的侄子,曾作为史官跟随亚历山大征战,著有《希腊志》——一部关于第三次神圣战争的著作。

[2] 铭文拟补作"-po Gulida",意为"自古利达斯以来"。相关研究表明,公元前591/590年,西蒙在雅典为执政官,古利达斯在德尔菲为名年执政官。约在这一年,德尔菲摆脱弗基斯的统治,宣告独立,近邻议事会开始负责德尔菲阿波罗圣所的管理及皮提娅赛会赛事。由是,时间上言之,如果

---

① *GHI* II,p.287;P.J.Rhodes & Robin Osborne,*Greek historical inscriptions*:404–323 *BC*,pp.394–395.

② *LSAG*,p.80.

③ *GHI* II,pp.246–248.

该法令在公元前334年前后出台,M.N.托德之拟补当误,本文略。另外,法令通常的表述定规是,"epi"（介词,在…时间内）加执政官的名字（属格）再加上"archontos"（执政官,属格）。

[3] 第一届皮提娅赛会始于公元前582/581年。

[4] 铭文作"pinaca"。

[5] 铭文拟补作"[eis stēlas]"。

91. 亚历山大在普里埃内的祭献

【题解】

公元前334年,亚历山大率军东征,同年在戈拉尼克斯河畔击溃波斯军队,后挥师沿伊奥尼亚海岸一路南下,驱逐各邦的波斯驻军。在普里埃内,亚历山大促成了城邦保护神雅典娜神庙的建造。本篇石刻即发现于该神庙遗址。

该篇石刻铭文为通用希腊语,非伊奥尼亚方言,现藏大英博物馆。

本文据 M.瓜尔杜奇《希腊铭文》(卷一)中的校勘本(4)[1]译出。

题献原刻[2]

铭辞隶定作:

βασιλεὺς Ἀλέξανδρος
ἀνέθηκε τὸν ναὸν
Ἀθηναίηι Πολιάδι.

【译文】

亚历山大王[1]向城邦保护神[2]雅典娜进献此神庙[3]。

---

① *EG* I,pp.220—222.
② 采自 *EG* I,fig.82.

【注释】

［1］铭文作"basileus Alexandros"。

［2］铭文作"ton naon"。

［3］铭文作"Athēnē Poliadi"。

92. 雅典嘉奖埃乌德莫斯令

【题解】

定居在雅典的侨民无政治权利,亦无权拥有土地与房产。作为居住在雅典的普拉提亚侨民,埃乌德莫斯因其在雅典危难时刻的慷慨捐助而于公元前329年获殊荣,他不仅"有权拥有土地与房屋",亦"可从军作战并像雅典人一样缴纳财产税"。

雅典嘉奖埃乌德莫斯令石碑发现于雅典卫城,现藏雅典碑刻博物馆。

本文据 M.N.托德《希腊历史铭文选》(卷二)中的校勘本(198)①译出。

【译文】

致普拉提亚的[埃乌德]莫斯。

[阿里斯]托丰时为执政官,勒奥斯部落在第九次议事会轮值,安提努斯之子帕伊亚尼亚德莫[1]的安提多洛斯为司书。时在收获月[2]的第十一天,轮值的第十九天,执行主席之一、埃乌奥努穆姆德莫的阿里斯多法奈斯负责付决。公民大会决定——提议者为吕克弗隆之子布泰斯德莫[3]的吕库尔戈斯——如次:

普拉提亚的[埃乌德]莫斯曾宣布——如有所需——将为战争[4]向民众捐赠四千德拉克马。为建造运动场与泛雅典娜剧场,他现已捐出一千对公牛[5],并在泛雅典娜人庆前——如其所保证的——悉数交付。腓鲁尔戈斯之子、普拉提亚的埃乌德莫斯因效忠雅典人,公民大会决定褒扬他:奖橄榄枝冠一顶;他及其子嗣将荣列雅典人的恩人之列,有权拥有土地与房屋,可从军作战并像雅典人一样缴纳财产税[6]。议事会司书将负责刻记本法令,并立于卫城。至若石碑的镌刻,公民大会司库将从公民大会基金中的法令款中提供☐德拉克马。

---

① *GHI* II, pp.278-281.

【注释】

[1] 铭文拟补作"Pai[ani]eus"，隶属于潘狄昂部落。

[2] 铭文作"Thargeliōnos"，阿提卡历的第十一个月，公历五月与六月之交。因与农事有关，故译作"收获月"。

[3] 铭文作"Boutadēs"，文献中另见"Boutia 与 Bouteia"，隶属于奥伊内奥斯部落。

[4] M.N.托德认为，是役为第二次雅典同盟反抗腓力的战争(*GHI* II,p.280)。I.沃辛顿在其《托德〈希腊历史铭文选〉(卷二[198])中所指的是哪场战役?》(Ian Worthington, Tod II 198 [Athenian Honours for Eudemus of Plataea]:Which War? Zeitschrift für Papyrologie und Epigraphik,Bd.137,2001,pp.109-112)一文中对此进行了较为全面的探讨。

[5] 铭文作"chilia zeuge"，或为"同轭公牛一千对"。

[6] 铭文作"eisphorai"。在雅典,侨民所缴纳的财产税要高于公民。

93. 雅典嘉奖迈穆农令

【题解】

由于铭文残破,雅典缘何嘉奖迈穆农难以确知。公元前 334 年,亚历山大进兵波斯,迈穆农时为波斯王大流士帐下的希腊雇佣军将领。雅典在公元前 327 年嘉奖这样一个曾效忠于波斯的人令人费解。

雅典嘉奖迈穆农令石碑发现地不详,现藏于雅典碑刻博物馆。

本文据 M.N.托德《希腊历史铭文选》(卷二)中的校勘本(199)①译出。

【译文】

[赫戈]蒙时为执政官,[希波]松部落在第七次议事会轮值。法尼亚斯之子[阿哈]尔纳埃德莫[1]的阿乌托克莱斯为司书,时在月末前的第二天、轮值的第二十六天,要会。执行主席□□□□□□对提议付决,公民大会决定如次:

迈穆农□□図,[2]其先辈[3]法尔纳巴佐斯与阿尔塔巴佐斯曾连续向雅典人捐赠,并在战争期间为雅典服役,而叙蒙达斯的父亲曼托尔——当波斯人占领埃及后——拯救了在埃及作战的赫拉斯士兵。迈穆农将荣获金冠図。

【注释】

[1] 铭文拟补作"[Ach]ar[n]e[us]",文献中另见"Acharnes",隶属于奥伊内奥斯部落。

[2] 计十一行残破,内容应为嘉奖之缘由。

[3] 铭文作"progonoi",铭文学家对该词的释义多存争议。作为外交辞令,"progonoi"一词的单数形式(progonos)偶指父亲,但仅限于开国者。参见 Victor Ehrenberg, *The Greek State*, Oxford:Blackwell,1960,p.260。

---

① *GHI* II,pp.281-284.

94. 雅典殖民亚得里亚海令

【题解】

雅典出台殖民亚得里亚海沿岸的法令,旨在抵御埃特鲁里亚海盗的袭扰,保障其粮食供给。被外派殖民的米尔提亚德斯是腓拉伊奥斯家族的后代,其先辈米尔提亚德斯曾于公元前 524 年前后殖民色雷斯半岛。

雅典殖民亚得里亚海沿岸令石刻成文于公元前 325/324 年,发现于比雷埃夫斯港,现藏雅典碑刻博物馆。本篇铭文较长,现存 1162 行,M.N.托德的选本为 145 行至 270 行。本文译出的为 165 行至 270 行。

本文据 M.N.托德的《希腊历史铭文选》(卷二)中的校勘本(200)①译出。

【译文】

[米尔]提亚德斯依据法令接收三层桨船、四桨船、三十桨船及船具。

提议者为吕西封之子、[霍拉]尔戈斯德莫[1]的[科腓]索封。

雅典人行好运!

为尽快完成雅典人殖民亚得里亚海的决议,公民大会决定如次:

船坞管理者须根据公民大会决议将船及船具交付给三层桨船指挥官[2],那些被任命的三层桨船指挥官须在穆努基亚月[3]的前十天把船驶入码头,并做好出航的准备。公民大会将为第一名驾船到达者奖赏价值五百德拉克马的金冠,第二名三百德拉克马的金冠,第三名二百德拉克马的金冠。议事会传令官将在丰收节[4]上宣布金冠赛事宜。为彰显三层桨船指挥官之于民众的热忱,诸财务官[5]将分配用于金冠的钱款。为使诉求[6]得以考量,低级执政官[7]将为在穆努基亚月的第二天及第五天负责 summopia[8] 的将军安排二百零一人组成各法庭。根据法律,陪审员的薪水将由雅典娜女神金库提供。为使民众未来永久掌控商道及粮食供给,将设立雅典人的基地,而如此设立的要站可抵抗埃特鲁里亚人[9]。为使建城者米尔提亚德斯及殖民者有船可用——赫拉斯人与蛮人在海上航行时会航至雅典人基地——他们应拥有自己的船只

---

① *GHI* II, pp.284–289.

与自己的船具,因为他们知道▨。如若有人——官员或普通百姓——不按本
法令的规定行事,将为其所为支付一万德拉克马献给雅典娜。稽核员与陪审
员将负责审判他们,或由自己交付款项。五百人议事会将负责监督远行,并可
惩罚不按本法令行事的指挥官。议事会当值部落成员将在码头出席有关远征
的议事会,直至远征出发。公民大会将在所有雅典人中遴选十人负责远征,他
们将根据议事会做出的决定关注出发事宜。公民大会可奖赏议事会及负责远
征的议事会当值部落成员价值一千德拉克马的金冠。如若本法令尚缺此次远
征必备条款,在不取消已做出的决定的情况下,议事会将负责做出决定。所有
这些措施事关对领土的保卫。

【注释】

[1]　铭文拟补作“[Chola]rgeus”,文献中另作“Cholarges”,隶属于阿卡马斯
　　　部落。

[2]　希腊文中的“trierarchos”一词通指“三层桨船指挥官”。雅典等城邦的三
　　　层桨船指挥官须承担船只的装备与维修。

[3]　铭文拟补作“Mounichiōni[mēni]”,阿提卡历的第十个月,公历三月与四
　　　月之交。另见《帕罗斯碑》(铭文100,乙21注释[2])。

[4]　雅典的主要节庆之一,在收获月的第六天、第七天举行,以庆祝阿波罗与
　　　阿尔特弥斯的诞生。

[5]　铭文作“apodectas”。

[6]　铭文作“scēpseis”,此处疑指免税的申请。

[7]　另见铭文42注释[5]。

[8]　在公元前4世纪的雅典,该词系指缴纳特殊财产税的团体。公元前357/
　　　356年,纳税团体由原来的十个增至二十个,人数计一千二百人,为雅典
　　　最富有的公民。除申请免税者外,他们每年要分摊三层桨船的全部费用。
　　　后来,十将军中由一人负责监督这一办法的实施(*OCD*,2003,p.1460,
　　　“summoria”)。

[9]　铭文拟补作“[Tur]rēnous”。在希腊、拉丁文献中,“Turrēnia”通“Etruria”。

95. 嘉奖德摩特里奥斯令

【题解】

德摩特里奥斯出身寒微,但他卓尔不群的口才为其赢得了声望。公元前318年,德摩特里奥斯因亲睦马其顿人曾被判死罪,后在马其顿王卡山德尔的扶植下在雅典为政长达十年之久。其间,他制定了一系列的法律,屡获殊荣[①]。

本文据 W.迪滕贝格《希腊铭文合集》(卷三)中的校勘本(318)[②]译出。

【译文】

[⊠⊠]。

诸神!

阿里斯多法奈斯之子[阿里斯托克]拉泰斯提议如次:

法纳斯特拉托斯之子、法勒隆德莫[1]的[德摩特]里奥斯心系雅典人与阿伊克索内德莫[2],当战争在领土上爆发时,[比雷埃夫斯]港与雅典城曾因[战事而阻断][3],他从中斡旋,把雅典人从战争中解放出来,把所有人重又聚集在一邦,把和平还给了雅典人及城邦。他被雅典人推选为[专员][4],为[城邦]制定了切实可行的[法律]。而此后□□⊠⊠。

【注释】

[1] 铭文作"Phalēreus",隶属于阿亚克斯部落。

[2] 铭文作"Aixōneōn",隶属于科克罗普斯部落。

[3] 事因卡山德尔的军队占领比雷埃夫斯港而起。

[4] 铭文拟补作"[epimelētēs]"。

---

① 另见《帕罗斯碑》(铭文 100,乙 13 注释[3])。

② *SIG*[3] III,pp.539–540.

96. 雅典嘉奖吕库尔戈斯令

【题解】

哈伊罗内亚战役后,吕库尔戈斯成为雅典颇具影响的政治家。他为政十二年,对雅典的经济与建设多有贡献。约公元前 307/306 年前后颁布的嘉奖令即是对他的盖棺定论。另外,伪普鲁塔克在《阿提卡十大演说家·吕库尔戈斯传》中亦对吕库尔戈斯有着较为全面的记述。

雅典嘉奖吕库尔戈斯令的石碑中断,分别发现于狄奥尼索斯剧场与雅典广场,现藏雅典国家博物馆。

本文据 W.迪滕贝格《希腊铭文合集》(卷三)中的校勘本(326)①译出。

【译文】

公民大会决定——[其时阿纳克西克拉托斯为执政官,埃乌苏德莫斯之子、狄奥莫]斯德莫的[1]斯特拉托克莱斯提议——如次:

吕克弗隆之子布泰斯德莫的吕库尔戈[斯]从其先辈那里继承了先辈对民众的奉献。他建造□□□[2];修整[船坞]与狄奥尼索斯剧场,修建泛雅典娜体育场与吕克昂体育学校,并经多方治理美化了城邦。当诸多恐慌与[大战]威胁赫拉斯人,亚历山大占领底比斯,并使亚细亚及[其他人居之地]动荡不安时,他为民众不停地与之对抗,为[拯救]祖国以及[赫拉斯人],他一生忠贞不二、无可指责,以各种方式为城邦的自由与自治而战。因此,当[亚历山大]索要他时,公民大会决定既不交出他,亦不讨论这一要求,他们深知吕库尔戈斯会就其所为做出合理辩护,因为城邦和平且为[民主制]时,在施政与管理上他曾多次付交核查[3],□[4]□ □[5]□□□□。

【注释】

[1] 铭文拟补作“[Diomeeu]s”,文献中另见“Diomia”,隶属于阿伊戈奥斯部落。

---

① 　*SIG*³ III,pp.545–546.

［2］约计十行残破。

［3］铭文作"euthunas"。雅典行政官员在离任后,须将任内的施政与账目交付审查。因审查不止一项,故文献中亦见其复数形式"euthunai"。

［4］计十二个字母缺失。

［5］计二十五个字母缺失。

97. 希腊七贤箴言

【题解】

公元前 336 年，亚历山大大帝即位，安内两年后，承其父志率部东征，远至现今之阿富汗、巴基斯坦以及印度河流域。在武力征服的同时，远征军所到之处也留下了希腊文化影响的诸多印迹。其中，阿富汗北部的阿伊哈奴姆（Ai Khanoum，古称作"乌浒河上的亚历山大城"［Aleandreia Oxiana］）考古遗址即呈现出典型的希腊建筑格局：带有神庙的卫城、市场以及体育场。更为直接的证据则是相继出土的石刻铭文。

在阿伊哈奴姆遗址发现的石刻铭文计三则，约公元前 300 年刻制。题献给赫尔墨斯与赫拉克勒斯的方柱铭辞为第一则。第二、三则系刻勒在一石基的正面（见下图原件及拓本），内容分别为希腊七贤箴言的由来（左栏）及箴言五则（右栏）。石基现藏法国吉梅博物馆。

本篇据 L.罗贝尔的校勘本译出[①]。

原刻

左栏拓本

[①]　L.Robert, "De Delphes à l'Oxus, inscriptions grecques nouvelles de la Bactriane", *Comptes rendus des séances de l'Academie des inscriptions et Belles-Lettres*, Année 1968, Vol.112(3), pp.416–457.

【译文】

往昔名人[1]的这些箴言[2]见于德尔菲[3]圣地。在那里,科莱阿尔霍斯[4]悉心抄录,并刊布[5]、远播在西奈阿斯[6]的辖区[7]。[8]

【注释】

[1] 铭文作"andrōn palaioterōn arignōtōn",即希腊早期历史上的"七贤"。据柏拉图《普罗塔戈拉斯篇》(342e-343b)记载,七贤分别为米利都的泰勒斯、密提林的皮塔克斯、普里埃内的比阿斯、雅典的梭伦、林多斯的科莱奥布罗斯、赫纳埃的穆松以及斯巴达的西隆。在希腊传统中,七贤所指多有不同,在普鲁塔克的《道德论集·七贤宴饮篇》中,科林斯的佩里安德洛斯即取代了穆松。

[2] 铭文作"sopha"。

[3] 铭文作"Puthoi",另见铭文 25,注释[3]。

[4] 疑为亚里士多德的门生,哲学家,应随亚历山大东征期间,把七贤箴言传播到阿伊哈奴姆。

[5] 西奈阿斯应为阿伊哈奴姆的建城者。

[6] 铭文作"eisato",单数第三人称过去时,本意作"他竖立或安置"。

[7] 铭文作"temenei",即"分割出的一片土地——作为公地分配给王或首领等"(LSJ,1992,p.1774)。

[8] 以上为左栏。

右栏拓本①

【译文】

　　儿时要乖巧;青年要克己;中年要公正;老年要审慎;终时要无忧。[1]

【注释】

[1]　以上为右栏。

98. 科斯嘉奖令

【题解】

在爱琴海的斯波拉群岛中,科斯是最大的岛屿之一,为多利斯人殖民地。希腊化时代,科斯文化昌明,名人辈出。这一时期的大量碑铭遗存亦记录下其经济、政治、宗教长达两个世纪的隆盛。

科斯嘉奖令石碑发现于科斯岛一处废弃的教堂。碑铭除正面沿左侧边缘略有缺失外,余者相对完好。

本文据 D.博斯纳基斯等《希腊铭文》卷十二(4.1)中的校勘本(121)[1]译出。

```
         ΕΠΙΜ  ΑΡΧΟΥΝΙΚΟΦΡΟΝΟΣΜΗΝΟ
      ΑΡΤΑΜΙΤΙΟΥΕΔΟΞΕΤΩΙΚΟΙΝΩ
      ΤΩΝΣΥΜΠΟΡΕΥΟΜΕΝΩΝΠΑΡΑΔ
      ΕΤΙΟΝΧΑΡΜΙΠΠΟΣΠΑΡΜΕΝΙΣ
   5  ΑΙΦΙΛΙΣΤΟΣΦΙΛΙΣΤΟΥΚΑΙΛΥΚ/
      ΟΟΣΠΑΡΜΕΝΙΣΚΟΥΕΙΠΑΝΕΠΕ
      ΔΗΝΙΚΑΓΟΡΑΣΘΕΥΔΩΡΟΥΚΑ
      ΛΥΚΑΙΘΟΣΛΕΥΚΙΠΠΟΥΓΕΝΟΝ
      ΝΟΙΕΠΙΜΗΝΙΟΙΑΥΤΕΠΑΓΓΕΛ
  10  ΤΟΙΤΑΤΕΙΕΡΑΕΞΕΘΥΣΑΝΤΩ
      ΔΙΙΚΑΙΑΝΕΝΕΩΣΑΝΤΟΤΑΝΘΥ
      ΣΙΑΝΤΟΥΔΙΟΣΚΑΙΤΑΝΥΠΟΔΟΧΑ
      ΠΟΗΣΑΝΤΟΤΩΝΔΑΜΟΤΑΝΚΑΙ
      ΩΝΑΛΛΩΝΠΑΝΤΩΝΑΞΙΩΣΤΩ
  15  ΕΩΝΣΠΟΥΔΑΣΚΑΙΠΡΟΘΥΜΙΑΣ
      ΥΘΕΝΕΛΛΕΙΠΟΝΤΕΣΟΠΩΣΟΥΝΚ/
      ΙΜΕΤΑΤΑΥΘΑΙΡΟΥΜΕΝΟΙΕΠΙΜΗΝΙΟΙ
      ΥΠΡΟΘΥΜΟΤΕΡΟΣΑΥΤΟΣΠΑΡΕΧ
      ΑΙΕΙΔΟΤΕΣΤΑΝΤΩΝΔΑΜΟΤΑΝΕ
  20  ΟΙΑΝ  ΔΕΔΟΧΘΑΙΝΙΚΑΓΟΡΑΝΜΕ
      ΑΙΛΥΚΑΙΘΟΝΕΠΑΙΝΕΣΑΙΕΠΙΤ
      ΤΑΙΑΙΡΕΣΕΙΚΑΙΕΥΣΕΒΕΙΑΙΑΝ
      ΧΟΝΤΙΠΟΤΙΤΟΣΘΕΟΣΚΑΙΤ
      ΑΜΟΤΑΣΚΑΙΣΤΕΦΑΝΩΣΑΙ
  25  ΤΟΣΑΠΟΧΡΥΣΩΝΔΕΚΑΤΟ
      ΤΑΜΙΑΙΑΝΑΓΡΑΨΑΝΤΩΝΤΟΔΕ
      ΦΙΣΜΑΕΣΣΤΑΛΑΝΛΙΘΙΝΑΝΚ
      ΑΝΑΘΕΝΤΩΝΠΑΡΤΟΝΒΩΜΟΝ
      ΤΟΥΔΙΟΣΤΟΔΕΑΝΑΛΩΜΑ
  30  ΝΟΜΕΝΟΝΕΣΤΑΝΣΤΑΛΑΝΤΕ
      ΣΑΝΤΩΝΤΟΙΤΑΜΙΑΙ
```

科斯嘉奖令摹本[2]

---

① *IG* XII,4.1,pp.104-105.

② 采自 W.R.Paton & E.L.Hicks,*The Inscriptions of Cos*,Oxford:Clarendon Press,1891,pp.269-270,382。

【译文】

集聚在雨神宙斯[1]近旁的民众[2]决定——尼克弗洛诺斯为名年官[3]，时在阿尔特弥斯月，帕尔迈尼克斯之子哈尔米波斯、腓力斯托斯之子腓力斯托斯、帕尔迈尼克斯之子吕卡伊索斯提议——如次：

作为月官[4]，塞奥多洛斯之子尼卡戈拉斯、莱乌基波斯之子吕卡伊索斯为宙斯制圣品，复兴对宙斯的献祭，并以对神的敬畏款待其德莫成员[5]及他人，殚精竭虑，无一遗漏。故而，为使所选月官此外能多加贡献，明晓对德莫成员的亲爱，决定对尼卡戈拉斯及吕卡伊索斯的所为以及他们尤其对神、对其德莫成员的虔敬予以嘉奖，并授金冠十顶。司库将负责本法令的勒石，并立于宙斯祭坛。勒石费用由司库出。

【注释】

[1] 铭文拟补作"D［ia Yeton］"。

[2] 铭文拟补作"coino［i］"，盖指公民大会。

[3] 铭文拟补作"m［on］archou"，本意为"独裁者"。公元前5世纪以降，如同希腊城邦一样，科斯专制统治结束。在佩顿与希克辑录的《科斯铭文》（W.R.Paton and E.L.Hicks, *The Inscriptions of Cos*）中，同属于这一时期的法令铭文（10）亦以"epi mon］archou"开篇。从"monarchos"一词的袭用可以看出科斯王权影响的残存，详见该书"导论"第XXXV页及正文第11页中的相关讨论。

[4] 参见铭文39注释[3]。

[5] 铭文作"damotai"。

99. 皮鲁士多多那祭献

【题解】

公元前 280 年,皮鲁士率军在赫拉克勒斯城战胜罗马军队。是役,其麾下的二十头战象起到了决定性作用。

皮鲁士所祭献的青铜匾发现于伊庇鲁斯地区的多多那神庙。

本文据 W.迪滕贝格《希腊铭文合集》卷三中的校勘本(392)①译出。

【译文】

献与"泉神"宙斯[1]!

皮鲁士王、伊庇鲁斯人以及塔[兰图姆人]战胜了罗马人及其盟友。

【注释】

[1] 铭文作"Zeus Naios"。其中"Naios"为宙斯在多多那的别号,因该地橡树下的清泉而得名。现在的多多那遗址,清泉已不复见,丈八高的橡树也是后来的补植。

---

① SIG³ III,pp.530-531.

100. 帕罗斯碑

【题解】

该大理石碑因发现于帕罗斯岛而得名,又被称为"帕罗斯年表",是为古代希腊的重要年表之一。残存下来的碑身中断:石碑甲(30[后半句]-80条)现藏牛津阿什莫尔博物馆;石碑乙现藏帕罗斯考古博物馆。

作为古代希腊的重要年表之一,《帕罗斯碑》依事纪年,所及政治、军事、宗教、文学等内容可与古典文献中的记载相互印证。在纪年方法上,著者以其开始记述的那一年为基点,以"距今"的年数、巴西勒斯或执政官在位的时间为相对年代。"距今"的年数在计算方法上虽然前后不一,但在年代学研究中仍不失其特殊的参考价值。

国外古典学界最早对《帕罗斯碑》铭文整理、校勘的有 J.塞尔多努斯[①]及 R.钱德勒[②]等。1904 年,德国古典学家 F.雅各比根据 J.塞尔多努斯的传世摹本补全了碑记甲中的缺失部分(1—30 条的前半句),为现行的标准本,所辑条目凡 107 条:碑文甲的起止时间为公元前 1581/1580 年至公元前 355/354 年,碑文乙的起止时间为公元前 336/335 年至公元前 299/298 年。

在国内,相关的专题研究有郝际陶先生的《帕罗斯碑铭文与希腊年代学》[③]。该文从年代学角度对碑文进行了较为全面的梳理,附录部分包括译文及注释。本文亦据 F.雅各比《希腊史家残篇》中的校勘本(239)[④]译出。注释中的公元纪年系据 F.雅各比的推算。

甲

【译文】

□☑☒[1],我对[往昔]的记载,始于第一位在雅典为巴西勒斯的科克罗普

---

① Joannes Seldenus, *Marmora Arundelliana*, Londoni apud Ioannem Billium Typographeum Regium MDCXX-IX, pp.1-21 & 59-119.

② R.Chandler, *Marmora Oxoniensia*, Oxonii e Typographeo Clarendoniano, II, MDCCLXIII.

③ 东北师范大学世界古典文明史研究所编著:《世界诸古代文明年代学研究的历史与现状》,北京:世界图书出版公司,1999 年,第 107—122 页。

④ F.Jacoby, *Die Fragmente der griechischen Historiker*, 2.B, Berlin: Weidmannsch Buchhandlung, 1929, pp. 992-1005.

斯[2],止于□□□□乌阿纳克斯在帕罗斯、狄奥戈奈托斯在雅典为执政官的那一年[3]。

【注释】

[1] 此处多有缺失,校勘者虽已拟补成文,但仍难确定,故本文存而未译。按古希腊史帙撰述通例,首句往往包括著者名及大题,如修昔底德《伯罗奔尼撒战争史》开篇"修昔底德者,雅典人也,述有伯罗奔尼撒人与雅典人之战事"句。若由是推,碑额部分的原刻应具著者名。从文中的相关内容来看,其生卒年代当在公元前 3 世纪。

[2] 铭文作"Cecropos",由该词娩出的"Cecropidai",原意为"科克罗普斯之后裔"。据希罗多德(《历史》,VIII,44)记载,在皮拉斯基人统辖赫拉斯之时,雅典人即为皮拉斯基人,被称作"Cranai"(W.W.豪与威尔斯据古史并从语言学角度分析后认为,该词意为"居于岩上或高处者",所谓"岩上或高处",特指卫城,亦即雅典城[W.W.How and J.Wells, *A Commentry on Herodotus*, with Introduction and Appendixes, Oxford: Oxford University Press, 1936, pp.248-249]);科克罗普斯在雅典为王之时,他们被称为"Cecropidai";埃莱赫塞奥斯在雅典为王时,他们改称作"雅典人";当伊昂受邀而为他们军队的统帅时,雅典人复又依其名作"伊奥尼亚人"。

[3] 即公元前 264/263 年,亦即年表的成书年代。

【译文】

1. 距今[1]1318 年前[2],科克罗普斯[3]在雅典——其所在地被称为"科克罗普斯共同体"[4],最初依据当地人阿克塔尤斯的名字被称为"阿克提克"[5]——为巴西勒斯。

【注释】

[1] 即公元前 264/263 年。

[2] 即公元前 1581/1580 年。

[3] 据希罗多德《历史》(VIII,44;53)记载,科克罗普斯为阿提卡的第一位王,阿克塔尤斯的女婿。另据保桑尼阿斯《希腊行记》(I,ii.6)记载,阿提卡的

第一位王为阿克塔尤斯,死后把王位传给了女婿科克罗普斯。科克罗普斯
育有三女一男,其子夭阏,雅典权贵克拉纳乌斯遂得王位。克拉纳乌斯有
一女,名阿提斯(Atthis)。阿提卡(Attica)的名称——此前作"Actaia"——
即由阿提斯而来。

[4] 铭文作"Cecropia"。据斯特拉波《地理志》(9,1.20)记载,该词亦用于指
代早期阿提卡地区的乡村共同体,即德莫。

[5] 铭文作"Acticē",阿提卡的另一古称。

【译文】

2. 距今 1310 年前[1],德乌卡里昂在帕尔纳索斯附近的吕克莱亚为巴西
勒斯;科克罗普斯在雅典为巴西勒斯。

【注释】

[1] 即公元前 1573/1572 年。

【译文】

3. 距今 1268 年[1],阿莱斯[2]与波塞冬因波塞冬之子哈利罗提奥斯[3]在
雅典——一处后被称为"阿莱斯之丘"[4]的地方——接受审判,是年科拉[纳]
奥斯在雅典为巴西勒斯。

【注释】

[1] 即公元前 1531/1530 年。

[2] 战神,宙斯与赫拉之子。

[3] 哈利罗提奥斯因强暴阿莱斯的女儿阿尔奇蓓而被阿莱斯戕杀。

[4] 铭文作"Areios pagos"。该山丘位于雅典卫城西,因阿莱斯在该处首次受
审而得名。中文通常译为"战神山议事会",或"最高法庭议事会"。作为
审判机构,战神山议事会最初的职能是负责监督公职人员的行政以及普
通公民的品行。梭伦改制后,该机构不仅参与城邦的行政管理,而且有
权介入公民大会议案的审议;在伯里克利时代,其职能仅限于对刑事案
件的审理。

【译文】

4. 距今 1265 年前[1]，德乌卡里昂在位时洪水暴发；洪水到达前，德乌卡里昂从吕克莱亚逃到雅典的［科拉纳］奥斯[2]处，并创建［奥］林［匹］斯的宙斯神殿，举行平安献祭。是年科拉纳奥斯在雅典为巴西勒斯。

【注释】

[1] 即公元前 1528/1527 年。

[2] 在希腊传说中，科拉纳奥斯是继科克罗普斯之后的第二任雅典王。德乌卡里昂之子安菲克图昂后迎娶科拉纳奥斯的一女为妻。

【译文】

5. 距今 1258 年前[1]，曾在温泉关[2]为巴西勒斯的德乌卡里昂之子［安菲］克图昂把居住在神庙周围的人聚集在一起，称他们为"安菲克图昂人"，并进行第一次献祭——一如安菲克图昂人于今尚在祭献的那样，是年安菲克图昂在雅典为巴西勒斯[3]。

【注释】

[1] 即公元前 1521/1520 年。

[2] 地处色萨利通往罗克里斯与弗西斯狭窄的通道上，因附近的温泉而得名。

[3] 据神话记载，安菲克图昂最初在温泉关为巴西勒斯，与雅典王科拉纳奥斯的女儿结婚后，戕杀岳丈，在雅典自立为巴西勒斯。

【译文】

6. 距今 1257［年］前[1]，德乌卡里昂之子赫伦在弗提奥提斯[2]为巴西勒斯，当时那些被称为"戈拉伊克斯"的人系得名"赫拉斯人"，⊠[3]□□□⊠⊠□□□□□□□□⊠。是年安菲克图昂在雅典为巴西勒斯。

【注释】

[1] 即公元前 1520/1519 年。

［2］ 色萨利的四个地区之一。

［3］ 十三个字母略。

【译文】

7. 距今 1255 年前[1]，阿戈诺尔之子卡德莫斯[2]抵达底比斯[⊠并]建立卡德莫斯堡，是年安菲克图昂在雅典为巴西勒斯。

【注释】

［1］ 即公元前 1518/1517 年。

［2］ 神话中底比斯的建城者。

【译文】

8. 距今 1252 年前[1]，⊠尼克斯为巴西勒斯，安菲克图昂在雅典为巴西勒斯。

【注释】

［1］ 即公元前 1515/1514 年。

【译文】

9. 距今 1247 年前[1]，［达那奥斯[2]所建造的第一艘五十桨］船——被称为"pentecontoros"——从埃及航至赫拉斯；达那奥斯之女，与⊠[3]⊠⊠⊠及⊠⊠⊠赫利克与阿尔赫底克经余者抽签选出［建立林多斯雅典娜神殿］并在罗德斯的林多斯海岬献祭⊠。［是年埃里赫索尼奥斯在雅典］为巴西勒斯。

【注释】

［1］ 即公元前 1510/1509 年。

［2］ 希腊神话人物，埃及王贝洛斯之子，育女五十，其孪生兄弟阿埃古普托斯育子五十。因阿埃古普托斯欲把达那奥斯的五十个女儿悉数嫁给其子，达那奥斯遂造船率女逃离埃及，前往阿哥斯。有关达那奥斯的另一传说见铭文 111(1)注释[1]。

[3] 约计十一个字母缺失。

【译文】

10.［距今］1242 年前[1]，［埃里赫］索尼奥斯[2]在泛雅典娜大庆上驭驷马双轮车[3]并表演如何赛车，并［给与］雅典人名字[4]；库贝隆[5]现众神之母[6]造像；在⊠⊠⊠⊠⊠，弗里基亚人胡阿格尼斯发明"弗里基亚笛"，并首次演奏被称为弗里基亚的乐曲以及其他歌颂神母、狄奥尼索斯神、潘神的曲调，而且⊠⊠⊠⊠⊠⊠⊠□[7]。是年，驭驷马双轮车的埃里赫索尼奥斯在雅典为巴西勒斯。

【注释】

[1] 即公元前 1505/1504 年。

[2] 希腊神话人物，雅典娜与匠神之子。据传，他创立泛雅典娜大庆，并发明驷马双轮车。

[3] 铭文作"harma"。

[4] 作为地名，"雅典"一词的起源盖与该城的守护神雅典娜密切相关。另见年表开篇注释[2]。

[5] 弗里基亚山名。

[6] 弗里基亚女神，对她的崇拜常与赫莱娅相混。据《希英词典》(*LSJ*，1992，p.1004)，其名"Cubele"系源自弗里基亚的山名"Cubelon"或"Cubela"。

[7] 约计十九个字母缺失。

【译文】

11. 距今⊠⊠⊠年前[1]，米诺斯第一个［在克里特为巴西勒斯，并定居阿波］罗城；在伊达山发现铁，发现者为伊达山的精灵科尔米斯与［达莫纳美内奥斯］[2]。是年潘狄昂在雅典为巴西勒斯。

【注释】

[1] 疑为公元前 1462/1461 年或前 1423/1422 年。

[2] 伊达山最早的精灵。

【译文】

12. 距今 1146 年前[1]，得墨忒耳[2]抵达雅典，[发现]谷籽；经科勒奥斯与内亚伊拉之子特[里普托勒摩斯传授，首次举行耕作节]。是年埃莱赫塞奥斯在雅典为巴西勒斯。

【注释】

[1] 即公元前 1409/1408 年。

[2] 司掌农业的谷物女神，也是厄琉西斯秘仪中的主要神明。

【译文】

13. 距今 1[1]45 年前[1]，特里普托勒莫斯在拉里亚平原收获所播种的谷物，是年[埃莱赫塞奥斯][2]在雅典为巴西勒斯。

【注释】

[1] 即公元前 1408/1407 年。

[2] 据希罗多德（《历史》，VIII，44）记载，埃莱赫塞奥斯在雅典为王之时，时人一改"Cecropidai"之称谓而作"雅典人"。另见年表开篇注释[2]。

【译文】

14. 距今 1135 年前[1]，[奥尔费奥斯]⊠⊠⊠□□□□使其诗作广为人知；科瑞遭劫，得墨忒耳寻女并播种，得谷物者众[2]。是年[埃莱赫塞]奥斯在雅典为巴西勒斯。

【注释】

[1] 即公元前 1398/1397 年。

[2] 得墨忒耳因女儿科瑞（又名珀尔塞福涅）走失而四处寻女。当得知是宙斯同意冥神哈得斯拐走女儿后，得墨忒耳大怒，直奔奥林匹斯山，致使粮食绝收，大地遍生饥馑。宙斯只得命哈得斯释放科瑞，但科瑞只能在春季离开冥府。母女相逢期间，万物复苏，大地重又结出果实。

【译文】

15. 距今[11]▨▨▨▨年前[1],[埃乌莫尔普斯]▨▨▨▨▨▨在厄琉西斯建立神秘崇拜,并使其[父]穆撒伊奥斯的诗作广为人知,是年潘底昂之子埃莱赫塞奥斯在雅典为巴西勒斯。

【注释】

[1] 即公元前 1397/1376 年或前 1373/1372 年。

【译文】

16. 距今▨▨▨▨年前[1],首次洁净祭举行,▨▨▨▨▨▨▨▨▨▨[2]▨▨▨▨▨▨▨。是年科克罗普斯之子潘底昂在雅典为巴西勒斯。

【注释】

[1] 即公元前 1325/1324 年。
[2] 约计十一个字母略。

【译文】

17. 距今□□▨□□年前[1],体育比赛在厄琉西斯▨▨▨▨▨▨▨▨▨▨▨▨▨▨▨▨▨▨▨▨▨;宙斯节在阿尔卡狄亚举行;吕卡昂[2]的▨▨□□▨▨▨▨▨▨[□□]被给与赫拉斯人。□□▨□▨。是年科克罗普斯之子潘底昂在雅典为巴西勒斯。

【注释】

[1] 即公元前 1324/1323 年或前 1308/1307 年。
[2] 阿卡狄亚境内的山名,亦为宙斯的别号。

【译文】

18. 距今□年前[1],▨▨▨□□□□□□▨□□□□□□□□▨▨▨▨赫拉克勒斯□□□□▨□□□□□□□□□□□□□□□▨▨。是年阿伊戈奥斯在雅典为巴西勒斯。

【注释】

[1] 即公元前 1307/1306 年或公元前 1295/1294 年。

【译文】

19. 距今 1031 年前[1]，雅典谷物[歉收]，□□[阿波]罗回复求神谕的雅典人：他们应承受米诺斯认为合适的[惩罚][2]，是年阿埃格奥斯在雅典为巴西勒斯。

【注释】

[1] 即公元前 1294/1293 年。

[2] 米诺斯因其子安德洛革俄斯在雅典被害，遂向雅典寻仇。瘟疫及饥荒降临雅典后，雅典人以贞女若干献祭无果，便不得不遵从神谕每年进献七对童男童女以解除灾难。

【译文】

20. 距今 995 年前[1]，提修[斯]在雅典为[巴西勒斯]；他兼并十二城[2]，赋予它们以民主政体，在雅典□□□□⊠，戕杀西尼斯后创立地峡赛会。

【注释】

[1] 即公元前 1259/1258 年。

[2] 斯特拉波的《地理志》(9,1.20)虽称提修斯合并的为十二城，但所列举出的名录仅有科克罗普斯城、泰特拉波利斯、埃帕克里亚、德凯莱亚、厄琉西斯、阿菲德纳、索里克斯、布拉乌隆、库塞洛斯、斯菲托斯以及凯菲西亚十一城。在一些写本中另包括法勒罗斯。至若"合并"的具体时间，斯特拉波也只用了"后来"一词。A.W.戈姆认为(*OCD*,1949,pp.114-115)，阿提卡最初分为若干个"王国"，由在雅典的"王"实施某种统治，后来是否为所谓的提修斯在公元前 13 世纪合并为一则不足取信。另据《牛津古典辞书》(*OCD*³,2003,p.203)，此种政治而非实质意义上的"合并运动"(sunoecism)盖发生在公元前 900 年前后。

【译文】

21. 距今[99]2 年前[1],阿玛宗人[入侵阿提卡],是年提修斯在雅典为巴西勒斯。

【注释】

[1] 即公元前 1256/1255 年。

【译文】

22. 距今 987 年前[1],阿哥斯人与阿德拉斯[托斯]进兵[底]比斯,并[因阿尔赫莫洛斯][2]而[在内美]亚[创立]赛会,是年提修斯在雅典为巴西勒斯。

【注释】

[1] 即公元前 1251/1250 年。

[2] 据阿波罗多洛斯《文库》(I,ix.14;III,vi.3-4)记载,阿尔赫莫洛斯原名奥菲尔特斯,内美亚王吕库尔古斯之子。七雄远征底比斯途中,经内美亚寻找水源,奥菲尔特斯的母亲为其引路。结果,独自留下的奥菲尔特斯被蛇所害。七雄之一安菲阿拉奥斯因此意外而预感到凶兆,遂称奥菲尔特斯为"阿尔赫莫洛斯"(Archemoros),意即"厄运先知",并创设内美亚赛会以为纪念。

【译文】

23. 距今 954 年前[1],[赫]拉斯人远征特洛伊[2],是年[迈]奈斯塞奥斯在雅[典]为巴西勒斯已十三载。

【注释】

[1] 即公元前 1218/1217 年。

[2] 关于特洛伊战争的具体年代问题,各家说法不一。根据考古遗存与赫梯文献中的相关记载,目前学界较为普遍的观点认为特洛伊战争约发生在公元前 1250 年。

【译文】

24. 距今 945 年前[1]，收获月[2]底前的第七天，[麦内斯塞]奥斯在雅典为巴西勒斯的第二十二年，特洛伊陷落。

【注释】

[1] 即公元前 1209/1208 年。

[2] 铭文拟补作"Th[argeliō]nos"。

【译文】

25. 距今[9]44 年前[1]，[阿]伽门农之子俄瑞斯忒斯与埃癸斯托斯之女[厄里]戈涅因埃癸斯托斯与[科吕]泰涅斯特拉在阿莱奥帕格斯[受审]，[因投票公正]，俄瑞斯忒斯胜诉，是年德莫丰在雅典为巴西勒斯。

【注释】

[1] 疑为公元前 1208/1207 年。

【译文】

26. 距今 938 年前[1]，特乌凯尔[在]塞浦路斯建[萨拉米]，是年德莫丰在雅典为巴西勒斯。

【注释】

[1] 即公元前 1201/1200 年或前 1202/1201 年。

【译文】

27. 距今[8]13 年前[1]，奈勒奥斯殖民[米利都及伊奥]尼亚其余各邦——以弗所、埃吕斯拉埃、科拉佐美纳、特奥斯、科罗丰、穆奥斯、[弗]卡亚、萨摩斯、[基奥斯]，[泛]伊奥尼亚赛会[2]举行，是年美[奈斯塞乌斯]在雅典[为巴西勒斯]已十三载。

【注释】

[1] 即公元前 1086/1085 年或公元前 1087/1086 年。

[2] 该赛事最早可追溯至公元前 9 世纪,后来的举办地应在以弗所。

【译文】

28. 距今 67 □□年前[1],诗人[赫]西俄德生[2],是年□□□□□□□在雅典为巴西勒斯。

【注释】

[1] 疑为公元前 936/935 年或前 937/936 年。

[2] 编年作者在此撷拾的是希腊人的传统观点,即赫西俄德与荷马为同时代人。但此说早在公元前 5 世纪即已受到质疑。目前学界较为普遍的观点认为,赫西俄德盖生于公元前 6 世纪前后,而荷马的生卒年代则在公元前 8 世纪,尽管荷马及其史诗所引发的诸多“荷马问题”(主要为《伊利亚特》与《奥德赛》的创编、作者及年代)尚无定说。

【译文】

29. 距今 643 年前[1],诗人荷马生,是年狄奥戈奈托斯在雅典为巴西勒斯。

【注释】

[1] 即公元前 906/905 年或前 907/906 年。

【译文】

30. 距今 631 年前[1],阿哥斯人费冬刊布度量衡,在埃吉纳造银币;他是赫拉克勒斯的第十代后裔。是年[费莱克]莱斯在雅典为巴西勒斯[2]。

【注释】

[1] 即公元前 894/893 年或公元前 895/894 年。

[2] 以上各条为 J.塞尔多努斯的传世摹本。

【译文】

31. 距今□年前[1]，埃乌阿戈托斯之子阿尔西亚斯、特麦诺斯的第十代后裔率部从科林斯移民并[建立]叙拉古，是年埃斯库罗斯在雅典为巴西勒斯已二十一载。

【注释】

[1] 疑为公元前 790 年。

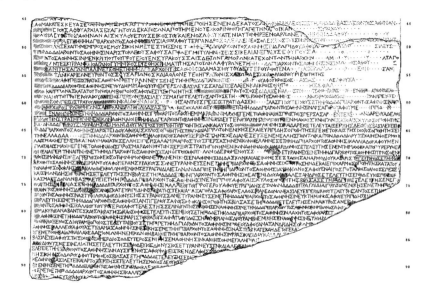

墓本甲

【译文】

32. 距今 420 年前[1]，执政官年任制[2]开始。

【注释】

[1] 即公元前 683/682 年。

[2] 雅典执政官一职最初从贵族中遴选，终身担任，后减为十年，从公元前 683/682 年起任职期为一年。原来的巴西勒斯只限于管理宗教事务。

【译文】

33. 距今 418 年前[1],⊠⊠⊠□□□□□□□□□□□□□⊠□□□□□□□/□□□□□□□□□
□,是年[吕西亚]德斯在雅典为执政官。

【注释】

[1] 即公元前 682/681 年或前 681/680 年。

【译文】

34. 距今 381 年前[1],德尔德奈斯之子、莱斯沃斯人特尔潘德尔改革[里
尔]演奏法□□,并改变了音乐的早期风格,是年德罗皮德斯在雅典为执政官。

【注释】

[1] 即公元前 645/644 年或前 644/643 年。

【译文】

35. 距今[3]41 年前[1],阿[吕亚特]斯为吕底亚王,阿里斯多克莱斯在雅
典为执政官。

【注释】

[1] 疑为公元前 605/604 年或前 604/603 年。

【译文】

36. 距今□□□□□□□□□□前[1],萨福[2]从密提林[3]航行至西西里,逃
避□□□□□□⊠□□□□□□□⊠□□□□□。是年老科里提亚斯在雅典为执
政官,大土地所有者在叙拉古把持大权。

【注释】

[1] 即公元前 603/602 年或前 596/595 年。
[2] 约公元前 7 世纪中叶生于莱斯沃斯,古代希腊著名的女琴歌诗人(参见
    张巍:《Eunomia:梭伦的理想政制》,《历史研究》2014 年第 1 期,第 98 页

注释④),盖因卷入都城的贵族党争而被流放到西西里。除了她的诗文外,其本人的性取向也一直是后人所谈论的话题。西文中的"女同性恋者"即源自"莱斯沃斯"(Lesbos)一词。

[3] 莱斯沃斯的都城。

【译文】

37. 距今[32]7 年前[1],安菲克图昂人继库拉[2]战役后举行献祭,并创立设有奖赏——源自战利品——的体育比赛,是年西蒙在雅典为执政官。

【注释】

[1] 即公元前 591/590 年。
[2] 地望不详。

【译文】

38. 距今 318 年前[1],[在德尔菲]又创立以花环为奖品的体育比赛,是年达马西奥斯在雅典为执政官。

【注释】

[1] 即公元前 582/581 年。

【译文】

39. 距今☒☒☒年前[1],雅典创建戏剧合唱队——伊卡利亚[2]的居民曾有过这样的合唱队,发明者为苏萨里翁[3]——奖品最初为一篮无花果和一麦特莱泰斯[4]酒,是年□□□□□□□□[在雅典]为执政官。

【注释】

[1] 疑为公元前 581/580 年或前 562/561 年。
[2] 地在阿提卡地区。
[3] 迈加拉人。
[4] 古代雅典的计量单位,一麦特莱泰斯(meteretes)约等于三十九升。

【译文】

40. 距今 297 年前[1]，庇西斯特拉托斯在雅典为僭主，是年科美奥斯［在雅典］为执政官。

【注释】

[1] 即公元前 561/560 年。

【译文】

41. 距今［29］2 年前[1]，科罗伊索斯从亚细亚［派使者］到德尔菲，是年埃乌苏德莫斯在雅典为执政官。

【注释】

[1] 即公元前 556/555 年。

【译文】

42. 距今［227］年前[1]，波斯王居鲁士占领萨尔底斯，科罗伊索斯□□□□□□□□□。［是年□□□□□□在雅典为执政官］，抑扬格诗人希波纳克斯在世。

【注释】

[1] 疑为公元前 541/540 年。

【译文】

43. 距今 2［7］□□年前[1]，诗人塞斯皮斯[2]首次［在舞台上吟诵］，并在城里传授悲剧；［比赛的奖品］为一头公牛。是年老□□□□□□□在雅典为执政官。

【注释】

[1] 即公元前 536/535 年或前 532/531 年。
[2] 据说是他发明了悲剧的表演形式。

【译文】

44. 距今[2]56 年前[1]，继马戈斯[2]死后，大流士为波斯王，是年□□□□□□在雅典为执政官。

【注释】

[1] 疑为公元前 520/519 年或前 519/518 年。

[2] 古代波斯的社会阶层之一，包括祭司、贤达及术士，他们位高权重，善于解梦。据《贝希斯敦摩崖石刻》(Rüdiger Schmitt, *Old Persian Text*, §§ 10-15, London：School of Oriantal and African Studies, 1991, pp.50-53)记载，波斯王冈比西斯秘密戕杀胞弟斯迈尔迪斯后出征埃及。其间，一名叫高墨达(Gaumata)的马戈斯自称为斯迈尔迪斯，并篡夺了王位，冈比西斯亡。未几，高墨达被大流士所杀。另见希罗多德《历史》(III, 61-79)。

【译文】

45. 距今 248 年前[1]，哈尔莫迪奥斯与[阿里斯多基]同戕杀庇西斯特拉托斯之子希帕尔霍斯[2]；雅典人把庇西斯特拉托斯的后裔赶出皮拉斯基人的城墙[3]。是年哈[尔]帕[克提德斯]在雅典为执政官。

【注释】

[1] 即公元前 511/510 年或前 512/511 年。

[2] 柏拉图在其对话录《希帕尔霍斯篇》(228 b)中认为希帕尔霍斯年长于希庇亚斯。另见铭文 24。

[3] 即雅典卫城上的北城墙，约建于公元前 13 世纪。据修昔底德《伯罗奔尼撒战争史》(I, 89.3)记载，该墙合围应是梭伦或庇西斯特拉托斯所为。但其遗迹目前尚未发现。

【译文】

46. 距今 246 年前[1]，男子歌队比赛首次举行，训练歌队的卡尔基[斯]人胡珀[底]克斯获胜，是年吕萨高拉斯在雅典为执政官。

【注释】

[1] 即公元前 510/509 年或前 509/508 年。

【译文】

47. 距今 231 年前[1]，迈罗斯的[迈]拉尼皮德[斯]在雅典获奖，是年普索克里图斯在雅典为执政官。

【注释】

[1] 即公元前 494/493 年。

【译文】

48. 距今 227 年前[1]，雅典人与波斯人——大流士的侄子阿尔[塔]弗[尔奈斯及其]将军[达]提斯——在马拉松交战，雅典人获胜，是年法[伊]尼[皮]德斯在雅典为执政官；诗人埃斯库罗斯参加了这场战役，时年三十五岁。

【注释】

[1] 即公元前 490/489 年。

【译文】

49. 距今[2]26 年前[1]，诗人西摩尼德斯的祖父西摩尼德斯[2]——亦为诗人——在雅典获奖；大流士亡，其子薛西斯为王。是年阿里斯泰德斯在雅典为执政官。

【注释】

[1] 即公元前 489/488 年。
[2] 科斯琴歌诗人。

【译文】

50. 距今 222 年前[1]，诗人埃斯库罗斯首次获得悲剧奖；诗人欧里庇德斯生；诗人斯特西霍洛斯抵达赫拉斯。是年腓罗克拉泰斯在雅典为执政官。

【注释】

［1］　即公元前 485/484 年或前 486/485 年。

【译文】

51. 距今 217 年前[1],薛西斯在赫勒斯滂海峡架桥并开凿阿索斯山[2];赫拉斯人与波斯人在温泉关交战,在萨拉米附近的海战中赫拉斯人获胜。是年卡利亚德斯在雅典为执政官。

【注释】

［1］　即公元前 480/479 年。

［2］　地在马其顿境内。薛西斯入侵希腊时为了躲避风暴在山的入海处开凿运河,用以行船。

【译文】

52. 距今 216 年前[1],雅典人与薛西斯的将军马尔多尼奥斯在普拉提亚交战,雅典人获胜[2],马尔多尼奥斯战死;西西里的埃特纳火山爆发。是年科桑提普斯在雅典为执政官。

【注释】

［1］　即公元前 479/478 年。

［2］　据希罗多德《历史》(IX,17-66)记载,普拉提亚一役,参战的还有拉西第梦人、科林斯人、泰戈亚人、西库昂人、埃吉纳人、迈加拉人、埃皮达洛斯人、奥尔克美诺斯人、弗利奥斯人、特洛伊曾人、赫尔米昂人、提林斯人、普拉提亚人、塞斯皮亚人、迈锡尼人、科奥斯人、迈罗斯人、特诺斯人、纳克索斯人、埃雷特里亚人以及哈尔基斯人等。另见铭文 36。

【译文】

53. 距今 215 年前[1],德伊诺美奈斯之子盖隆在叙拉古为僭主;提莫斯塞奈斯在雅典为执政官。

【注释】

［1］ 即公元前478/477年。

【译文】

54. 距今21[3]年前[1]，科斯的西莫尼德斯——雷奥普雷拜斯之子——发明记忆术，培训伶人并在雅典获奖；哈尔莫迪奥斯与阿里斯多基同的造像立。是年[阿]德伊曼托斯在雅典为执政官。

【注释】

［1］ 即公元前477/476年。

【译文】

55. 距今208年前[1]，希埃隆在叙拉古为僭主；哈莱斯在雅典为执政官；诗人埃皮哈尔摩斯在世。

【注释】

［1］ 即公元前472/471年。

【译文】

56. 距今206年前[1]，索菲鲁斯之子、克罗努斯的索福克勒斯获悲剧奖，时年二十八岁，是年阿普塞菲昂在雅典为执政官。

【注释】

［1］ 即公元前469/468年。

【译文】

57. 距今205年前[1]，石[2]落羊河；诗人西莫尼德斯卒，享年九十岁。是年塞阿格尼德斯在雅典为执政官。

【注释】

［1］ 即公元前 468/467 年。

［2］ 即陨石。此次天象记录亦见于亚里士多德《天象论》(344b,30-33)。亚里士多德认为,"羊河落石"系飓风所致。

【译文】

58. 距今 19[9]年前[1],亚历山大亡,其子贝尔狄卡斯在马其顿即位,是年埃乌西普斯在雅典为执政官。

【注释】

［1］ 即公元前 461/460 年。

【译文】

59. 距今 193 年前[1],诗人埃斯库罗斯卒于西西里,享年六十九岁,是年大卡利亚斯[2]在雅典为执政官。

【注释】

［1］ 即公元前 456/455 年。

［2］ 铭文作"Calleou tou proterou"。

【译文】

60. 距今 1[79]年前[1],欧里庇德斯首次获悲剧奖,时年四十有四,是年狄菲罗斯在雅典为执政官;苏格拉底、阿纳克萨高拉斯盖为欧里庇德斯的同时代人。

【注释】

［1］ 即公元前 442/441 年。

【译文】

61.距今 1[57]年前[1],贝尔狄卡斯亡,阿尔克拉乌斯在马其顿即位,是年阿斯图菲罗斯在雅典为执政官。

【注释】

[1] 即公元前 420/419 年。

【译文】

62. 距今 14[7]年前[1]，狄奥尼西奥斯成为叙拉古僭主，是年埃乌克特蒙在雅典为执政官。

【注释】

[1] 即公元前 408/407 年。

【译文】

63. 距今 145 年前[1]，欧里庇德斯卒，[享年七十]□岁，是年安提格奈斯在雅典为执政官。

【注释】

[1] 即公元前 407/406 年。

【译文】

64. 距今[143]年前[1]，诗人索福克勒斯卒，享年九十二岁；居鲁士进入内陆。是年小卡里亚斯在雅典为执政官。

【注释】

[1] 即公元前 406/405 年。

【译文】

65. 距今 139 年前[1]，塞里努斯的特莱斯泰斯[2]在雅典获胜，是年米孔在雅典为执政官。

【注释】

[1] 即公元前 402/401 年。

[2] 酒神颂歌诗人。

【译文】

66. 距今 137 年前[1]，曾[随]居鲁士深入内陆的[人返回海边]；哲人苏格拉底卒，享年七十岁。是年拉赫斯在雅典为执政官。

【注释】

[1] 即公元前 400/399 年。

【译文】

67. 距今 135 年前[1]，阿里斯托[努斯][2]在雅典[获奖]，是年阿里斯托克拉泰斯在雅典为执政官。

【注释】

[1] 即公元前 399/398 年。

[2] 演奏齐特拉琴的科林斯歌者，其赞美诗的风格与语言具有新体酒神颂歌的特点。

【译文】

68. 距今 1□年前，塞鲁姆伯里亚的波吕伊多斯在雅典酒神颂歌比赛中获奖，是年□[在雅典为执政官]。

【译文】

69. [距今]116 年前[1]，酒神颂歌诗人腓罗克塞诺斯卒，享年五十五岁，是年普塞乌斯在雅典为执政官。

【注释】

[1] 即公元前 380/379 年。

【译文】

70. 距今[113 年]前[1]，喜剧家阿那克桑德里代斯[在雅典获奖]，是年卡利亚斯在雅典为[执政官]。

【注释】

[1] 即公元前 377/376 年。

【译文】

71. 距今 109 年前[1]，阿斯图达马斯[2]在雅典获奖，是年阿斯特伊奥斯在雅典为执政官;[德尔菲神庙]被付之一炬。

【注释】

[1] 即公元前 373/372 年。
[2] 雅典悲剧诗人。

【译文】

72. [距今]107 年前[1]，底比斯人与拉西第梦人[在留克特拉的战役]爆发，底比斯人获胜，是年弗拉西克雷德斯在雅典为执政官;阿[闵塔斯亡，其子亚历山大]成为[马其顿]王。

【注释】

[1] 即公元前 371/370 年。

【译文】

73. 距今[10]☒年前[1]，希莫拉的另一个斯特西霍洛斯[2]在雅典获奖;[在阿尔卡狄亚]建迈城。是年☒在雅典为执政官。

【注释】

[1] 疑为公元前 370/369 年或前 369/368 年。
[2] 斯特西霍洛斯为公元前 6 世纪希腊著名的琴歌诗人。铭文中的"另一个

斯特西霍洛斯"为斯特西霍洛斯家族的后裔,与其同去参赛的还有一个名叫"斯特西霍洛斯"的人。参见 William Smith, ed., *Dictionary of Greek and Roman Biography and Mythology*, Ann Arnor-Michigan:Michigan University of Libraries,1870,p.908。

【译文】

74. 距今 104 年前[1],西西里的狄奥尼西奥斯亡,其子成为僭主;亚历山大[2][死后,阿罗鲁斯[3]的托勒密][4]在[马其顿]称王。是年纳乌西戈奈斯在雅典为执政官。

【注释】

[1] 即公元前 368/367 年。

[2] 即亚历山大,在位时间为公元前 370 年至前 368 年。

[3] 马其顿人在色雷斯的殖民地之一。

[4] 即亚历山大的内弟。

【译文】

75. 距今[102 年]前[1],弗西斯人[控制]德尔菲的[神谕所],是年科菲索多洛斯[在雅典为执政官]。

【注释】

[1] 疑为公元前 366/365 年。

【译文】

76. 距今□年前,提莫塞奥斯卒,享年九十岁,是年□在雅典为执政官。

【译文】

77. 距今□年前[1],[阿闵塔斯之子]腓力在马其顿称王,阿塔薛西斯亡,其子奥克斯[继位,是年□在雅典为执政官]。

【注释】

[1] 疑为公元前 360/359 年。

【译文】

78. [距今]93 年前[1],☑[在雅典]获奖,是年阿伽索克勒斯在雅典为执政官。

【注释】

[1] 即公元前 357/356 年。

【译文】

79. [距今]91 年前[1],☑[发生],☐☐☐☐☐☐☐☐☐☐☐☐☐☐☐☐☐☐☐☐☐☐☐。是年卡里斯特[拉泰斯在雅典]为执政官。

【注释】

[1] 即公元前 355/354 年。

【译文】

80. 距今☑年前,☐☐☐☐☐☐☐,是年☐☐☐☐[在雅典]为执政官。

乙

【译文】

1. 距今 72 年前[1],☐☐☐☐☐☐☐☐[腓力亡];亚历[山]大[2]登基。是年普索德罗斯在雅典为执政官。

【注释】

[1] 即公元前 336/335 年。
[2] 即亚历山大大帝。

摹本乙

【译文】

2. 距今 71 年前[1],亚历山大出兵攻打特里巴利人[2]与伊利里亚人;底比斯人起义并围困驻军;亚历山大返回,武装占领底比斯城,并将其夷为平地。是年埃乌阿伊奈托斯在雅典为执政官。

【注释】

[1] 即公元前 335/334 年。
[2] 色雷斯地区的民族。

【译文】

3. 距今 70 年前[1],亚历山大进入亚细亚;戈拉尼克斯[2]之战、亚历山大与大流士间的伊索斯[3]之战爆发。是年科特西克莱斯在雅典为执政官。

【注释】

[1] 即公元前 334/333 年。
[2] 小亚西北部的河名(现今之科贾巴什),亚历山大于此首次战胜波斯人。
[3] 西利西亚东南部的一座城市。

【译文】

4. 距今 69 年前[1],亚历山大占领腓尼基、塞浦路斯、埃及,是年尼克克拉泰斯在雅典为执政官。

【注释】

［1］即公元前 333/332 年。

【译文】

5. 距今 68 年前[1]，亚历山大与大流士在阿尔贝拉[2]附近交战，亚历山大获胜；他攻克巴比伦，解散诸联盟，建亚历山大城[3]。是年尼克托斯在雅典为执政官。

【注释】

［1］即公元前 332/331 年。

［2］波斯一城名。

［3］旧译作"亚历山大里亚"。亚历山大远征亚洲期间，建有多座以其名字命名的城池。其中，公元前 331 年在埃及所建的亚历山大城最为著名。

【译文】

6. 距今 66 年前[1]，卡里波斯[2]演示占星术[3]；亚历山大擒获大流士，绞杀贝索斯。是年阿里斯托丰在雅典为执政官。

【注释】

［1］即公元前 330/329 年。

［2］库齐克斯人。在雅典期间，他曾与亚里士多德一同从事研究，提出了一年为三百六十五又四分之一天的学说，并改进了科尼多斯的埃乌多克索斯关于日月星辰运行的理论。

［3］古代天文研究以占星术为要。古人认为，天体关乎不同的神祇，并影响着地球。

【译文】

7. 距今 64 年前[1]，戏剧作家腓勒蒙获奖，是年埃乌苏克里泰斯在雅典为执政官;赫拉斯人在塔纳伊斯[2]附近建城。

【注释】

［1］即公元前 328/327 年。

［2］地处西叙亚,欧洲与亚洲的界河。河口附近的塔纳伊斯城因河得名。

【译文】

8. 距今 60 年前[1],亚历山大亡;托勒密[2]入主埃及。是年赫戈西奥斯在雅典为执政官。

【注释】

［1］即公元前 324/323 年。

［2］即托勒密一世。

【译文】

9. 距今 59 年前[1],雅典人[2]在拉米亚附近与安提帕特[3]交战;马其顿人与雅典人在阿摩哥斯海战,马其顿人获胜。是年科菲索多洛斯在雅典为执政官。

【注释】

［1］即公元前 323/322 年。

［2］据狄奥多洛斯《历史文库》(XVII,111.3)记载,拉米亚一役,交战双方是以雅典为首的希腊联军与安提帕特。

［3］亚历山大的部将,后在马其顿摄政。

【译文】

10. 距今 58 年前[1],安提帕特占领雅典;奥费拉斯被托勒密派往库勒内。是年腓罗克莱斯在雅典为执政官。

【注释】

［1］即公元前 322/321 年。

【译文】

11. 距今 57 年前[1]，安提戈诺斯进入亚细亚；亚历山大葬于孟菲斯；贝尔迪卡斯[2]出征埃及，亡；科拉特洛斯[3]卒，哲人亚里士多德享年五十[4]而卒。是年阿尔西普斯在雅典为执政官；托勒密至库勒内。

【注释】

[1] 即公元前 321/320 年。

[2] 马其顿贵族。

[3] 亚历山大的部将，曾在伊索斯一役指挥马其顿的左翼方阵。

[4] 亚里士多德生于公元前 384 年，卒年应为六十二岁或六十三岁，是年菲罗克勒斯为雅典执政官。

【译文】

12. 距今 55 年前[1]，安提帕特亡；卡山德尔[2]撤离马其顿；阿里达伊奥斯围困库齐克斯；托勒密占领叙利亚与腓尼基。是年阿波罗多洛斯在雅典为执政官。同年，叙拉古人推举阿伽索克勒斯[3]为西西里诸要塞的全权指挥官。

【注释】

[1] 即公元前 319/318 年。

[2] 安提帕特之长子，涉嫌谋杀亚历山大大帝。公元前 305 年，在马其顿自立为王，始建卡山德尔城及以其妻名命名的塞萨罗尼科城，重建被亚历山大大帝摧毁的底比斯。

[3] 早年随父移民叙拉古。约在公元前 317 年至前 289 年间，先后为僭主、为王。

【译文】

13. 距今 53 年前[1]，科雷伊托斯与尼卡诺尔[2]在凯尔克多尼亚人的神庙附近海战；德莫特里奥斯[3]在雅典制定法律。是年德莫戈奈斯在雅典为执政官。

【注释】

[1] 即公元前 317/316 年。

［2］ 塞琉古一世的别号,意为"征服者"。

［3］ 即法勒隆德莫的德莫特里奥斯,雅典哲学家、演说家与政治家,可能还出任过将军一职;公元前 318 年,因亲睦马其顿人被判死罪,后在卡山德尔的扶植下统治雅典长达十年之久。其间,他制定了一系列法律。马其顿人"攻城者"德莫特里奥斯占领雅典后,他逃到彼奥提亚。据载,德莫特里奥斯曾建议托勒密一世在亚历山大城兴建学宫(Museion)及图书馆,并承担了部分筹建工作。托勒密二世继位后,他被放逐到上埃及,终老他乡。在埃及亚历山大城图书馆的新馆前厅,现立有德莫特里奥斯手持草纸卷的白色大理石造像。

【译文】

14. 距今 52 年前[1],卡山德尔返回马其顿;底比斯重建;奥林比亚斯[2]亡;卡山德尔城建立;阿伽索克勒斯为叙拉古僭主[3]。是年德莫克雷伊德斯在雅典为执政官;戏剧家米南德在雅典首次获奖。

【注释】

［1］ 即公元前 316/315 年。

［2］ 即亚历山大的母亲。

［3］ 据狄奥多洛斯《历史文库》(XIX,2.1)记载,阿伽索克勒斯是在德莫戈奈斯在雅典为执政官的那一年(公元前 317/316 年)成为叙拉古僭主的。所差一年,说明编年作者并未把其撰述的那一年计算在内。

【译文】

15. 距今 49 年前[1],诗人索西法奈斯亡,享年四十五岁,是年塞奥弗拉斯托斯在雅典为执政官。

【注释】

［1］ 公元前 313/312 年。

【译文】

16. 距今 48 年前[1]，日有食之[2]；托勒密于伽扎击败德莫特里奥斯并派塞琉古到巴比伦。是年西摩尼德斯在雅典为执政官。

【注释】

[1] 即公元前 312/311 年。

[2] 据狄奥多洛斯《历史文库》(XX,5.5-6.3)记载，阿伽索克勒斯及其部下逃离叙拉古后，"翌日，日有食之；天漆黑，繁星遍现"。经推算，此次日食发生在公元前 310 年 8 月 15 日（参见 Julius Beloch, *Griechische Geschichte*, Vol.IV, Cambridge：Cambridge University Press, 2012, p.190）。所差一年，说明该条铭文在纪年方法上包括著者所在的那一年。

【译文】

17. 距今 47 年前[1]，尼克科雷昂[2]亡；托勒密占领科斯岛。是年西[摩尼]德斯在雅典为执政官。

【注释】

[1] 即公元前 311/310 年。

[2] 公元前 4 世纪人，亚历山大远征亚细亚时在萨拉米为王，先后臣服于亚历山大与托勒密。

【译文】

18. 距今[4]6 年前[1]，亚历山大之子[亚历山大][2]以及另一子赫拉克勒斯——阿尔塔巴佐斯[3]之女[4]所生——亡；阿伽索克勒斯抵达卡尔凯冬[5]，□[6]。是年西埃罗姆内蒙在雅典为执政官。

【注释】

[1] 即公元前 310/309 年。

[2] 亚历山大大帝的遗腹子。

[3] 波斯贵族。

［4］即巴尔西内。公元前354年,她曾随父流亡到马其顿,受到腓力王的款
待,并与比她小七八岁的亚历山大邂逅。伊索斯一役,大流士战败,巴尔
西内与大流士的妻妾沦为阶下囚。亚历山大旧情未忘,他不仅善待而且
迎娶了当时守寡的巴尔西内。亚历山大死后,巴尔西内与其子赫拉克勒
斯因王位之争而遭戕杀。

［5］意为"新城",指迦太基。

［6］约计十六个字母缺失。

【译文】

19. ［距今45年前］[1],吕西马霍斯城[2]建立;奥费拉斯进攻［卡］尔凯
［冬］□[3]▨▨▨;托勒密之子生于科斯岛;克雷奥帕特拉[4]亡于萨尔狄斯
□[5]。是年德莫特里奥斯在［雅］典［为执政官］。

【注释】

［1］即公元前309/308年。

［2］为亚历山大的部将吕西马霍斯在色雷斯半岛所建。

［3］约计四十三个字母缺失。

［4］即亚历山大之姊。

［5］约计三十个字母缺失。

【译文】

20. ［距今44年前］[1],安提戈诺斯之子德莫特里奥斯围困并占领比雷埃
夫斯港;［法勒隆德莫的德莫特里奥斯被逐出雅典］。是年卡伊里莫斯在雅典
为执政官[2]。

【注释】

［1］即公元前308/307年。

［2］另据狄奥多洛斯《历史文库》(XX,45)记载,德莫特里奥斯占领比雷埃夫
斯港的时间为公元前307年至前306年,其时阿纳克西克拉托斯为雅典
执政官。

【译文】

21. 距今［4］3［年］前[1]，德莫特里奥斯把穆努基亚[2]夷为平地，并占领塞浦路斯及▨▨▨▨▨▨▨▨▨▨▨▨▨▨▨▨▨[3]▨▨▨。是年阿纳克西克拉托斯在雅典为［执政官］。

【注释】

［1］即公元前 307/306 年。

［2］铭文作"Mounuchian"，比雷埃夫斯附近的山丘，或作"Mounichia"。另外，阿尔特弥斯因其神庙坐落于此而得别号"穆努基亚"。

［3］约计十三个字母缺失。

【译文】

22. 距今［42 年前］[1]，诗人索西法奈斯［生］；□[2]。是年科洛伊波斯［在雅典为执政官］。

【注释】

［1］即公元前 306/305 年。

［2］约计十二个字母缺失。

【译文】

23. 距今［41］年前[1]，罗德斯被困[2]；［托］勒密登基。［是年埃乌科塞尼普斯在雅典为执政官］。

【注释】

［1］即公元前 305/304 年。

［2］德莫特里奥斯因围困该岛而得绰号"攻城者"。

【译文】

24. ［距今 40 年前］，伊奥尼亚发生地震；［德］莫特里奥斯依据和约占领卡尔基［斯］。是年费莱克莱斯在雅典为执政官。

【注释】

[1] 即公元前 304/303 年。

【译文】

25. 距今 39 年前[1],[彗星]现[2];吕西马克[斯进入亚细亚]。是年莱奥[斯特]拉[托斯在雅典为执政官]。

【注释】

[1] 即公元前 303/302 年。

[2] 此次天象记录未见其他史料。

【译文】

26. [距今]38[年]前[1],卡山德尔与德莫特里奥斯签订休战条约□□□□□□□□□□卡山德尔□[2],[亡]。是年尼克克莱斯在雅典为执政官。

【注释】

[1] 即公元前 302/301 年。

[2] 约计十一个字母缺失。

【译文】

27. [距今]35 年前[1],[德莫]特里奥斯之□[2]前往哈尔基斯;雅典人,卡山[德]□□[3]□□□;托勒密□□□□□□□□。[是年埃乌克特蒙在雅典为执政官]。

【注释】

[1] 即公元前 299/298 年。

[2] 约计十三个字母缺失。

[3] 约计十二个字母缺失。

101. 雅典嘉奖埃乌吕克利德斯令

【题解】

埃乌吕克利德斯与其兄弟在雅典为政的时间较长,且多有建树,相关记载主要见于铭文资料。嘉奖埃乌吕克利德斯令约于公元前 229 年后成文。

该大理石碑发现于比雷埃夫斯港,现藏该地博物馆。

本文据 W.迪滕贝格《希腊铭文合集》卷三中的校勘本(497)①译出。

【译文】

[▢,成为]军需[司库],他[1]通过其子行使军事指挥权,甚至捐出了大笔钱款;作为竞赛专员[2],他花费七塔兰特并使其子亦得到该职位,且不负使命。他捐出了大笔基金。通过捐款,他使因战争既未耕耘亦未播种的领土得以耕耘与播种。比雷埃夫斯港被归还后,他与其兄弟米基昂把自由还给了城邦。他为嘉奖给狄奥戈奈斯[3]的士兵——他们归还了比雷埃夫斯港——的花冠提供了必要的费用。他与其兄弟米基昂在比雷埃夫斯港各口岸设防,修复城墙与比雷埃夫斯港的墙[4]。

【注释】

[1] 即埃乌吕克利德斯。

[2] 铭文作"agonothete"。

[3] 驻扎在比雷埃夫斯港的马其顿指挥官。

[4] 十七行至二十八行略。

---

① *SIG*³ III,pp.745-747.

102. 迈加拉波利斯嘉奖腓罗普埃蒙令

【题解】

出生在迈加拉波利斯的腓罗普埃蒙戎马一生，先后出任过阿卡亚邦联的马军指挥官、邦联将领。他重组的邦联马军及步军屡次战胜斯巴达人，但在远征美塞尼亚时被俘遇害。腓罗普埃蒙死后，保桑尼阿斯称，"赫拉斯再未出现过好儿男"（《希腊行记》，VIII，lii.1）。腓罗普埃蒙的造像当时几乎遍布阿卡亚各盟邦。本篇铭辞见于迈加拉波利斯一处腓罗普埃蒙的造像基座，约于公元前 183 年成文。

本文据 W.迪滕贝格《希腊铭文合集》卷四中的校勘本（624）①译出。

【译文】

□□□□□□□□在其祖国□□□□均得提高，因其美德与善行，城邦[1]决议嘉奖科拉乌基斯之子腓罗普埃蒙与诸神同等的荣誉。作为荣誉象征，他的坟墓将置于广场，骸骨将从美塞尼亚带到我们城邦[2]。石祭坛将建得美观至极。在"拯救者"宙斯日将祭献公牛一头，□□[3]花冠，□造像□□[4]赛马与体育赛事□。司库将给城邦的每个献祭者两个姆纳以供献祭之用。可食用的肉将全部吃完，皮将交给当职祭司，□□[5]。

【注释】

[1] 即迈加拉波利斯。
[2] 据普鲁塔克《名人传·腓罗普埃蒙传》（X，xxi.3）记载，腓罗普埃蒙的骨灰瓮系由史家波利比阿带回到迈加拉波利斯。
[3] 约计三行略。
[4] 约计四行略。
[5] 约计六行略。

---

① *SIG*³ IV，pp.168−169.

103. 狄卡伊奥斯家族题献

【题解】

狄卡伊奥斯家族题献铭文见于大理石碑趺。碑趺长 0.39 米,宽 0.23 米,高 0.63 米,为公元前 169 年刻件,1911 年发现于提洛岛的撒拉皮斯神殿(丙)。

撒拉皮斯神殿是供奉公牛神、伊西斯女神等埃及神明的圣所。在提洛岛发现的撒拉皮斯神殿遗址有三处(年代上以甲、乙、丙加以区分),最早的约建于公元前 3 世纪早期。伊西斯女神为埃及最重要的女神之一,是家庭、王权的保护神,母性与丰饶的化身。在希腊,对伊西斯的崇拜始于公元前 5 世纪,且与当地的神明合为一体。曾造访过埃及的希罗多德曾言:"埃及语中的得墨忒耳即为伊西斯。"(《历史》,II,156)在希腊化时代,对伊西斯的崇拜风行希腊世界。作为家庭的保护神,伊西斯又与希腊爱神阿芙罗狄忒合为一体,并被奉为——如本篇铭辞所示——卡伊奥斯家族的保护神。这种人名用作神的别号,最早见于古典时代的晚期铭文。例如,《希腊铭文》卷十二(526)①辑有埃莱索斯人为"腓力保护神"宙斯(铭文拟补作"tō Dios tō [Ph]ilippi[ō]")设祭坛的一则铭文。人名作为别号与神名的连用,是宗教崇拜中值得关注的一种现象。

本文据 P.鲁塞尔等《提洛铭文》中的校勘本(2158)②译出。

【译文】

雅典人狄卡伊奥斯之子阿斯克莱庇阿德斯在其兄长[1]狄卡伊奥斯任祭司之际向狄卡伊奥斯家族保护神伊西斯-阿芙罗狄忒[2]献祭。

【注释】

[1] 铭文作"adelphu",可指兄长也可指胞弟。若无具体语境,或兄或弟委实难辨。但是,鉴于为兄者可取父名的古希腊人命名传统,本文试译作"兄长"(相关讨论参见拙文《古希腊人名与汉译》)。

---

① *IG XII*,2,p.111.

② P.Roussel et M.Launey,*Inscriptions de Délos*,Paris:Librairie ancienne honnoré Champion,1937, p.248.

［2］铭文作"Isidi Aphrodite Dicaia"。如何解读"Dicaia"，各家说法不一，相关
讨论详见 P.Roussel et M.Launey, *Inscriptions de Délos*, pp.247-248）。

104. 奥洛坡斯法令

【题解】

地处阿提卡与彼奥提亚之间的奥洛坡斯原为埃雷特里亚所建殖民地。雅典与彼奥提亚为争夺该地而冲突不断。

公元前 171 年彼奥提亚邦联解散后,雅典乘机进犯奥洛坡斯。奥洛坡斯遂向罗马求助。雅典遭五百德拉克马的罚锾,后经斡旋降至一百。此次外交努力使得雅典人不仅驻军奥洛坡斯,而且驱赶其居民。奥洛坡斯人在无望之下转而求助阿卡亚人,后得光复。该部法令系颁布于公元前 154 年至前 149 年前后。

本文据 W.迪滕贝格《希腊铭文合集》卷四中的校勘本(675)①译出。

【译文】

赫尔莫多洛斯之子奥林匹霍斯提议如次:

特莱勒斯之子、阿埃基拉[1]的希耶隆素以言辞与善行亲善奥洛坡斯人,因为他不失时机地说并做了益于奥洛坡斯人之事。鉴于有关奥洛坡斯的条约彻底中断,我们与众官员出席了在科林斯的会议[2],他支持我们的申述。他参加了议事会的审议并使阿卡亚人关注我们城邦的命运以及安菲亚拉奥斯[3]神庙,因为我们一直与罗马人交好并忠实于他们。由于阿卡亚人决定就此问题在阿哥斯召开大会,希耶隆时时表现出他的善意与高尚的品格,他在府第接待了前去的奥洛坡斯人并为我们向"拯救者"宙斯献祭。他发言指责雅典人及前来反对我们的使团,建议阿卡亚人不要让一个赫拉斯城邑受奴役,而这个城邑与罗马人交好并忠实于他们。由于他的关切与高尚的品格,我们光复了祖国并与我们的妻孥重归故里。由是,为使奥洛坡斯人铭记他们所受的恩惠,为使他人愿同样效仿行事——善行会与相应的嘉奖相伴,为交好运,奥洛坡斯公民大会决议如次:

鉴于特莱勒斯之子阿埃基拉的希耶隆与奥洛坡斯人交往中始终表现出的

---

① *SIG*³ IV, pp.256–259.

美德与高尚品格,他将被嘉奖青铜造像一尊,造像的竖立将在安菲亚拉奥斯大庆的体育赛事上宣布。

【注释】

[1] 阿卡亚人十二城邦之一,地处科林斯湾。

[2] 即阿卡亚同盟会议。

[3] 希腊神话中的先知,攻打底比斯的英雄,在彼奥提亚的奥洛坡斯受到崇拜,并建有神谕所。

105. 狄奥·卡西乌斯题献碑趺

【题解】

公元前 146 年,鲁奇乌斯·穆米乌斯出任罗马执政官,同年因击败阿卡亚联军并把科林斯夷为平地,得别号"Achaicus"(意即"阿卡亚征服者")。是役不久,鲁奇乌斯向宙斯祭献。

该石刻碑趺发现于奥林匹亚,现藏大英博物馆。

本文据 W.瓜尔杜奇《希腊铭文:自初始至帝国晚期古代》中的校勘本(5)①译出。

```
ΛΕΥΚΙΟΣΜΟΜΜΙΟΣΛΕΥΚΙΟΥΥΙΟΣ
ΣΤΡΑΤΗΓΟΣΥΠΑΤΟΣΡΩΜΑΙΩΝ
ΔΙΙΟΛΥΜΠΙΩΙ
```

题献摹本②

铭辞隶定作:

Λεύκιος Μόμμιος Λευκίου υἱὸς
στρατηγὸς ὕπατος Ῥωμαίων
Διὶ Ὀλυμπίωι.

【译文】

穆米乌斯之子、罗马执政官[1]鲁奇乌斯·穆米乌斯[2]向奥林匹斯山的宙斯[3]祭献[4]。

---

① M.Guarducci,*L'epigrafia greca dalle origini al tardo impero*,pp.264-265.

② 采自 M.Guarducci,*L'epigrafia greca dalle origini al tardo impero*,p.264,fig.83。

【注释】

［1］铭文作"stratēgos hupatos"。

［2］铭文作"Leucios Mommios"。

［3］铭文作"Dii Olumpiōi",与格,其中形容词"Olumpiōi"的主格为"Olumpios",是为奥林匹斯山十二主神的别号。在诗文中,"奥林匹斯山的宙斯"另作"ho Zeus ho Olumpios"(*LSJ*,1992,p.1219)。

［4］罗马人的题献并无"祭献"一词。

106. 帕加马与罗马结盟令

【题解】

帕加马的最后一个王阿塔罗斯无后。为阻止内战他把王国遗赠给罗马。自称其表弟的阿里斯多尼克斯在他死后举事,公元前130年兵败于罗马人。

帕加马与罗马结盟的法令石碑约于公元前129年成文,发现于帕加马附近的村落,现藏帕加马博物馆。

本文据 W.迪滕贝格《希腊铭文合集》卷三中的校勘本(694)①译出。

【译文】

▢▢▢▢▢▢▢▢▢▢▢▢▢▢▢▢▢▢▢▢▢▢▢▢▢▢▢。[1]

[议事会]及公民大会[决定]——[尼]卡诺尔之子▢、狄奥尼西奥斯之子▢、[阿尔]基亚斯之子、[迈]南德洛斯之子▢、迈农之子波吕斯特拉托斯等诸执政官提议——如次:

吾民自始即对罗马人怀有好意与友情,即使在极端的困境下,亦曾数度证明此种抉择,一如在与[阿]里斯多尼克斯的交战中,吾民表现出极大的热忱且不畏陆路、海上之危殆。由是,罗马民众因目睹吾[民]之抉择并认同其热忱,接受吾民与之修好并入盟。一青铜牌匾业已献与罗马卡皮托利努斯的朱庇特神殿,上刻元老院关于结盟以及条约的法令。在吾邦,上述文本适于刻在两块青铜匾上,一块置于得墨忒耳神庙,另一块置于议事会会堂民主女神[2]造像旁。

议事会及公民大会决定如次:

账目审核官[3]将以合适的办法就牌匾、上刻铭文以及两个大理石石碑——牌匾完成后将置于其上——形成合同。本法令之抄本亦将悉数刻于石碑之上。立碑之时,佩冠者[4]、男女祭司与诸执政官将以公民之名开启各神殿并进献乳香,为吾民、罗马民众以及集聚在"引导者"狄奥尼索斯近旁的工匠群体之好运祈愿,以使我们永远与罗马人修好、为盟。将向吾邦之主神[得]

---

① *SIG*³ V,pp.292-294.

墨忒耳与科瑞、罗马女神[5]以及其他所有男神与女神尽量举行盛大的献祭。那一天将为圣日,儿童免于课业、家奴免于劳作。献祭后,将由教官[6]及体育教官[7]组织儿童及青年游行。准备牌匾之必要开销将由司库埃乌克莱斯、狄[奥尼]西奥斯依其所掌管的收入支出。

【注释】

[1] 开篇四行残破过多,无以拟补成文。

[2] 铭文作"Democratias",即具有政治寓意、艺术上人格化的女神造像。随着民主制度的建立与完善,此类象征民主政治的造像开始出现在希腊世界。

[3] 铭文作"exetastas"。

[4] 铭文作"stephanephon"。在古代希腊城邦中,某些官员在任期间拥有头戴花冠的权利。

[5] 铭文作"tei Romei"。

[6] 铭文作"paidonomou"。

[7] 铭文作"gumnasiarchou"。

107. 近邻同盟币制令

【题解】

近邻同盟币制令系镌刻在德尔菲雅典人金库的墙壁之上,学界对法令颁布的年代多有争议,传统定年在公元前 125 年至公元前 100 年之间,W.迪滕贝格本定年在公元前 96 年前后。

本文据 W.迪滕贝格《希腊铭文合集》卷五中的校勘本(729)①译出。

【译文】

集聚在德尔菲的近邻同盟代表[1]决定——时在达伊达弗里奥斯[月][2]的第十三天,波吕昂在德尔菲为执政官——如次:

全体赫拉斯人赞成阿提卡四德拉克马币兑换四德拉克马银币。居于城邦者,无论是外邦人、公民还是奴隶,男人或女人,不赞成或不按规定上交[3],奴隶会遭诸行政官鞭笞,自由民则要被罚二十德拉克马。诸行政官及各邦市场管理者竭力收缴那些不服从本决定而被处者、尚欠的罚锾。罚锾的半数属于向行政官指控违令者,半数归城邦所有。若[在任]诸行政官在城邦或在公共集会上未竭力与那些向其指控违令者之人合作,将受近邻同盟代表审判,对其调查依据近邻同盟代表法进行。同理,若钱铺主[4]居于城邦或在公共集会上未遵守本法令,欲把其带至诸行政官前者均为合法,审判依据本条例进行。若某人未竭力与指控违令者合作,将招致其他规定的处罚。近邻同盟议事会的每位代表将携带加封印[5]的法令抄件[回]各自的祖国。司书将送发[本法令至赫拉斯全境],[并将在]德尔菲、[阿波罗神庙]、雅典人金库——如同在雅典卫城上一样]——[勒石刊布],[以使所有人]了解[近邻同盟代表对此]所做出的决定。

【注释】

[1] 铭文作"Amphictiosi"。

---

① *SIG*³ V, pp.391–392.

［2］铭文作"Daidaphoriou"，德尔菲月份名，公历五月（参见 A.E.Samuel, *Greek and Roman Chronology：Calendars and Years in Classical Antiquity*, p.74）。

［3］铭文作"didoi"，即交出旧币以兑新币。

［4］铭文作"trapezitai"，即现代意义上的"银行家"。该词源自"trapeza"，原指设在希腊世界各大港口、为往来的商旅兑换当地钱币用的钱桌，本书试译作"钱铺"；从事这一行业的经营者作"钱铺主"。关于希腊钱铺主的资料主要见于公元前 4 世纪德莫斯提尼的演说词，从中可以看出古代希腊钱铺的功能一是兑换钱币，二是存款，再就是向商旅放贷。在希腊化时代，随着各地区间货币流通的发展，除了私人钱铺外，城邦、神庙也都纷纷经营钱铺（参见 Claude Mossé, *Dictionnaire de la civilisation grecque*, Edition Complexe, 1998, pp.86-88）。

［5］铭文作"esphragismenon"。

108. 莱忒嘉奖马尔库斯·阿尼乌斯令

【题解】

公元前146年,马其顿沦为罗马帝国的行省。作为马其顿王国的自治城邦,莱忒至此亦成为罗马帝国马其顿行省的一部分。罗马财务官马尔库斯·阿尼乌斯因击败来犯的伽拉提亚人而于公元前117年前后受到莱忒的官方嘉奖。

嘉奖马尔库斯·阿尼乌斯令石碑发现于马其顿附近的小镇莱忒(现今之利蒂),现藏康斯坦丁堡博物馆。

本文据 W.迪滕贝格《希腊铭文合集》卷五中的校勘本(700)①译出。

【译文】

二十九年[1]帕内莫斯月[2]二十日。

莱忒地方官[3]提议——业经议事会成员审议——如次:

普布利乌斯之子马尔库斯·阿尼乌斯,为人亲和、品行高尚,作为财务官[4]受罗马民众派遣负责马其顿事务,为保障全体马其顿人的共同利益,于此已尽职尽责,因为他极为重视与吾邦相关的事务,且不惜付诸行动与热忱。而在时局紧要关头,当伽拉提亚[5]人集聚并大举进犯阿哥斯[6]之际,指挥官塞克斯提乌斯·庞培[7]迎击他们,把其军队布成战阵。但交战中他猝然而亡,其部下因此撤退。财务官马尔库斯率部列队赶到,击溃敌军,成为沙场主宰,他杀敌众多,缴获大批马匹、众多武备。因措意那些被安排在前卫的驻军,马尔库斯整编其为援军。数日后,为数更多的伽拉提亚马军随提塔斯——统领大军的米底首领——前来,马尔库斯阻止了蛮人的进攻。他未在马其顿人中挑选其他士兵作为援军,因为他不愿迫使其他城邦提供补给,而是希望其民众留在原地劳作。他率领编为援军的那些士兵出发,不畏任何危险、任何困苦备战,因诸神的眷顾战争中他克敌制胜。他杀敌众多,另有生擒,所获马匹、武备众多。正因为此,他勇敢地控制了局面并使所有人平安地生活在故土以及良好

---

① *SIG*³ V,pp.314–317.

的环境下后,他有意把行省交给后继者。马尔库斯之所为,无愧于其祖国、祖先,无愧于其声望、骁勇以及他所承担的职责。由是,莱忒议事会、公民大会决定嘉奖普布利乌斯之子、罗马司库马尔库斯·阿尼乌斯如次:

鉴于马尔库斯所为,授橄榄枝花冠一顶,并在达伊西奥斯月[8]——在为其他恩人所举办的赛会之际——每年为其举办赛马竞赛。将遴选信使前往马尔库斯处带去吾邦的祝贺、对他及其部下的问候,向他转呈本法令并请他宽仁地接受吾民的敬意并在未来为吾邦有所造福。本法令及花冠[9]将镌刻石碑上,立于广场最显处。勒石及竖碑将由地方官及城邦司库[10]负责。本法令于二十九年帕内莫斯月二十日投票通过。从议事会成员中遴选的信使有:阿达伊奥斯之子阿达伊奥斯、腓罗塔斯之子吕松、狄埃奥斯之子阿闵塔斯。

【注释】

[1] 即公元前 120/119 年。有关马其顿纪年的史料较少。学界多以巴比伦、埃及的相关记载作为补充(详见 A.E.Samuel, *Greek and Roman Chronology: Calendars and Years in Classical Antiquity*, pp.138-151)。

[2] 铭文作"Panēmou",马其顿月,公历十二月。

[3] 铭文作"politarchai"。

[4] 铭文作"tamias"。

[5] 铭文作"Galatōn"。

[6] 地在马其顿。

[7] 盖于公元前 120 年为罗马大法官(praetor),公元前 119 年为"propraetor"。值得一提的是,拉丁文中"propraetor"一词的义项较为繁复,一般可指大法官卸任后赴行省所领官职。中文通译作"行省总督",值得商榷。

[8] 铭文作"Daisōii",马其顿月,公历八月。

[9] 铭文作"stephanon",本义作"花冠",此处为橄榄枝花冠的浮雕,常见于嘉奖令碑刻(相关讨论详见 Stephen V.Tracy, *The Lettering of an Athenian Mason*, *Hesperia Supplement* 15, American School of Classical Studies at Athens, 1975, pp.101-109)。

[10] 铭文作"tamiou"。

109. 嘉奖狄奥方托斯令

【题解】

嘉奖狄奥方托斯令见于其造像下碑跌,发现于黑海北岸的古城凯尔索奈斯,是为该地流传下来的最重要的长篇铭文。

据斯特拉波《地理志》(7,3.17;4.2-7)记载,凯尔索奈斯因受到西叙亚威胁,遂向米斯里达泰斯求助。约公元前110年,米斯里达泰斯命狄奥方托斯率本都大军远征,狄奥方托斯因大获全胜,遂于公元前107年前后获凯尔索奈斯的明令嘉奖。

本文据 W.迪滕贝格《希腊铭文合集》卷三中的校勘本(709)①译出。

【译文】

□□□□[□]提议如次:

吾等之友人、[恩人],[阿斯克]拉[庇]奥多洛斯之子、西诺贝的[狄奥方托斯],得"高贵者"米斯里达泰斯[1]王的信任与[珍视]无人可及。他于我们[每个人]施惠日久,向王进言纳谏良多;他应王遣与西叙亚人作战,抵达吾邦,英勇地倾兵穿越到对面的海岸;而当西叙亚王帕拉克斯率大军突袭时,他临危布军、击溃自视不可阻挡的西叙亚人。因其所为,米斯里达泰斯王用战利品竖立了他的首座获胜纪念碑。狄奥方托斯令近邻塔乌里斯人[2]臣服,并在该地建城;他的足迹遍布博斯普鲁斯海峡各地,短期内成就诸多大事。重返吾邦后,他率成丁公民挺进西叙亚中部。西叙亚人把卡蓬王宫及新城[3]拱手相让,几乎所有人均臣服于"高贵者"米斯里达泰斯。为此,心怀感激的民众恰如其分地嘉奖他,因为他们摆脱了蛮人的统治。当西叙亚人表现出固有的背信弃义、反抗王并在其辖区制造混乱之际,"高贵者"米斯里达泰斯王再次派狄奥方托斯率军出征,其时已近冬季。狄奥方托斯率部以及最为干练的公民进兵西叙亚王宫。因暴风雪所阻,他折返到沿海地区,占领科尔克尼提斯[4]及其堡垒[5],围困居住在美丽湾[6]附近的人。帕拉[克斯]认为适于襄助时,集

---

① *SIG*³ V,pp.342-346.

结了所有部下,并拖上莱乌克西纳利亚部落。处女神^[7]一直护佑着凯尔索奈斯人,此次又助狄奥方托斯,据神殿中出现的先兆向其预言将要发生之事,以勇气与胆量鼓舞全军。狄奥方托斯指挥审慎,结果一场辉煌、永远值得回忆的胜利降临"高贵者"米斯里达泰斯:步卒无一幸存,马兵少数溃逃。因无暇耽搁,初春,狄奥方托斯率大军^[8]抵达卡蓬与新城▨▨▨▨▨▨[▨▨结果▨▨]▨▨▨▨溃败,余下的西叙亚人关于自己□^[9]意欲▨▨▨。回到博斯普鲁斯地区后,他以善策并以有益"高贵者"米斯里达泰斯王的方法处理当地事务。萨乌马克斯与西叙亚人举事并戕杀曾养育过他的博斯普鲁斯王帕伊里萨达斯并设计加害狄奥方托斯。狄奥方托斯摆脱险境、登上吾邦派去的船。他来到这里,鼓舞民众,在派其出来的"高贵者"米斯里达泰斯的襄助下,他率陆军及水军于初春出发,随其同行的包括三艘辅船及遴选的桨勇。他占领塞奥多西亚及潘提卡帕伊昂^[10],惩罚举事者,监禁戕杀帕伊里萨达斯的萨乌马克斯并遣送到王国^[11]。他还为王重又获得了对其辖地的统治,帮助公民大会派来的使节,举凡凯尔索奈斯人之利益,他均表现得友善与热忱。为答谢恩人,议事会及公民大会决定如次:

阿斯克拉庇奥多洛斯之子狄奥方托斯在处女神节庆游行期间将获授金冠一顶,传令官将宣告:"公民大会因阿斯克拉庇奥多洛斯之子、西诺贝的狄奥方托斯的英勇与效忠而授冠。"其青铜戎装造像将立于卫城处女神及凯尔索奈斯人的祭坛旁,指定的官员负责此事,并尽快、尽好地完成造像。本法令将刻于·造像下的碑趺,神殿司库负责提供上述费用。酒神月^[12]十九日议事会及公民大会如是决定,其时拉戈里诺斯之子阿格拉斯为王,赫拉克里奥斯之子迈尼斯为当值议事会成员^[13],阿撒纳伊奥斯之子达[马西克]莱奥斯为司书。

【注释】

[1] 铭文作"Mithradata Eupatoros",公元前 150 年至前 120 年在位。"Mithradates"的拼写法鲜见,多作"Mithridates"。

[2] 铭文作"Tauroi",克里米亚半岛的原住民。

[3] 铭文作"Nean polin"。

[4] 地在克里米亚西海岸,公元 5 世纪伊奥尼亚人所建的城邦。

[5] 铭文作"teichē"。

［6］ 铭文作"Calon limena"，普罗滂沱斯海南岸的海湾。

［7］ 雅典娜的众多别号之一。

［8］ 铭文作"panti barei"。

［9］ 约计一百二十一个字母缺失。

［10］ 博斯普鲁斯王国都城，现今之刻赤。

［11］ 即本都王国。

［12］ 铭文作"mēnos Dionusiou"。另见铭文 42 注释［10］。

［13］ 铭文作"proaisumnōntos"，相当于雅典的"prutanes"。

110. 阿里斯托题献

【题解】

该祭坛发现于伊庇鲁斯的阿曼提亚,约为公元前 1 世纪刻石,铭辞书体极具装饰性。

本文据 M.瓜尔杜奇《希腊铭文》卷一中的勘校本①译出。

铭辞摹本②

铭辞隶定作:

Ἀφροδίται Παν-
δάμ⟨ω⟩ι Ἀριστὼ
Ἀλεξάνδρου,
ὑπὲρ ἑαυτᾶς
καὶ τέκνων, εὐ-
χάν.

---

① *EG* I, pp.372–373.
② 采自 *EG* I, fig.197, p.372。

【译文】

亚历山大之女阿里斯托为她自己及子嗣[1]以此[2]作为祈愿[3]献与普天众爱之神[4]阿芙罗狄忒。

【注释】

[1] 铭文作"Astō",为女人名。

[2] 即祭坛。

[3] 铭文作"euchan"。

[4] 铭文拟补作"Pandam⟨ō⟩i",阿芙罗狄忒别号之一。

111. 林多斯碑

【题解】

林多斯地处罗德斯岛的东北角,与伊阿吕索斯、卡迈罗斯同属多利斯人古城①。公元前 5 世纪初,三城合一,取岛名为罗德斯城。在历史上,罗德斯先后加入提洛同盟及第二次雅典同盟,复均退出。希腊化时代的罗德斯海上势力强大,但继罗马入主地中海后,国祚式微。刻竣于公元前 99 年的林多斯碑即是林多斯人对其往昔辉煌的辑录。

该大理石碑 1904 年发现于林多斯的卫城,通体高 2.37 米,宽 0.85 米,厚 0.32 米。碑文分为四栏,栏间留白:甲为法令,指明刻碑的缘起;乙与丙为进献清单,凡四十五项,乙栏十八至二十二项、丙栏四十三至四十五项漫漶不清(略);丁为四次神现,其中最后一次字迹漫漶。石碑现藏丹麦哥本哈根国家博物馆。

在西方学界,C.布林肯贝格是最早关注、整理林多斯碑的学者②,其后有 F.雅各比的校勘③,较为晚近的为 C.希格比的专题研究④。传统上,林多斯碑素被冠以"年表"的名目,但其所载并非严格意义上的"依年纪事",可据参照的相对年代也有限,尽管不同时期的进献之举由远及近依次而录。

本文据 F.雅各比《希腊史家残篇》中的校勘本(532)⑤译出。译文编号及注释中的公元纪年亦据 F.雅各比本。

---

① 另见《帕罗斯碑》(铭文 100,甲 9 及注释[2])。
② C.Blinkenberg,"La Chronique du Temple Lindien",Bulletin de l'Académie Royale des Sciences et des Lettres de Danemark,5–6,1912;*Die lindische Tempelchronik*,Series:*Kleine Texte für Vorlesungen und Übungen*,131,Bonn:Marcus u.Weber,1915.
③ F.Jacoby,*Die Fragmente der griechischen Historiker*,3.B,Leiden:E.J.Brill,1950.
④ CH.
⑤ F.Jacoby,*Die Fragmente der griechischen Historiker*,pp.506–514.

林多斯碑

甲

【译文】

议事会成员[1]与林多斯[人]决定——时在[阿尔特]弥斯月[2]十二日，[索西克拉泰斯之子]、特伊叙罗[斯]任祭司的那一年[3]，提马霍斯之子、[林多斯人哈]戈西提莫斯[提议]——如次：

鉴于林多斯的雅典娜[神殿]——不仅最为古老且最为神圣——自古因女神的出现[4]即饰有大量[精美的祭物]，而[大多]带有铭文的祭物又因年久而毁坏，经[本法令]批准，议事会成员与林多斯人决定——愿行好运——遴选两人。一经选出，他们将负责竖立由设计师所设计的来自拉尔托斯[5]的石碑，并将本法令刻于其上。他们将依据信函、公共档案[6]以及[其他]与进献相关的实证负责勒石，并与议事会当值司书[7]刻录雅典娜女神的现身。诸祭司将向被遴选[者]一次性提供[立]碑及[勒]石费用，不得超出设计师普尔戈特莱斯所定的二百德拉克马。他们[8]将在下一个月——阿格里奥斯月——在林多斯的雅典娜神殿内指定一处竖碑。[本法令]所及者若有人不尽其职,将被罚镪五百德拉克马,[进献]林多斯的雅典娜。被遴选者:拉达[尔马]的斯特拉托斯之子萨尔撒格拉斯;哈戈西提莫斯之子林多斯人提马希达斯。[9]

【注释】

[1] 铭文作"mastroi"。作为官职,"mastroi"仅见于希腊少数城邦,司职也各有不同。

[2] 铭文作"Artamitiou",多利斯方言。在古代希腊,各城邦的月份表差异较大。有关罗德斯月份名称的铭文虽然丰富,但如何排序仍有待研究(详见 A.E. Samuel, *Greek and Roman Chronology*: *Calendars and Years in Classical Antiquity*, pp.107–110)。

[3] 特伊叙罗斯亦见在林多斯、罗德斯发现的铭文祭司名表,故该碑的刻勒年代可定为公元前 99 年(见 Renaud Robert, "Histoire d'objets. Objets d'histoire", *Dialogues d'histoire ancienne*, 2010/Supplément 4.1, p.167, n.5)。

[4] 铭文作"epiphanein"。

[5] 拉尔托斯地处罗德斯东南沿海,以盛产大理石闻名。

[6] 铭文作"chrematismon"。

[7] 铭文作"grammateos ton mastron tou en archai eontos"。

[8] 即被遴选者。

[9] 以上为法令。

乙-丙

【译文】

向雅典娜的进献如次。[1]

【注释】

[1] 此句为乙栏与丙栏中进献的开篇总题,出现在各项中的进献人为主格形式,进献物为开篇动词"进献"(anethecan)的宾格。

【译文】

1. 林多斯[1]:平底奠酒碗[2]一。无人能辨其质地,上刻"林多斯献与城邦保护神雅典娜[3]及城邦保护神宙斯[4]",一如戈尔贡在其《罗德斯志》卷十一[5]、雅典娜祭司[戈尔]戈斯塞奈斯在其致议事会的信函以及同为祭司的希耶罗布罗斯在其致议事会成员信函中所记[6]。

【注释】

[1] 据狄奥多洛斯记载(《历史文库》,IV,79.5),林多斯为罗德斯岛上的三城之一。另外二城分别为伊阿吕索斯与卡迈罗斯,均源自达那奥斯所育三女的名字:伊阿吕娅、卡米拉与林达。不同传说另见《帕罗斯碑》(铭文100,甲9及注释[2])。

[2] 铭文作"phialan",平底,中凸,无柄。

[3] 铭文作"Athenai Poliadi"。

[4] 铭文作"Dii Poliei"。

[5] 铭文作"en taiΛ peri Rhodou"。其中"卷十一(Λ)"应指成束草纸卷的个数,余文中所谓的"卷"亦同。相关讨论详见拙文《西方古典著作的稿本、抄本与校本》(《历史研究》2007年第4期,第180—181页)。

[6] 铭文作"historei"。

【译文】

2. 泰尔希奈斯人[1]:水罐一。无人能辨其质地,上刻"泰尔希奈斯人向城邦保护神雅典娜及城邦保护神宙斯进献其劳作的十分之一[2]",一如戈尔贡在其《罗德斯志》卷十一、戈尔戈斯塞奈斯在其信函以及希耶罗布罗斯在其信函中所述[3]。

【注释】

[1] 希腊神话中的原住民,擅冶金。

[2] 铭文作"decatan ton ergon"。

[3] 铭文作"apophainetai"。

【译文】

3. 卡德莫斯[1]:青铜器皿[2]一。上刻腓尼基字母,一如波吕扎罗斯在其《历史》[3]卷四中所记。

【注释】

[1] 据《帕罗斯碑》(铭文100,甲7及注释[2]),卡德莫斯抵达底比斯的时间为公元前1518/1517年。史家狄奥多洛斯在其《历史文库》(Ⅴ,58.2)称,卡德莫斯在寻找被拐的欧罗巴时,遭遇风暴。他遂向波塞冬许愿,若能活命愿为其建神庙。获救后,他在罗德斯的伊阿吕索斯城建波塞冬神庙,并向林多斯的雅典娜献祭。祭品之一为青铜打制的食用大锅,上刻铭文为腓尼基字母。

[2] 铭文作"lebeta"。

[3] 铭文作"historian",与希罗多德史著的大题相同。相关讨论见本篇铭文丙栏29注释[4]。

【译文】

4. 米诺斯[1]:银质酒杯一。上刻"米诺斯献与城邦保护神雅典娜及城邦保护神宙斯",一如科塞纳戈拉斯在其《年代记》卷一、戈尔贡在其《罗德斯志》卷一、戈尔戈斯塞奈斯在其信函以及希耶罗布罗斯在其信函中所言[2]。

【注释】

[1] 米诺斯的进献之举不明。

[2] 铭文作"phati"。

【译文】

5. 赫拉克勒斯:长方形盾[1]二,一为皮质,一为青铜。皮盾上书[2]"此为赫拉克勒斯从迈罗皮斯[3]人处所获埃[乌]吕普罗斯[4]之盾";青铜盾上刻有"献与城邦保护神雅典娜及城邦保护神宙斯,此为赫拉克勒斯从特乌克里亚[5]人处所获之拉奥麦冬[6]盾",一如科塞纳戈拉斯在其《年代记》卷一、戈尔贡在其《罗德斯志》卷一、尼卡苏罗斯在其《年代记》卷三、赫戈西阿斯在其《罗德斯颂词》、阿伊埃鲁洛斯在其《埃克扎基阿德斯战记》、法埃诺斯在其《林多斯志》、戈尔戈斯塞奈斯在其信函以及希耶罗布罗斯在其信函中所述。

【注释】

[1] 铭文作"gerra"。

[2] 铭文作"epegegrapto","刻"或"书写"之意。

[3] 迈罗皮斯岛为科斯岛之古称。

[4] 科斯王。

[5] 特洛伊之古称。

[6] 特洛伊王。

【译文】

6. 特拉波莱莫斯:奠酒碗一。上刻"此为特拉波莱莫斯向城邦保护神雅典娜及城邦保护神宙斯之还愿进献[1]",一如戈尔贡在其《罗德斯志》卷一、戈尔戈斯塞奈斯在其信函以及希耶罗布罗斯在其信函中所言。

【注释】

[1] 铭文作"euchan"。

【译文】

7. 赫雷索斯:金质酒樽一。上刻"[赫雷索斯]进献。让其带□[□□□□]□[□□□□]□□□□[□□"希]耶隆□[1]。□在其《罗德斯志》称,除[酒杯]外,他与其子色雷斯人置放□□□。

【注释】

[1] 十一字母缺失。

【译文】

8. 特莱弗斯:金柄奠酒碗[1]一。上刻"此为特莱弗斯向雅典娜之祈愿进献,一如吕基亚保护神阿波罗[2]所言"。凡此,科塞纳戈拉斯在其《年代记》卷

一、戈尔贡在其《罗德斯志》卷一、戈尔戈斯塞奈斯在其信函以及希耶罗布罗斯在其信函中均有所记。

【注释】

[1] 铭文拟补作"pharetran arg[u]rean"。

[2] 铭文作"Lucios Apollon"。"Lucios"为阿波罗的诸多别号之一。因"Lucios"（或记作"Luceios"）与古城吕基亚(Lucia)词源相近,学界常用来印证阿波罗崇拜的东方起源说。详见王绍辉:《阿波罗起源述略——"东方说"与"北方说"》,《东北师大学报》(哲学社会科学版),2010年第3期。

【译文】

9. 随同特拉波莱莫斯远征伊利昂[1]者:盾、短剑、头盔[2]各九个;胫甲九副。诸盾上刻"此为随同特拉波莱莫斯远征特利翁者向林多斯保护神雅典娜进献之特洛伊[3]战利品",一如戈尔贡在其《罗德斯志》卷十一、戈尔戈斯塞奈斯在其信函以及希耶罗布罗斯在其信函中所言。

【注释】

[1] 铭文作"Ilion",特洛伊的古称。

[2] 铭文作"cunas"。

[3] 铭文作"Troias"。

【译文】

10. 迈奈拉奥斯:头盔一。上刻"迈奈拉奥斯[1]进献亚历山大之头盔",一如[科塞纳戈]拉斯在其《年代记》卷一、赫戈西阿斯在其《罗德斯颂词》[2]、[埃]乌德莫斯在其《林多斯志》、戈尔贡在其《罗德斯志》卷一、戈尔戈斯塞奈斯在其信函以及希耶罗布罗斯在其信函中所记。塞奥提莫斯在其《斥阿伊埃鲁洛斯》卷一中称,迈奈拉奥斯还进献一短剑。

【注释】

[1] 铭文作"Menelas",即"Menelaos",多利斯方言拼写法。相关讨论详见

CH,p.87。

[2] 铭文拟补作"en tōi Rhodou egcōmiō[i]"。

【译文】

11. 海伦[1]:手镯一对。上刻"海伦献与雅典娜",一如戈尔贡在其《罗德斯记》卷一、戈尔戈斯塞奈斯在其信函以及希耶罗布罗斯在其信函中所言。

【注释】

[1] 铭文作"Helena"。

【译文】

12. 迈奈拉奥斯之子卡诺普斯:行船舵柄[1]若干。上刻"卡诺普斯献与雅典娜与波塞冬",一如科塞纳戈拉斯在其《年代记》卷一、戈尔贡在其《罗德斯志》卷一、戈尔戈斯塞奈斯在其信函以及希耶罗布罗斯在其信函中所述。

【注释】

[1] 铭文作"cubernatas oiacas"。

【译文】

13. 迈里奥奈斯:银质箭筒[1]一。上刻"此为摩罗斯之子迈里奥奈斯之特洛伊战利品",一如戈尔贡在其《罗德斯志》[卷一]、戈尔戈斯塞奈斯[在]其信函以及希耶罗布罗斯在其信函中所言。

【注释】

[1] 铭文拟补作"pharetran arg[u]rean"。

【译文】

14. [特]乌克洛斯:箭筒一。上刻"特乌[克]洛斯,潘达洛斯之箭筒"[1],一如科塞纳戈拉斯在其《年代记》卷一、[戈尔]贡在其《罗德斯志》卷一、戈尔戈斯塞奈斯在其信函以及希耶罗布罗斯在其信函中所记。但塞奥提莫斯在其

《斥阿伊埃鲁洛斯》一中称,特乌克洛斯还进献有弓。

【注释】
[1] 特乌克洛斯的进献之举不明。

【译文】
15. 诸部落[1]:最古之还愿匾[2]。上绘一部落长与九名奔跑者,形态古朴。每幅画像上均刻有名字。第一个还愿匾上刻"获胜的哈利阿达伊人部落,献此与林多斯保护神雅典娜"。另一还愿匾上刻"此为胜利之标志。占优的吕托赫索奈斯人部落赞美女神"。第三个还愿匾上刻"获胜的特尔基奈斯人部落献与雅典娜。吕克奥斯之子吕克帕达斯为游行执火炬者"。凡此,戈尔贡在其《罗德斯记》卷十一、科塞纳戈拉斯在其《年代记》卷一中均有所记。

【注释】
[1] 即下文提到的三个部落。
[2] 铭文作"pinaces"。

【译文】
16. 阿莱塔克里托斯及其子嗣:水瓮一,底部形如调酒瓮[1],瓮口刻有"帕尔泰斯之子阿德拉斯托斯为阿伊基阿莱奥斯之死设竞赛";底部刻有"阿莱塔克里托斯[2]及其子嗣向林多斯保护神雅典娜进献从克里特来船之十分之一所获",一如科塞纳戈拉斯在其《年代记》卷十一、[戈]尔贡在其《罗[德斯]志》卷二中所称。

【注释】
[1] 铭文作"crateros",大型陶制器皿。
[2] 铭文作"Aretos",为"Aretacritos"之缩写形式。

【译文】
17. 那些随同潘吉斯之子、与巴托斯[1]殖民库勒内的林多斯人:帕拉斯及一头正被赫拉克勒斯扼死的雄狮。这些的[2]质地为朴木[3]，上刻"那些和潘吉斯之子在一起的林多斯人与巴托斯建立库勒内殖民地的人，向雅典娜及赫拉克勒斯进献从□□□□□□□□▨□□战利品的十分之一"，一如科塞纳戈拉斯在其《年代记》[卷一]中所言。[4]

【注释】

[1] 另见铭文 59。

[2] 铭文作"tauta"，即朴木上所刻"帕拉斯及一头正被赫拉克勒斯扼死的雄狮"浮雕，应为两件。

[3] 铭文作"lōtina"，落叶乔木，材质坚硬，果实可食。在诗人笔下，这种可制笛的树木亦用来指代笛子。由该词娩出的"lōtophagoi"一词意为"食朴树果族"，指希腊神话中南非沿海的民族。参见《希英辞典》(*LSJ*, 1992, p.1070)"lōtos"及"lōtotrophos"条。作为树种，在罗念生、水建馥所编的《古希腊语汉语词典》(北京:商务印书馆,2004 年,第 517 页)中,"lōtos"释义作"洛托斯树"。

[4] 18-22 条破损,略。

丙

【译文】

23. 随同科莱乌布罗斯[1]远征吕基亚者:盾牌九、造像金冠一。一如提莫克里托斯在其《年代记》卷一、波吕扎罗斯在其《历史》卷四中所记。

【注释】

[1] 约公元前 6 世纪林多斯僭主。

【译文】

24. 法塞利斯[1]人:头盔及弯刀[2]若干。上刻"法塞利斯人与率领他们的建城者拉基奥斯[3]向林多斯保护神雅典娜进献从索吕莫斯人处所获"，一如科塞纳戈拉斯在其《年代记》卷一所述。

【注释】

[1] 地在吕基亚。

[2] 铭文作"drepana"。

[3] 戈拉的建城者之一。

【译文】

25. 戈拉人：大型调酒瓮一。上刻"戈拉人向'先祖保护神'雅典娜[1]进献所获阿里阿伊同之战利品"，一如科塞纳戈拉斯在其《年代记》卷一中所言。

【注释】

[1] 铭文作"Athena Patroia"，"Patroia"一词表明戈拉与母邦林多斯的关系。

【译文】

26. 安菲诺莫斯及其子嗣：木雌牛一、木牛犊一。上刻"船获救后，安菲诺莫斯及其子嗣进献从广袤的叙巴里斯[1]来船之十分之一所获"。一如戈尔贡在其《罗德斯记》卷二、科塞纳戈拉斯在其《年代记》卷一中所记。

【注释】

[1] 一说为罗德斯的殖民地。

【译文】

27. 阿克拉伽斯人僭主法拉里斯：大型调酒碗一。一边为提坦之战浮雕，另一边为科罗诺斯从赫雷阿手里夺回其子并吞下的浮雕。碗口刻有"达伊达罗斯把我作为礼物[1]献与科卡罗斯"；碗足刻有"阿克拉伽斯的法拉里斯向林多斯保护神雅典娜进献"，一如科塞纳戈拉斯在其《年代记》卷一中所述。

【注释】

[1] 铭文作"csenion"。

【译文】

28. 与安提法莫斯殖民戈拉、戈隆、希耶隆、斯拉苏布罗斯、波吕扎罗斯之父林多斯人德伊诺迈奈斯:带有石面的戈尔贡[1]柏木造像一。上刻"摩罗索斯之子德伊诺迈奈斯向林多斯保护神雅典娜进献从西西里所获之十分之一"[2],一如科塞纳戈拉斯在其《年代记》卷一中所记。

【注释】

[1] 铭文作"Gorgona",希腊神话中的女妖。

[2] 铭文似应刻勒在脸部除外的某一部位。

【译文】

29. 埃及王[1]阿玛西斯:亚麻胸甲一[2]。胸甲亚麻线每条三百六十股。苏里奥伊的希罗多德[3]在其《历史》[4]卷二中、波吕扎罗斯在其《历史》卷四中对此有以为证。但希耶隆在其《罗德斯记》卷一、哈戈罗霍斯在其《年代记》卷十一、[阿里]斯提翁在其《年代记》卷一、阿里斯托尼莫斯在其《年表辑录》以及奥诺马斯托斯在其《年代记》卷一中称,除胸甲外他还进献金造像两尊。科塞纳戈拉斯在其《年代记》卷四中则说,除胸甲、两尊金造像外还进献奠酒器十个,造像上刻有诗句两行,其中之一如是:"声名远扬的埃及王阿玛西斯进献";另一尊上刻写的文字埃及人称为"圣书体"[5]。希耶罗布罗斯在其致议事会成员的信函中对此亦有所及。

【注释】

[1] 铭文作"Aiguption Basileus",公元前570年至前526年在位。

[2] 公元前570年或前526年。

[3] 希罗多德所著《历史》的开篇为"此为哈利卡尔纳索斯的希罗多德的历史"句。亚里士多德在其《修辞学》(1409)中有"此为苏里奥伊的希罗多德的历史"句。亚里士多德此说盖影响到后世,如本篇铭文。苏里奥伊,铭文作"Thourios",雅典在意大利叙巴里斯所建的殖民地,希罗多德曾移居该地,据说也长终那里。另外,希罗多德在其《历史》(IV,15.99;VI,127)中对意大利南部的记述亦源自其亲身的经历。是故,盖有"苏里奥

伊的希罗多德"一说。

[4] 西方古典文献初无大题,后人追题往往出于编目、论述之目的。就希腊史学传统而论,从米利都的赫卡塔伊奥斯、希罗多德、修昔底德到萨摩斯的杜里斯,其著述均以作者名、籍贯、所述要旨开篇。例言之,修昔底德《伯罗奔尼撒战争史》的首句为"修昔底德者,雅典人也,述有伯罗奔尼撒人与雅典人之战事"。其要旨"伯罗奔尼撒人与雅典人之战事"则为后来的大题。本篇铭文中希罗多德史著的大题(historia)亦同。相关讨论详见拙文《西方古典著作的稿本、抄本与校本》(第 188 页)。关于阿玛西斯的进献,据希罗多德《历史》(II,182)记载,除亚麻胸甲外,另有石像两尊。

[5] 铭文作"hieron grammaton",古代埃及的一种书体,相当于汉字字体中的正书,笔画中规中矩,多用于铭辞。

【译文】

30. [阿克拉]伽斯人:四肢为象牙的[帕]拉斯造像[1]一。上刻"阿克拉伽斯人向[林多斯]保护神雅典娜进献在米诺斯城[2]所获之战利品",一如[科塞纳戈拉斯]在其《年代记》卷一所述。

【注释】

[1] 铭文作"[Pal]ladion"。

[2] 铭文作"Minōias"。据狄奥多洛斯(《历史文库》,IV,79.5)记载,克里特王米诺斯因追捕达伊达罗斯抵达西西里,留在该岛的克里特人后建一新城,"根据其王的名字名之为米诺斯城"。在希腊,"因人而名"的米诺斯城还有几处,故本文所指难断是哪座米诺斯城。

【译文】

31. [波利斯□□□□□□□□]□□□□□□□,[叙拉古]僭主□□□:被称作"达伊达罗斯制作"[1]的木造像若干。上刻"此为索西拉斯之子[波]利斯本人及其二子向林多斯保护神雅典娜进献达伊达罗斯的作品",一如科塞纳戈拉斯在其《年代记》卷一中所述。

【注释】

［1］铭文作"daidaleia"。达伊达罗斯为传说中的能工巧匠,细木工艺的发明者。

【译文】

32. 波斯王之将领［阿尔塔弗尔奈斯］:［大流士之🔲🔲🔲🔲🔲🔲🔲］🔲、项链、波斯帽、头巾、手镯、［短剑］、长裤各一[1]。一如埃乌德莫斯在其《林多斯志》、穆隆在其《罗德斯颂歌》一、提莫［克里托斯］在其《年代记》一中所述。而［希］耶罗尼莫斯在其《太阳神记》[2]一中称,除此而外,他还进献有四轮篷车,对此波吕扎罗斯在其《历史》卷四、阿里斯提翁在其《年代记》卷一、希耶隆在其《罗德斯志》卷一中均有所及。

【注释】

［1］疑为公元前 490 年。
［2］铭文作"Heliaca"。

【译文】

33. 索罗亚人:平底奠酒碗一,碗中为戈尔贡金浮雕。上刻"［索罗亚人］向林多斯保护神雅典娜进献所获之十分之一及首次战利品——系与安菲［劳］霍斯从🔲[1]及🔲🔲🔲🔲🔲🔲所获",［一如］科塞纳戈拉斯在其《年代记》卷一中所记。

【注释】

［1］计十一个字母。

【译文】

34. 林多斯人:从克里特所获战利品之十分之一,金冠、项链若干及其他大部分——造像[1]所有的、他们所备的——饰物。一如科塞纳戈拉斯在其《年代记》卷十一中所述。

三　希腊化时代　287

【注释】

[1] 铭文作"agalma",祭祀用造像。

【译文】

35. 民众[1]:金冠一、波斯帽一、多有镶嵌的波斯短剑一、嵌金臂饰若干,黄金合重 1375[2]。[3]波斯王阿塔薛西斯以此荣耀民众。一如埃尔基阿斯在其《历史》卷三、泽农在其《年代记》□□□、提莫克里托斯在其《年代记》卷二、希耶隆在其《罗德斯志》卷三、哈戈斯特拉托斯在其《年代记》卷二中所言。

【注释】

[1] 铭文作"damos",即林多斯人。

[2] C.希格比作"1375 姆纳"(CH,p.39)。

[3] 公元前 359/358 年。

【译文】

36. 林[多斯人]:谢恩祭献胜利女神金造像一,重[1]300[1]。一如哈戈罗霍斯在其《年代记》卷九中所记。

【注释】

[1] C.希格比作"1300 姆纳"(CH,p.39)。

【译文】

37. 民众:盾牌一[1]。依照[神谕]预言已向雅典娜进献,望结束与"爱兄弟者"托勒密的交战。而此已应验,一如提莫克里托斯在其《年代记》卷四中所述。盾牌上刻"罗德斯民众依照神谕向林多斯保护神雅典娜进献"。

【注释】

[1] 公元前 285 年或公元前 247 年。

【译文】

38. 亚历山大王:铁蒺藜[1]若干[2]。上刻"亚历山大战胜大流士,成为亚细亚的主人,依照神谕[3]——其时皮斯托克拉特奥斯之子塞乌戈奈斯为祭司——向林多斯的雅典娜献祭"。凡此均可见林多斯公共档案。他还进献有武备,上刻铭文。

【注释】

[1] 铭文作"boucephala"。《希英词典》(*LSJ*,1992,p.324)"boucephalos"条释义为"bull-headed",另有与"tribolos"相同的义项。"tribolos"是一种带有四根铁刺的障碍物,撒布在战场,用以迟滞敌方马军前行(*LSJ*,1992,p.1817)。据波吕阿伊诺斯《战略》(*Polyaeni Strategematum Libri octo*,Justus Vultejus interprete;Pancratius Maasvicius recenfuit,Apud Jordanum Luchtmans & Johannem Du Vivié,1690,IV,3.17)记载,公元前332/331年,亚历山大与大流士在阿尔贝拉交战。是役,大流士在两军之间广布铁蒺藜(拉丁文作"tribulis")以阻止亚历山大马军的前行。亚历山大下令从侧翼进攻,最终击溃大流士。C.希格比认为,亚历山大进献的铁蒺藜盖为在阿尔贝拉战役中缴获的一部分(CH,pp.133–135)。从铭文的字数来看,此类铁蒺藜的体积应该不会太小。

[2] 疑为公元前331/330年。

[3] 神谕的内容不明。如在战前求得神谕,亚历山大的此次献祭应为还愿之举。

【译文】

39. 托勒密王:公牛颅骨[1]若干[2]。上刻"托勒密王献祭林多斯保护神雅典娜,时在阿撒纳戈拉斯之子阿撒纳斯为雅典娜祭司",一如林多斯公共档案所证。

【注释】

[1] 铭文作"prometopidia"。

[2] 疑为公元前304年。

【译文】

　　40. 皮鲁士王:铁蒺藜及武备若干,为其本人在危境时所用。他依照多多那神谕进献[1]。一如泽农在其《年代记》卷二、哈戈罗霍斯在其《年代记》卷二、哈戈斯特拉托斯在其《年代记》卷二中所记。武备上刻铭文。

【注释】

　　[1]　公元前 296 年或公元前 272 年。

【译文】

　　41. [希]耶隆:武备若干,曾为其本人所用[1],一如林多斯公共档案所证。哈戈斯特拉托斯在其《年代记》卷二、□□□□□⊠在其《年代记》中亦有所记。武备上刻"希耶罗克莱斯之子希耶隆王向林多斯保护神雅典娜进献"。

【注释】

　　[1]　公元前 269 年或公元前 215 年。

【译文】

　　42. 腓力王:轻盾十[1]。上刻"德[莫特里]奥斯之子马其顿王腓力继战胜达达尼亚人及马伊多伊人后,向林多斯保护神[雅典娜]进献"。一如林多斯公共档案[所证]。

【注释】

　　[1]　疑为公元前 202 年之前。

丁

【译文】

　　神现。[1]

【注释】

　　[1]　铭文作"epiphaneiai",是为该栏四次神现的开篇总题。

【译文】

1. 波斯王大流士派大军征服赫拉斯之际,其远征船队曾停靠于此——诸岛屿中的第一岛[1]。岛民骇于波斯人的进攻,一些人结伴躲避到设防之地[2],大部分人集聚到林多斯时,蛮人[3]前来围困他们。直到因缺水,疲惫不堪的林多斯人欲献城与敌。其间,女神出现在一睡梦中的官员前,要他有信心,因为她会求其父满足他们所需的水。得到托梦的那个人向其同胞告知雅典娜的指示。他们考虑到所剩之物只能维持不足五天,遂向蛮人请求这期间停战,称雅典娜要派其父前来相助;并称,如若在既定期限内未到,他们将献城。大流士的部将达提斯闻此大笑。

翌日,当一片乌云聚在卫城上空时,暴雨倾注其间,以致那些被围困者奇迹般地得到充足的水,而波斯军队则告缺。那个蛮人[4]受到神现的震慑,除去身上的武备,把他的斗篷、武器护套、臂饰,除此还有圆锥形冠、短剑,甚至带帷篷的车[5]作为祭物献与女神。所有这些原本尚存,但到阿斯图阿纳克斯之子埃乌克莱斯为太阳神祭司[6]的那一年——神殿被烧——连同大部分进献物一同被毁。达提斯本人解除围困,缔结与被围困者的友好关系,并称女神保护着这些人。上述诸端,埃乌德莫斯在其《林多斯志》、埃尔基阿斯在其《历史》卷四、波吕扎罗斯在其《历史》卷四、希耶罗尼莫斯在其《太阳神记》、穆隆在其《罗德斯颂》卷十一、提莫克里托斯在其《年代记》卷一、希耶隆《罗德斯志》卷一中均有记载。但科塞纳戈拉斯在其《年代记》卷四中称,此次神现发生时马尔多尼奥斯[7]已被达提斯遣离。阿里斯提翁在其《年代记》□□□□中亦提及过此次神现。

【注释】

[1] 即罗德斯岛。据希罗多德《历史》(Ⅵ,95-98)记载,波斯远征水军从西利西亚出发,抵达马拉松前曾在纳克索斯岛、提洛岛、埃雷特里亚等处停留,但并未提及罗德斯岛。C.希格比认为,尽管如此,就地理位置而言,波斯水军北上伊奥尼亚,途径罗德斯停留,可能是出于补给、寻盟之目的(CH,p.142)。奥斯温·默里则认为,波斯围困林多斯一事发生在伊奥尼亚起义期间;年代之误系有意而为,目的是证明林多斯人也曾置身于彪炳千秋的希波战争(CAH^2,Vol.Ⅳ,1998,pp.468-469)。

[2] C.希格比认为,"设防之地"盖为罗德斯岛上的伊阿吕索斯与卡迈罗斯二

城（CH,p.142）。

［3］ 即达提斯。

［4］ 达提斯所献均为波斯人所特有。

［5］ 铭文作"hiereos tou Haliou"。

［6］ 据希罗多德《历史》（IV,43—45.2）记载,大流士的女婿马尔多尼奥斯公元年492年曾两次率军远征希腊,但均无果而终。在公元前490年远征之际,马尔多尼奥斯遂被召回。C.希格比认为,铭文所记盖为另说,即马尔多尼奥斯可能作为达提斯的部将远征,神现之时已被派往前面的主力船队（CH,p.147）。

【译文】

2. 次。[1]

阿尔西波利斯之子为普撒纳斯太阳神祭司期间,林多斯有人在夜晚隐秘被关[2],自缢在造像[3]后的支柱。而当林多斯人欲派人去德尔菲、就所发生之事询问该如何做时,女神伫立在一睡梦中的祭司近旁,命他对其保持安静,并要揭开造像上方的屋顶,如此不动,直到三日这般过后,会得到她的父亲净洗。而后,再把屋顶恢复原状,并据习俗净化神殿后依祖上的习俗祭宙斯,□□□□□□□□□□□□□□□□□□□□□□议事会成员及□□□□□□□□□□屋顶□□□□□□□□□□□□□□□□□□□□□。此次神现□□□□□□□□□□□□埃乌德莫斯在其《林多斯志》、提莫克里托斯在其《年代记》卷三、科塞纳戈拉斯在其《年代记》◿、奥诺马斯托斯在其《年代记》卷二、阿里斯托尼莫斯在其《年表辑录》中所记。

【注释】

［1］ 铭文作"Etera",第二次神现的开篇。

［2］ 即被关在雅典娜神殿里。

［3］ 即雅典娜造像。

【译文】

3. 再次。[1]

　　当城[2]被德莫特里奥斯[3]围困时,卡利克莱斯——已离任林多斯的雅典娜祭司一职、尚住在林多斯——似觉女神在其睡梦中伫立在近旁,命他邀阿纳克西波利斯——当值议事会部落成员之一——给托勒密王[4]写信,求其拯救城,因为她是城邦的主宰并会确保成功与优势。若他本人未转告那位当值议事会部落成员,那人又未给托勒密写信,他们将会懊悔。第一次见此情景,卡利克莱斯未置一词。但当同样的事屡屡发生时——因女神六夜接连来到他的近前,并发出同样的指令——卡利克莱斯进城,找到议事会成员,并向阿纳克西波利斯解释。议事会成员遂派阿纳克西波利斯到托勒密处▨▨▨▨▨▨▨▨▨。▨▨▨▨。

【注释】

[1] 铭文作"Alla"。第三次神现的开篇。神现发生的时间 F.雅各比定在公元前 305/304 年。

[2] 即三邦合一后的罗德斯城。

[3] 德莫特里奥斯因此次围城而得名"攻城者"。

[4] 即"拯救者"托勒密。据保桑尼阿斯《希腊行记》(Ⅹ,Ⅷ.6)记载,其名号"Soter"(拯救者)系得自他驰援罗德斯之举。

【译文】

　　4. 从次。[1]

【注释】

[1] 铭文作"Alla"。神现内容约计九行,字迹漫漶多不可识,略。

112. 信札三通

【题解】

公元前 88 年,本都王米斯里达泰斯进兵罗马的亚细亚行省。当时鲜有人敢与之对抗、支持罗马。努萨人哈伊勒莫也只能襄助驻扎在努萨的罗马军队前往罗德斯,他本人则逃亡以弗所避难。

该铭文系刻于努萨为哈伊勒莫所立造像的碑跗,内容为三封信函,一封是罗马的亚细亚官员致努萨书,另两封为米斯里达泰斯王致其行省总督书。

本文据 W.迪滕贝格《希腊铭文合集》卷五中的校勘本(741)①译出。

【译文】

[努萨]公民大会及议事会对普索多洛斯之子哈[伊]勒莫的[嘉奖]。

盖尤斯·卡西乌[斯]向努萨的官员致意。

你们的同胞普[索多]洛斯之子哈伊勒莫到阿帕美亚找我,要我允其出席顾问会议。我应允了他,因他向我指出,出于对元老院及罗马人的敬意,他将赠与军队六万麦地姆诺斯小麦。我认为他处理此事得当,而我也自然让他明白这使我们甚悦。我们将向元老院及[罗]马人民禀告这些。

[米斯拉]达泰斯[1]王向勒奥尼普斯总督致意。

[普]索多洛斯之子哈[伊]勒莫所行方式与我们的国务极为相悖,其做法极不友善,而且一直以来支持我们的仇敌,现在得知我们来,他遣走其子普索多洛斯与普西昂,自己也脱逃。现公告如次:

若有人把哈伊勒莫、普索多洛斯抑或普西昂交给我们,将得到四十塔兰特,若有人把他们中的一个人头颅带给我们,将得到二十塔兰特。

米斯拉达泰[斯]王向勒奥尼普斯致意。

普索多洛斯之子哈伊勒莫安排罗马人与其子逃到罗德斯城,现得知我来,已亡命以弗所的阿尔特弥斯神庙[2]。他从那里致函公敌罗马人。他是人们向[我们]施恶的煽动者。务必把他带到我们这里,务必看住他,直至我结束这

---

① *SIG*³ V,pp.416–419.

场战争[3]。

【注释】

［1］ 铭文作"Mithradates"。

［2］ 铭文作"Artemidos hieron"。

［3］ 史称"第一次米斯里达泰斯战争"（公元前88—前85年）。另见铭文113。

113. 以弗所战前动员令

【题解】

约公元前 85 年，以弗所面对本都王米斯里达泰斯的威胁，不得不调整对内政策，以期共同对敌。

该石刻发现于以弗所，现藏牛津大学博物馆。

本文据 W.迪滕贝格《希腊铭文合集》卷五中的校勘本（742）[①]译出。

【译文】

☑[民众]对共同的拯救者罗马人怀有好意久远，自愿从其所命。卡帕多西亚[1][王]米斯里达泰斯[违背]与罗马人的诸条约，纠结[其部]，竭力侵夺不属于他的[土地]，曾以诡计侵占了位于我们前面的诸城以及我们的城，以其大军、诡异的进攻威吓。而我们的民众自始对罗马人的好意未变，曾寻机为协调公共事务出手相助；为捍卫罗马人的统治权及共同的自由，现决定向米斯里达泰斯开战，全体公民将齐心投身战事。故此，公民大会决定——因事关战争、事关阿尔特弥斯神殿、城邦和领土的保卫、拯救以及安全——如次：

诸执政官、议事会司书以及议事会各主持就适宜的措施——公民大会对此业已获悉——即刻提交法案。

公民大会决定——议事会各主持、埃乌布利德斯之子议事会司书阿斯克莱庇阿德斯提议，诸执政官报告——如次：

鉴于空前的危机威胁到阿尔特弥斯神殿、城邦、全体公民以及居住城邦和领土上的人，须使全体公民同心协力面对险境，此举关乎阿尔特弥斯神殿、城邦和领土的保卫、拯救以及安全。所有因欠公债被神庙及公民大会审查委员[2]除名的、〈曾在册〉[3]的公民可重获政治权利，其处罚及债务将被取消。那些有违神庙财库、公民大会财库罚锾而被起诉者或造成神庙、公民大会财库损失被起诉者抑或其他任何性质的债务而被起诉者将免于起诉，对他们的起诉亦告无效。迄今已出租神庙财物或购置公民大会财物者，可依据法律的原

---

① *SIG*³ V, pp.420-423.

有规定进行交易。债务人及神庙借款的主人,除以抵押借款给祭司团[4]或其代理外——但无须支付利息,他们的债务被免除,从本年度起直至民众的境况好转。所有过去业已被登记为公民者拥有全部荣誉[5]并享优待。所有起诉——针对移动界碑与遗产争执的诉讼除外——均告取消无效。缴纳同等税者[6]、侨民[7]、献身神庙者、被释者以及外邦人拿起武器并在行政官处登记,均将成为拥有同等权利的公民,行政官将把其名报知议事会各主持及议事会司书——将抽签把他们分配到各部落及千人队。拿起武器的公有奴[8]将获自由,与侨民享有同等地位。所有向公民大会起诉的债主——据已签海事合同的债权人、票据[9]、抵押物[10]、抵押借款[11]、次抵押借款[12]、赊销[13]、合同以及票款[14]的放债者须自愿放弃债务人的债务,目的是保证民众能够齐心协力;但现有产权——为债权人所有——继续生效,现在或稍后若有人出借或签订合同▨。至于钱铺主,所有存款[15]、借款[16]、起诉根据现行法律在本年度继续生效。至于那些陈年旧债,钱铺主将有十年,借款者亦有十年▨▨▨[17]。

【注释】

[1] 卡帕多西亚时为本都王国的一部分。

[2] 铭文作"logitōn ierōn cai dēmosiōn"。

[3] 铭文作"paragegrammeous"。

[4] 铭文作"sustematōn"。

[5] 即享有全权公民权。

[6] 铭文作"isoteleis",指侨民。

[7] 铭文作"paroicous",原指邻邦之人或一般意义上的外邦人,后等同于"metoicos"。详见《希英词典》(*LSJ*,1992,p.1342)中的"paroicos"条。

[8] 铭文作"dēmosious"。

[9] 铭文作"xeirographa"。

[10] 铭文作"parathēcas"。

[11] 铭文作"upothēcas"。

[12] 铭文作"epithēcas"。

[13] 铭文作"ōnas"。

[14] 铭文作"diagraphas"。

［15］铭文作"themata"。

［16］铭文作"ecchrēseis"。

［17］约计两行略。

114. 庞培造像题献

【题解】

公元前 67 年,庞培被辅以重任,衔命赴地中海肃清海盗。他仅用三个月便平定了海患。流传下来的两尊造像(甲、乙)盖为其后向阿波罗的进献。

本文据 W.迪滕贝格《希腊铭文合集》卷五中的校勘本(749)①译出。

甲

【译文】

雅典民众及庞培[1]在[德尔菲]的亲戚[2]向阿波罗进献[3]戈纳[埃乌斯之子]、[伟人]、拥有至高权力者[4][戈纳埃乌斯]·庞培之造像[5]。

【注释】

[1] 庞培全名作"Gnaeus Pompeius Magnus",其中"Gnaeus"为本名,"Pompeius"为族名,"Magnus"为别号。庞培因征战非洲过程中功绩彪炳而获别号"伟人"。

[2] 铭文作"coinon"。

[3] 在希腊化时代晚期的进献铭辞中,往往省略动词。

[4] 铭文作"autocratora",即拉丁文中的"imperator"。

[5] 该造像发现于德尔菲。铭辞中虽未见"造像"一词,但已含其义。

乙

【译文】

萨摩斯民众进献[1]戈纳埃乌斯之子、伟人、拥有至高权力者、恩人、拯救者[戈纳埃乌斯]·庞培之造像[2]⊠[3]。

---

① *SIG*³ V, pp.436-437.

【注释】

[1] 见本篇铭文甲注释[3]。

[2] 该造像发现于萨摩斯。另见本篇铭文甲注释[5]。

[3] 约计十四个字母略。

115. 布伯利乌斯·塞尔维利乌斯

【题解】

该大理石碑跋发现于帕加马,现藏柏林帕加马博物馆。

公元前 48 年,布伯利乌斯·塞尔维利乌斯任执政官,公元前 46 年至前 44 年出任亚细亚行省总督。任总督期间,他因妥善处理内战遗留的诸多棘手难题而备受瞩目,是罗马共和国时期屡获嘉奖的亚细亚行省官员之一。

本文据 W.迪滕贝格《希腊东部铭文选》卷二中的校勘本(449)①译出。

【译文】

民众嘉奖布伯利乌斯·伊萨乌里库斯之子、执政官[1]布伯利乌斯·塞尔维利乌斯[2],因为他是城邦[3]的拯救者、恩人,且把祖宗法[4]以及免受奴役的民主政体还给了城邦。

【注释】

[1] 铭文作"anthupaton",公元前 48 年布伯利乌斯·塞尔维利乌斯出任执政官,此番荣获嘉奖(公元前 44 年),时任亚细亚行省总督。

[2] 铭文作"Poplion Seroilion"。

[3] 即帕加马。

[4] 铭文作"patrious nomous"。

---

① W.Dittenberger, ed., *Orientis Inscriptionum Selectae*, Vol. II, Hildesheim-Zürich-New York: Georg Olms, 1986, p.37.

附　　录

附录 1　莱顿校勘符号

西方校勘符号在希腊化时代即已体系大备。后世在整理铭文、草纸及皮纸文献时亦多沿袭旧例,但歧义频出。1931 年在荷兰莱顿举行的国际东方学大会上,为准确反映文献资料的形态、规范校勘符号的使用,复定校勘符号,此即所谓的"莱顿符号体例"(Leidener Klammersystem);后经不断完善,现已为西方学界广泛采用(详见 Sterling Dow, *Conventions in Editing：A Suggested Reformulation of the Leiden System*, Durham NC, 1969)。举其要者,计有:

甲　|　,通常指一行复起者;

乙　xx,字母下带点为校勘不确者;

丙　[xx],内容为校勘拟补者;

丁　[…],内容为不可拟补者,缺失字母个数用阿拉伯数字标明;

戊　(xx),内容为缩略补全者;

己　[[xx]],内容为原刻被删、被改,可辨识或不可辨识者;

庚　〈xx〉,内容为校勘窜定者;

辛　{xx},内容为讹刻,经校勘而删除者;

壬　---,意指不可拟补,且缺失字母个数不确者;

癸　*v*,意指原刻一个字母空白未刻者,*vv* 为两个字母空白未刻者,余类推。

附录2　常引文献缩略表

*CAH*²   *The Cambridge Ancient History*, Cambridge, 1970–2005.

CEG   P.A.Hansen, *Carmina Epigraphica Graeca*, 2 vols., Berlin, 1983, 1989.

CIG   *Corpus inscriptionum Graecarum*, 4 vols., 1828–77.

CH   C.Higbie, *The Lindian Chronicle and the Greek Creation of their Past*, Oxford, 2003.

DGE   E.Schwyzer, *Dialectorum Graecarum exempla epigraphica potiora* (the 3ʳᵈ edition of P.Cauer's *Delectus Inscriptionum Graecarum propter dialectum memorabilium*), Leipzig, 1923.

EG   Margherita Guarducci, *Epigrafia Greca*, 4 vols., Roma, 1967–74.

GHI   M.N.Tod, *A Selection of Greek Historical Inscriptions*, 2 vols, Oxford, 1933.

IG   *Inscriptiones Graecae*, Berlin, 1873–

LSAG   L.H.Jeffery, *The Local Scripts of Archaic Greece*, 1961.

LSJ   H.G.Liddell and R.Scott, *A Greek-English Lexicon*, Oxford, 1992.

M-L   R.Meiggs and D.Lewis, *A Selection of Greek Historical Inscriptions: to the End of the Fifth Century B.C.*, Oxford: 1989.

*OCD*³   S.Hornblower and A.Spawforth, *The Oxford Classical Dictionary* (3ʳᵈ edition revised), Oxford, 2003.

SEG   *Supplementum Epigraphicum Graecum*, 1923–

*SIG*³   W.Dittenberger, *Sylloge Inscriptionum Graecarum* (3ʳᵈ edition), Leipzig, 1915–24.

附录3　古风时代铭文书体列表

希腊古风时代各地区的铭文书体,差异间见层出。下举希腊诸地字母列表系援自 L.H.杰弗里在《希腊古风时代诸地书体》(*LSAG*)一书中的辑录,略有删减。字母列表中的第一行为印刷体;符号"×+"意为古风时代早期与晚期的书写形式;"×,+"为两种可证书体而无先后者;"-"指未见使用者;"[×]"意指唯见识字课本者;空白处为尚未可证者。"P"("punctuation"之缩写)意指间隔符号。在古风时代的铭文中,间隔符号主要用于人名、词句的前或后,起强调作用,有的也仅仅是一种装饰,不同于现代西文中的标点符号。

需要进一步说明的是,下表第一行所见的二十八个字母分别出现在不同时代、不同地区的铭文,其中"९、M"为腓尼基字母的变体形式。"९"源自"φ"(字母名称作"qōph"),在多利斯早期方言中,字母"k"在"o、u"前一般作"९";"M"(字母名称疑作"san")盖源自"M"(字母名称作"ṣādē"),在克里特、塞拉、科林斯、阿哥斯等地有时会以"M"表述"s"音。腓尼基字母中的"Y"(字母名称作"vav")因转作元音"u"(字母名称作"upsylon"),故希腊语另作"F"或"C"(字母名称作"digamma")以表述"w"音。字母"ト"表送气音,铭文多作"H""目"或"目"。

(1)希腊中部

甲　阿提卡

乙　优卑亚

α β γ δ ε F ℨ η θ ι κ λ μ ν ξ ο π M ϙ ρ σ τ υ φ χ ψ ω Ρ

丙　彼奥提亚

α β γ δ ε F ℨ η θ ι κ λ μ ν ξ ο π M ϙ ρ σ τ υ φ χ ψ ω Ρ

丁　色萨利

α β γ δ ε F ℨ η ι θ ι κ λ μ ν ξ ο π M ϙ ρ σ τ υ φ χ ψ ω Ρ

戊　弗基斯

α β γ δ ε F ℨ η ι θ ι κ λ μ ν ξ ο π M ϙ ρ σ τ υ φ χ ψ ω Ρ

己　罗克里斯

α β γ δ ε F ℨ η ι θ ι κ λ μ ν ξ ο π M ϙ ρ σ τ υ φ χ ψ ω Ρ

庚　埃吉纳

α β γ δ ε F ʒ η ɦ θ ι κ λ μ ν ξ ο π M ϙ ρ σ τ υ φ χ ψ ω Ρ

（埃吉纳字母变体表）

(2)伯罗奔尼撒半岛

甲　科林斯

α β γ δ ε F ʒ η ɦ θ ι κ λ μ ν ξ ο π M ϙ ρ σ τ υ φ χ ψ ω Ρ

（科林斯字母变体表）

乙　迈加拉

α β γ δ ε F ʒ η ɦ θ ι κ λ μ ν ξ ο π M ϙ ρ σ τ υ φ χ ψ ω Ρ

（迈加拉字母变体表）

丙　西库昂

α β γ δ ε F ʒ η ɦ θ ι κ λ μ ν ξ ο π M ϙ ρ σ τ υ φ χ ψ ω Ρ

（西库昂字母变体表）

丁　弗莱伊乌斯、科莱奥纳伊与提林斯

α β γ δ ε F ʒ η ɦ θ ι κ λ μ ν ξ ο π M ϙ ρ σ τ υ φ χ ψ ω Ρ

（字母变体表）

戊　阿哥斯

α β γ δ ε ϝ ȝ η ⱶ θ ι κ λ μ ν ξ ο π Ϻ ϙ ρ σ τ υ φ χ ψ ω Ρ

己　阿哥斯地区东部

α β γ δ ε ϝ ȝ η ⱶ θ ι κ λ μ ν ξ ο π Ϻ ϙ ρ σ τ υ φ χ ψ ω Ρ

庚　拉哥尼亚

α β γ δ ε ϝ ȝ η ⱶ θ ι κ λ μ ν ξ ο π Ϻ ϙ ρ σ τ υ φ χ ψ ω Ρ

辛　阿尔卡狄亚

α β γ δ ε ϝ ȝ η ⱶ θ ι κ λ μ ν ξ ο π Ϻ ϙ ρ σ τ υ φ χ ψ ω Ρ

(3)希腊西北部

甲　伊奥尼亚诸岛

α β γ δ ε ϝ ȝ η ⱶ θ ι κ λ μ ν ξ ο π Ϻ ϙ ρ σ τ υ φ χ ψ ω Ρ

（4）希腊西部殖民地

甲　阿卡亚人诸殖民地

α	β	γ	δ	ε	F	z	η	ʰ	θ	ι	κ	λ	μ	ν	ξ	o	π	Μ	φ	ρ	σ	τ	υ	φ	χ	ψ	ω	Ρ
A	B	I	D	E	F	I	-		⊗	S	K	Γ	Μ	Ν	X,O	Π	Μ	Φ	Ρ	-	T		Ψ	⋇	-∙			
Α	B	C	D	E	F		Η	⊕	I	K	Λ	Μ	Ν	+	O		Φ	Ρ		T	V	Φ		↓				
Α			E					⊙			Λ										Y							
Α								◇													Y							

乙　多利斯人殖民地及西西里

α	β	γ	δ	ε	F	z	η	ʰ	θ	ι	κ	λ	μ	ν	ξ	o	π	Μ	φ	ρ	σ	τ	υ	φ	χ	ψ	ω	Ρ
A,B,	I	D,	E	F	-	θ	⊗	I	K	Γ	Μ,	Ν	X	O	Γ		φ	Ρ	S	T	Y		Ψ	⋇?	-	:		
Α	B	Λ	Ε	Ʒ		Η	⊕	I	K	Λ	Μ	Ν	Ξ		Π		Ρ,S		V	Φ	Χ		:					
Α	Μ⁺C,Δ	E			⊙			Λ		Ν					Ρ		Y	X,										
Λ	<	Ε˟						Ν					Ρ		Y	+												
	Ε˟													Ρ														

（5）爱琴海诸岛

甲　伊奥尼亚诸岛

α	β	γ	δ	ε	F	z	η	ʰ	θ	ι	κ	λ	μ	ν	ξ	o	π	Μ	φ	ρ	σ	τ	υ	φ	χ	ψ	ω	Ρ
A,C	Λ	Δ	E	F		H	⊗,I	K	Γ	Μ	Ν	XS,	O	-	φ	Ρ,Σ	T	Φ	Χ,		:							
Α	B	Γ	Ε	C	I	H	⊕		K	Λ	Μ	Ν	□S⁺	Ω˟		Ρ	S	Y	Φ	+	ᚻS	Ω						
Α			E			□	⊙			Λ	Μ	Ξ				Ρ		V	Ψ?	Ω								
Α						Γ˟				Ν		Ξ				Ρ		Y		Ω								
												Ξ				Ρ				Ω								
																Ρ				Ω								
																				O˟								

乙　多利斯诸岛

α	β	γ	δ	ε	F	z	η	ʰ	θ	ι	κ	λ	μ	ν	ξ	o	π	Μ	φ	ρ	σ	τ	υ	φ	χ	ψ	ω	Ρ
A	℗⁺	Δ	Ε	F	Γ⁺	I	H	Ε⊗	⊗,S	K	Ⱶ⁺	Μ	Ν	κΜ	O	Γ	Μ	Φ	Ρ,		T	Y	Γ8	κ8	Γ˟	O×I		
Α	B⁺	Λ	Λ⁺	Ε	Γ⁺	H⁺	⊕	S	K	Ⱶ	Μ	Ν	Ξ	◎⁺	˺⁺		φ	Ρ		V	φ?	ʃ?	#⊠,					
Α	β˟	C˟	Ε	F	H⁺	⊙	I			Γ	Μ	Ν	Ξ	O⁺	˺		φ	D		V	Φ	Χ	⊙⁺⋈					
Λ⁺	R˟	Γ#	Ɐ⁺	F	H⁺						I⁺	V	◇	C			Ρ⁺					:						
	Μ#		Ε	Λ⁺	H	H˟#					Μ˟	Π⁺	C#	Ⰺ							:							

(6)希腊东部

甲 伊奥尼亚小亚十二城

α β γ δ ε Ϝ ζ η ⊢ θ ι κ λ μ ν ξ ο π Ϻ ϙ ρ σ τ υ φ χ ψ ω   Ρ

α	β	γ	δ	ε	Ϝ	ζ	η	⊢	θ	ι	κ	λ	μ	ν	ξ	ο	π	Ϻ	ϙ	ρ	σ	τ	υ	φ	χ	ψ	ω	Ρ
Α	Β	Γ	Δ	Ε	-	Ι	Β	Ϝ	⊗	I	Κ	Ϝ	Ϻ	Ϝ	Ξ	Ο	Γ	-	ϙ	Ρ	Ξ	Τ		Φ	Χ,	Ψ,ϛ	Ω	⫶
Α	Β	⊂				Η			⊕		Κ	Λ	Μ	Ν	Ξ					Ρ	Ξ		Ѵ Φ	+	Ψ	Ω	:
Α				Ε					Ο			Λ	Μ	Ν						Ρ	Ξ		Υ	Φ		Ω	⫶⫶
				Ε								Μ	Ϝ	Ν						Ρ	Ξ		Υ			Ω	:
																											⌣	

乙 多利斯人小亚六城与周边地区

α β γ δ ε Ϝ ζ η θ ι κ λ μ ν ξ ο π Ϻ ϙ ρ σ τ υ φ χ ψ Ρ

α	β	γ	δ	ε	Ϝ	ζ	η	θ	ι	κ	λ	μ	ν	ξ	ο	π	Ϻ	ϙ	ρ	σ	τ	υ	φ	χ	ψ	Ρ
Α,	Β,	Γ	Δ	Ε	-	Ι	Β	⊗	Ι	Κ	Ϝ	Ϻ	Ϝ	Χ ξ	Ο	Γ	-	Φ	Ρ,	Ϛ	Τ	Υ	φ	Ψ	Ω,	:
Α⁺	Β	Γ	Δ⁺	Ε		Η	⊕			Λ	Μ	Ν	Ξ	C⁺				ϙ	Ρ	Ξ		Υ	Φ	Ѵ	Ω	
Α	⊂		Ε				Ο			Λ	Μ	Ν	Ξ					Ρ	Ξ		Ѵ	Χ,		Ω		
				Ε								Ν	Ξ⁺					Ρ?			Υ	+		Ο⁺		
																								⌣		

附录4　阿提卡德莫译名对照表

　　希腊文中的"demos"，音译为"德莫"，作"村落""民众"等义项。经科里斯提尼公元前508/507年的改制，阿提卡地区的德莫成为一种人为的政治化区域，年满十八岁的男性则须于所在的德莫注册以获得公民权。有关德莫的数量，西方古典学界的统计多有不同。本篇附录系援自John S.特雷尔的研究成果(J.S.Traill, *The Political Organization of Attica*, Amsterdam: American School of Classical Studies at Athens, 1975, Appendix B)。

　　特雷尔所列"德莫"凡142个，其中包括六个地分两处的德莫，一个公元126/127年设立的安提努斯德莫('Αντινοείς)。下文所举未单列地分两处的德莫；安提努斯德莫因建立较晚，故未录。阿提卡地区的德莫名称大多源自其名祖——神或英雄，如以"-idai"结尾之复数形式，即多撷神或英雄名而为望族之谓，后又为其久居的德莫名，但也有一些词源不详。可考者，本表据名祖名译出，词源不详者，为音译。

　　德莫的"上"(καθύπερθεν)、"下"(ὑπένερθεν)之谓，系指离海远者、近者(参见 *LSJ*, 1992, p.856; p.1856)，非"上北下南"之寓意。下文中的相关释义主要见英文版《保利古典辞书新编》(*Brill's New Pauly*, *Antiquity*, 1–15, Hubert Cancik and Helmuth Schneider [eds.], Leiden-Boston: Brill, 2002–2010)。

A

Acharnai('Αχαρναί):阿哈尔纳伊，阿提卡最大的德莫，词源不详。据文献资料，其地望一说在帕尔奈斯山附近，一说在迈尼迪西南。

Acherdous('Αχερδούς):阿赫尔杜斯，名称盖与"ἄχερδος"(野梨树)一词有关。地望不详。

Agryle('Αγρυλή):阿戈拉乌洛斯，名称源自"Ἄγλαυρος"(科克罗普之女)，位于叙迈托斯山西坡，雅典城东南。阿戈拉乌洛斯德莫分为上下两个部分('Αγρυλή καθύπερθεν/'Αγρυλή ὑπένερθεν)，即北阿戈拉乌洛斯德莫与南阿戈拉乌洛斯德莫。

Aigilia(Αἰγιλιά):阿伊基罗斯，名称盖源自名祖阿伊基罗斯(Αἴγιλος)，位于阿提卡西南海岸。

Aithalidai（Αἰθαλίδαι）：阿伊萨利德斯，名称盖源自赫尔墨斯与埃乌波莱米娅之子阿伊萨利德斯（Αἰθαλίδης）。地望不详。

Aixone（Αἰξωνή）：阿伊克索内，词源不详，位于阿提卡西南海岸。

Alopeke（'Αλωπεκή）：阿劳贝克，词源不详，位于雅典城东南。

Amphitrope（'Αμφιτρόπηη）：安菲特洛贝，词源不详，位于劳里昂矿区。

Anagyrous（'Αναγυροῦς）：阿纳古鲁斯，名称盖源自名祖阿纳古鲁斯，位于叙迈托斯山西南。

Anakaia（'Ανακαία）：阿纳克斯，名称盖源自"Ἄνακες"，意为"二主"——宙斯的孪生子卡斯托尔（Κάστωρ）与波吕德乌克斯（Πολυδεύκης）；与"Ἄνακες"相关的有"'Ανακαία"——二主节庆、"'Ανάκειον"——二主神庙。地望不详。

Anaphlystos（'Ανάφλυστος）：阿纳弗吕斯托斯，名称源自特洛伊曾（Τροιζήν）之子阿纳弗吕斯托斯——后移居阿提卡，位于阿提卡西南海岸。

Angele（'Αγγελή）：昂戈罗斯，名称源自名祖昂戈罗斯（Ἄγγελος），位于阿提卡东海岸。

Ankyle（'Αγκυλή）：安库勒，词源不详。安库勒德莫分为上下两个部分，一为"上安库勒德莫"（'Αγκυλή καθύπερθεν），一为"下安库勒德莫"（'Αγκυλή ὑπένερθεν）。地处雅典城东南。

Aphidna（Ἄφιδνα）：阿菲德诺斯，名称盖源自传说中的当地王阿菲德诺斯（Ἄφιδνος），位于马拉松东北。

Apollonieis（'Απολλωνιεῖς）：阿波罗尼斯，名称源自阿塔罗斯一世之妻阿波罗尼斯。地望不详。

Araphen（'Αραφήν）：阿拉菲恩，词源不详，位于阿提卡东海岸。

Atene（'Ατήνη）：阿泰内，词源不详，位于阿提卡西南端。

Athmonon（Ἄθμονον）：阿斯莫农，词源不详，位于阿提卡东北。

Auridai（Αὐρίδαι）：阿乌里达伊，词源不详，位于厄琉西斯附近。

Azenia（'Αζηνιά）：阿泽尼亚，词源不详，位于厄琉西斯附近。

B

Bate（Βατή）：巴泰，词源不详，盖位于卫城东北。

Berenikidai(Βερενικίδαι)：贝莱尼克，名称源自托勒密三世之妻贝莱尼克
　　（Βερενίκη），位于厄琉西斯附近。

Besa(Βῆσα)：贝萨，词源不详，位于劳里昂矿区。

Boutadai(Βουτάδαι)：布泰斯，名称源自名祖布泰斯(Βούτης)，盖位于陶工区
　　西北。

C

Cholargos(Χολαργός)：霍拉尔戈斯，词源不详。地望不详。

Cholleidai(Χολλεῖδαι)：霍莱伊达伊，词源不详。地望不详。

D

Daidalidai(Δαιδαλίδαι)：达伊达罗斯，名称源自传说中的雕刻师达伊达罗斯
　　（Δαίδαλος），位于城墙东南。

Deiradiotai(Δειραδιῶταί)：德伊拉迪奥塔伊，名称盖与"δείρα"（山脊）一词有
　　关，位于阿提卡东南海岸。

Dekeleia(Δεκέλεια)：德克雷伊奥斯，名称源自名祖王德克雷伊奥斯(Δεκελείος)，
　　位于雅典与奥洛坡斯大道之间。

Diomeia(Διόμεια)：狄奥莫斯，名称源自传说中殖民该地的首领狄奥莫斯
　　（Διόμος），位于雅典城东南。

E

Eiresidai(Εἰρεσίδαι)：埃莱希达伊，词源不详，位于科菲索斯河东岸。

Eitea(Εἰτήα)：埃伊泰亚，词源不详。地望不详。据文献记载，历史上有两个
　　同名的埃伊泰亚德莫，一个属于安提奥霍斯部落，另一个不详。

Elaious('Ελαιοῦς)：埃拉伊奥乌斯，词源不详。地望不详。

Eleusis('Ελευσίς)：厄琉西斯，词源不详，位于雅典城西。

Epieikidai('Επιεικίδαι)：埃皮埃伊基达伊，名称盖与"'Επιεικής"（后裔）一词
　　有关。地望不详。

Epikephisia('Επικηφισία)：埃皮克菲西亚，词源不详，位于科菲索斯山谷。

Erikeia('Ερίκεια)：埃里克亚，名称盖与"'Ερείκη"（欧石南）一词有关。因在

雅典市中心的基普塞利（Κυψέλη）曾发现该德莫的法令铭文,故学界推断该地为埃里克亚德莫的原址。

Erchia（Ἐρχία）:埃尔西亚,词源不详,位于雅典城东。

Eroiadai（Ἐροιάδαι）:埃洛伊阿达伊,词源不详。地望不详。

Euonymon（Εὐώνυμον）:埃乌奥努蒙,名称盖与"εὐώνυμο"（欧卫矛）一词有关。其地望:东为叙迈托斯山;南界阿伊克索内德莫;西界阿里莫斯德莫;北临阿劳贝克德莫。

Eupyridai（Εὐπυρίδαι）:埃乌皮里达伊,名称盖与"εὔπυρος"（盛产谷物者）一词有关,位于雅典市郊的卡马泰罗（Καματερό）。

G

Gargettos（Γαργηττός）:伽尔戈托斯,名称源自名祖伽尔戈托斯,位于叙迈托斯山北端。

H

Hagnous（Ἁγνοῦς）:哈戈诺乌斯,词源不详。地望不详。

HalaiAixonides（Ἁλαί Αἰξωνίδες）:阿伊克索内德莫附近的哈拉伊（Ἁλαί,意为"盐场"）,位于阿提卡西海岸。

Halai Araphenides（Ἁλαί Ἀραφηνίδες）:阿拉菲恩德莫附近的哈拉伊,位于阿提卡东海岸。

Halimous（Ἁλιμοῦς）:哈利莫乌斯,名称盖与"ἅλιμος"（属于海的）或"ἅλιμον"（戟叶滨藜）有关,位于阿提卡西海岸。

Hamaxanteia（Ἁμαξάντεια）:哈马克散泰亚,词源不详。地望不详。

Hekale（Ἑκάλη）:赫卡勒,名称源自神话中一同名老妪。地望不详。

Hermos（Ἕρμος）:赫尔莫斯,词源不详,位于雅典至厄琉西斯的圣路。

Hestiaia（Ἑστιαία）:赫斯提亚,名称源自"Ἑστία"（女灶神）,盖位于雅典城东北。

Hippotomadai（Ἱπποτομάδαι）:希波托马达伊,词源不详。地望不详。

Hybadai（Ὑβάδαι）:叙巴达伊,词源不详。地望不详。

I

Ikarion(Ἰκάριον):伊卡洛斯,名称源自神话中第一个被酒神赐予葡萄酒的雅典人,位于彭泰利孔山北坡,现今之狄奥尼索斯(Διόνυσος)。

Ionidai(Ἰωνίδαι):伊昂,名称源自名祖伊昂(Ἴων)。地望不详。

Iphistiadai(Ἰφιστιάδαι):伊菲斯提奥斯,名称源自名祖伊菲斯提奥斯(Ἰφιστίος),位于雅典城墙东北。

K

Kedoi(Κηδοί):科多伊,词源不详。地望不详。

Keiriadai(Κειριάδαι):科伊里亚达伊,词源不详,位于雅典城墙外,普尼克斯山的西侧。

Kephale(Κεφαλή):科法罗斯,名称源自名祖科法罗斯(Κέφαλος),位于劳里昂矿区北端。

Kephisia(Κηφισιά):科菲西亚,词源不详,位于雅典市郊。

Kerameis(Κεραμεῖς):科拉莫斯,名称盖源自名祖科拉莫斯(Κέραμος)或陶工(κέραμος),位于陶工区。因科拉莫斯德莫的所在地"Κεραμεικός"亦与"Κέραμος"或"κέραμος"有关,故本书在述及德莫时作"科拉莫斯",地名时作"陶工区"。

Kettos(Κηττός):科托斯。词源不详。地望不详。

Kikynna(Κίκυννα):基库纳,词源不详。地望不详。

Koile(Κοίλη):科伊勒,"空地"之意,即普尼克斯山至宁芙岭(Λόφος Νυμφῶν)之间的空地。

Kollytos(Κολλυτός):科吕托斯,词源不详。地望不详。

Kolonai(Κολωναί):科罗纳伊,词源不详。地望不详。据文献记载,历史上有两个同名的科罗纳伊德莫,一个属于安提奥霍斯部落,一个属于勒奥斯部落。

Kolonos(Κολωνός):科罗诺斯,"山丘"之意,因当地有一处名为"马山"(Ἵππειος Κολωνός)的岩丘,而比邻雅典广场的山丘名作"Κολωνός Ἀγοραῖος"。

Konthyle(Κονθύλη):孔叙勒,词源不详。地望不详。

Kopros(Κόπρος):科普洛斯,"畜栏"之意,位于厄琉西斯东面。

Korydallos(Κορυδαλλός):科吕达罗斯,词源不详。地望不详。

Kothocidai(Κοθωκίδαι):科索基达伊,词源不详。地望不详。

Krioa(Κριώα):科里奥阿,词源不详。地望不详。

Kropidai(Κρωπίδαι):科洛皮达伊,词源不详。地望不详。

Kydantidai(Κυδαντίδαι):库丹提达伊,词源不详。地望不详。

Kydathenaion(Κυδαθήναιον):库达塞纳伊昂,词源不详,位于卫城北部。

Kytheros(Κύθηρος):库塞洛斯,词源不详。地望不详。

L

Lakiadai(Λακιάδαι):拉基奥斯,名称源自阿提卡名祖拉基奥斯(Λάκιος),位于科菲索斯山东侧的圣路。

Lamptrai(Λαμπτραί):拉姆普特拉伊,词源不详。拉姆普特拉伊德莫分为上下两个部分,一为"上拉姆普特拉伊德莫"(Λαμπτραί καθύπερθεν),一为"下拉姆普特拉伊德莫"(Λαμπτραί ὑπένερθεν),其中心位于现今之基奇(Κίτσι)。

Leukonoion(Λευκόνοιον):莱乌克诺尼昂,词源不详,位于现今之佩里斯特里(Περιστέρι)。

Lousia(Λουσία):劳乌西娅,名称源自阿提卡女性名祖劳乌西娅,位于雅典城西的科菲索斯山谷。

M

Marathon(Μαραθών):马拉松,词源不详,位于阿提卡东北海岸。

Melite(Μελίτη):迈利泰,名称源自阿提卡女性名祖迈利泰,位于地米斯托克利墙到卫城西之间。

Myrrhinous(Μυρρινοῦς):穆里诺乌斯,词源不详,位于现今之麦林达(Μερέντα)。

Myrrhinoutta(Μυρρινοῦττα):穆里诺乌塔,词源不详。地望不详。

O

Oa(Ὄα):奥阿,名称源自科法罗斯之女奥阿,位于现今之巴邦耶拉季(Παναγγελάκη)。

Oe(Ὀή):奥埃,词源不详。地望不详。

Oinoe(Οἰνόη):奥伊诺埃,名称盖源自女性名祖奥伊诺埃,位于马拉松平原。
历史上,有两个名为奥伊诺埃的德莫,一个属于希波松部落,另一个不详。

Oion(Οἶον):奥伊昂,词源不详。历史上有两个名为奥伊昂的德莫,一为科拉
莫斯德莫附近的奥伊昂德莫(Οἶον Κεραμεικόν),隶属于勒奥斯部落;一为
德克雷伊奥斯德莫附近的奥伊昂德莫(Οἶον Δεκελεικόν),隶属于希波松
部落。

Otryne(Ὀτρύνη):奥特吕内,词源不详。地望不详。

P

Paiania(Παιανία καθύπερθεν/ὑπένερθεν):帕伊阿尼亚,词源不详,位于叙迈
托斯山东侧。帕伊阿尼亚德莫分为两个部分,一为"上帕伊阿尼亚德莫"
(Παιανία καθύπερθεν),一为"下帕伊阿尼亚德莫"(Παιανία ὑπένερθεν)。

Paionidai(Παιονίδαι):帕伊昂,名称盖源自当地家族的名祖帕伊昂(Παῖων),
位于帕尔奈斯山南坡。

Pallene(Παλλήνη):帕拉斯,名称源自潘狄昂之子、英雄帕拉斯(Πάλλας),位
于雅典东北 20 公里处。

Pambotadai(Παμβοτάδαι):帕姆波塔达伊,词源不详。地望不详。

Peiraieus(Πειραιεύς):比雷埃夫斯,词源不详,位于雅典城南约 7 公里。

Pelekes(Πήληκες):佩莱克斯,词源不详。地望不详。

Pergase(Περγασή καθύπερθεν/ὑπένερθεν):佩尔伽瑟,词源不详,位于雅典
至阿菲德纳大道。佩尔伽瑟德莫分为两个部分,一为"上佩尔伽瑟德莫"
(Περγασή καθύπερθεν),一为"下佩尔伽瑟德莫"(Περγασή ὑπένερθεν)。

Perithoidai(Περιθοῖδαι):佩伊里索斯,名称源自名祖佩伊里索斯(Πειρίθοος),
位于科菲索斯山谷。

Phaleron(Φάληρον):法勒隆,词源不详,位于现今之古法勒隆(Παλαιό
Φάληρο)。

Phegaia(Φηγαία):费伽伊亚,词源不详,位于阿提卡东海岸。

Phegous(Φηγοῦς):费戈乌斯,词源不详。地望不详。

Philaidai (Φιλαΐδαι):腓拉伊奥斯,名称源自名祖腓拉伊奥斯(Φίλαιος),位于

阿提卡东海岸。

Phlya(Φλύα):弗吕奥斯,名称源自大地女神该亚之子弗吕奥斯(Φλύοs),位于雅典城东北。

Phrearrhioi(Φρεάρριοι):弗莱阿里奥伊,词源不详,位于阿提卡东南。

Phyle(Φυλή):弗勒,词源不详,位于帕尔奈斯山东侧。

Pithos(Πίθοs):皮塞乌斯,名称盖源自提修斯的外祖父皮塞乌斯(Πιθεύs),位于雅典城东 12 公里。

Plotheia(Πλώθεια):普罗塞亚,词源不详,位于彭泰利孔山东北坡。

Poros(Πόροs):波洛斯,词源不详。地望不详。

Potamos(Ποταμόs):波塔莫斯,"河流或河神"之意。波塔莫斯德莫分为两个部分,一为"上波塔莫斯"(Ποταμόs καθύπερθεν),一为"下波塔莫斯"(Ποταμόs ὑπένερθε)。

Potamos Deiradiotai(Ποταμόs Δειραδιῶται):德伊拉迪奥塔伊德莫附近的波塔莫斯,词源不详。

Prasiai(Πρασίαι):普拉西阿伊,词源不详,位于现今之波尔多拉夫蒂(Πόρτο Ράφτη)海湾南侧。

Probalinthos(Προβάλινθοs):普洛巴林索斯,词源不详。地望不详。

Prospalta(Πρόσπαλτα):普若斯帕尔塔,词源不详,位于现今之加利维亚(Καλύβια)西南。

Ptelea(Πτελέα):普泰莱昂,名称盖源自名祖普泰莱昂(Πτελέον)。地望不详。

R

Rhamnous(Ῥαμνοῦs):赫拉姆诺乌斯,名称盖与"ῥάμνοs"(带有棘刺的灌木)一词有关,位于阿提卡东南海岸。

S

Semachidai(Σημαχίδαι):塞马克斯,名称源自名祖塞马克斯(Semakhos,盖为西部闪族语),位于彭泰利孔山西坡。据传说,塞马克斯是雅典人中第一个款待酒神的人。

Skambonidai(Σκαμβωνίδαι):斯卡姆伯尼达伊,词源不详,位于地米斯托克利
墙内。

Sounion(Σούνιον):苏尼昂,词源不详,位于阿提卡的最南端。

Sphettos(Σφηττός):斯菲托斯,名称来源于特洛伊曾之子、佩洛普斯之孙斯菲
托斯,位于现今之科罗毕(Κορωπί)。

Steiria(Στειρία):斯泰伊里阿,词源不详。地望不详。

Sybridai(Συβρίδαι):叙伯里达伊,词源不详。地望不详。

Sypalettos(Συπαληττός):叙帕勒托斯,词源不详。地望不详。

T

Teithras(Τείθρας):泰伊斯拉斯,词源不详。地望不详。

Themakos(Θημακός):塞马克斯,词源不详。地望不详。

Thorai(Θοραί):索拉伊,词源不详,位于阿提卡西南海岸。

Thorikos(Θορικός):索里克斯,词源不详,位于阿提卡东南海岸。

Thria(Θρία):斯里阿,词源不详,位于厄琉西斯东北。

Thymaitadai(Θυμαιτάδαι):叙莫伊泰斯,名称源自提修斯家族在雅典的最后
一位王叙莫伊泰斯(Θυμοίτης),位于现今之科拉奇尼(Κερατσίνι)。

Trikorynthos(Τρικόρυνθος):特里克伦索斯,词源不详,位于现今之卡多苏利
(Κάτω Σούλι)的东北湿地。

Trinemeia(Τρινέμεια):特里奈美亚,词源不详,位于科菲索斯河上游。

Tyrmeidai(Τυρμεῖδαι):图迈伊达伊,词源不详。地望不详。

X

Xypete(Ξυπέτη):科叙佩泰,词源不详,位于比雷埃夫斯东北。

附录5 译名对照表

A

Abdera 阿布德拉

Abu Simbel 阿布辛比勒

Acamantis 阿卡马斯部落

Acanthos 阿坎索斯

Acarnania 阿卡尔纳尼亚

Achaea 阿卡亚

Acherdous 阿赫尔杜斯

Acragantines 阿克拉伽斯人

Acragas 阿克拉伽斯

Adaios 阿达伊奥斯

Adeimantos 阿德伊曼托斯

Adrastos 阿德拉斯托斯

Aeantis 阿亚克斯部落

Aegeis 阿伊戈奥斯部落

Aegina 埃吉纳

Aegira 阿埃基拉

Aegisthos 埃癸斯托斯

Aegospotami 羊河

Aeniania 阿埃尼亚尼亚

Aeschulos 埃斯库罗斯

Aethiopia 埃塞俄比亚

Aetna 埃特纳

Agamemnon 阿伽门农

Agatharchos 阿伽萨尔霍斯

Agathocles 阿伽索克勒斯

Agelaos 阿格拉奥斯

Agelas 阿格拉斯

Agenor 阿戈诺尔

Aglocritos 阿戈罗克里托斯

Agoratos 阿戈拉托斯

Agraea 阿戈拉埃亚

Aiacos 阿伊阿克斯

Aielouros 阿伊埃鲁洛斯

Aigeos 阿伊戈奥斯

Aigialeos 阿伊基阿莱奥斯

Aigilos 阿伊基罗斯

Ainos 阿伊诺斯

Aischines 阿伊斯基奈斯

Aischylos 阿伊斯叙罗斯

Aisimos 阿伊西莫斯

Aithalides 阿伊萨利德斯

Ajax 阿亚克斯

Alcetas 阿尔克塔斯

Alcibiades 阿尔基比亚德斯

Alcimachos 阿尔基马霍斯

Alcimos 阿尔基莫斯

Alexandria 亚历山大城

Alexias 阿莱克西亚斯

Alyattes 阿吕阿泰斯

Amadocos 阿马多克斯

Amantia 阿曼提亚

Amasis 阿玛西斯

Ambacia 安布拉吉亚

Ameiniades 阿美尼阿德斯

Amoibichos 阿莫伊比霍斯

Amorgos 阿摩哥斯

Amphiaraos 安菲亚拉奥斯

Amphictuon 安菲克图昂

Amphilochos 安菲劳霍斯

Amphinneos　安菲内奥斯

Amphinomos　安菲诺莫斯

Amphipolis　安菲波利斯

Amphitrope　安菲特洛贝

Amuntas　阿闵塔斯

Anactorium　阿纳克托里乌姆

Anaxagoras　阿纳克萨高拉斯

Anaxanor　阿纳克萨诺尔

Anaxicratos　阿纳克西克拉托斯

Anaxipolis　阿纳克西波利斯

Andron　安德容

Andros　安德罗斯

Androtion　安德罗提昂

Antheias　安塞伊阿斯部落

Antichares　安提哈莱斯

Anticles　安提克莱斯

Anticrates　安提克拉泰斯

Antidoros　安提多洛斯

Antidotos　安提多托斯

Antigenes　安提格奈斯

Antigonos　安提戈诺斯

Antimachos　安提马克斯

Antinous　安提努斯

Antiochis　安提奥霍斯部落

Antipatros　安提帕特

Antiphamos　安提法莫斯

Antiphanes　安提法奈斯

Antiphon　安提丰

Antissa　安提萨

Apamea　阿帕美亚

Apellodoros　阿派罗多洛斯

Aphidna　阿菲德纳

Aphrodite　阿芙罗狄忒

Aphytis　阿弗提斯

Apollodoros　阿波罗多洛斯

Appolonia　阿波罗城

Apseudes　阿普塞乌德斯

Aracos　阿拉克斯

Arbela　阿尔贝拉

Arcadia　阿尔卡狄亚

Arcanania　阿尔卡纳尼亚

Archagathos　阿尔哈伽索斯

Archeas　阿尔赫阿斯

Archedemos　阿尔赫德莫斯

Archelas　阿尔赫拉斯

Archemoros　阿尔赫莫洛斯

Archepolis　阿尔赫波利斯

Archestos　阿尔赫斯特拉托斯

Archias　阿尔西亚斯

Archilochos　阿尔西劳霍斯

Archimachos　阿尔西马霍斯

Archipolis　阿尔西波利斯

Archippos　阿尔西普斯

Areopagos　阿莱奥帕格斯

Ares　阿莱斯

Aresaichmos　阿莱萨伊克莫斯

Aretacritos　阿莱塔克里托斯

Arethousa　阿莱苏萨

Argolis　阿哥斯地区

Argos　阿哥斯

Ariaiton　阿里阿伊同

Aridaios　阿里达伊奥斯

Ariphron　阿里弗隆

Aristarchos　阿里斯塔尔霍斯

Aristeides　阿里斯泰德斯

Aristion　阿里斯提翁

Aristis　阿里斯提斯

Aristocles　阿里斯多克莱斯

Aristocrates　阿里斯托克拉泰斯

Aristodicos　阿里斯托迪克斯

Aristogiton　阿里斯多基同

Aristomachos　阿里斯托马霍斯

Aristonicos　阿里斯多尼克斯

Aristonymos　阿里斯托尼莫斯

Aristophahes　阿里斯多法奈斯

Aristophon　阿里斯托丰

Aristopithes　阿里斯托皮塞斯

Aristoteles　阿里斯多泰莱斯

Aristullos　阿里斯图罗斯

Armenia　亚美尼亚

Arrhidaios　阿里达伊奥斯

Artabazos　阿尔塔巴佐斯

Artaphernes　阿尔塔弗尔奈斯

Artaxerxes　阿尔塔薛西斯

Artemis　阿尔特弥斯

Artemisium　阿尔特弥斯神庙/海角

Asclapiodoros　阿斯克拉庇奥多洛斯

Asclepiades　阿斯克莱庇阿德斯

Asclepios　阿斯克勒庇奥斯

Asia　亚细亚

Aspetos　阿斯佩托斯

Asteios　阿斯特伊奥斯

Astraia　阿斯特拉亚

Astudamas　阿斯图达马斯

Astyanax　阿斯图阿纳克斯

Astyphilos　阿斯图菲罗斯

Athamania　阿撒马尼亚

Athanagoras　阿撒纳戈拉斯

Athanaios　阿撒纳伊奥斯

Athanas　阿撒纳斯

Athena　雅典娜

Athenae　阿塞纳埃

Athmonia　阿斯莫尼亚

Athos　阿索斯

Attalos　阿塔罗斯

Autagathos　阿乌塔伽索斯

Autocles　阿乌托克莱斯

Autolycos　阿乌托吕克斯

Axiopeithes　阿克西奥佩塞斯

Azenia　阿泽尼亚

B

Barsine　巴尔西内

Bastarnae　巴斯塔奈人

Bate　巴泰

Bathycles　巴苏克莱斯

Battos　巴托斯

Berenice　贝莱尼克

Berisades　贝里萨德斯

Bessos　贝索斯

Bias　比阿斯

Bion　比昂

Boetia　彼奥提亚

Bottiaea　波提阿埃亚

Boutes　布泰斯

Brauron　布拉乌隆

Brea　布莱亚

Brentes　布兰泰斯

Bryon　布吕昂

C

Cadmea　卡德莫斯堡

Cadmos　卡德莫斯

Cairimos　卡伊里莫斯

Calicles　卡利克莱斯

Calliades　卡利亚德斯

Cleinothos　科雷伊诺索斯

Cleisophos　科雷索弗斯

Cleisthenes　科里斯提尼

Cleitos　科雷伊托斯

Cleoburos　科莱奥布罗斯

Cleocritos　科莱奥克里托斯

Cleon　科莱昂

Cleonai　科莱奥纳伊

Cleonymos　科莱奥努莫斯

Cleuboulos　科莱乌布罗斯

Clytaemnetra　科吕泰涅斯特拉

Cnidos　科尼多斯

Cniphon　科尼封

Cocalos　科卡罗斯

Coile　科伊勒

Colchis　科尔基斯

Collytos　科吕托斯

Colophon　科罗丰

Comeos　科美奥斯

Comon　科蒙

Condon　孔冬

Conon　科农

Coracos　科拉克斯

Corcyra　科尔库拉

Core　科瑞

Coresia　科莱西亚

Corinthos　科林斯

Coroibos　科洛伊波斯

Coronea　科罗内亚

Cos　科斯

Cotys　科图斯

Coursala　库尔萨拉

Cranaos　科拉纳奥斯

Crateas　克拉泰阿斯

Crateros　科拉特洛斯

Crates　科拉泰斯

Craton　科拉同

Craugis　科拉乌基斯

Cresphontes　科莱斯丰泰斯

Crete　克里特

Crithis　科里希斯

Critiades　科里提亚德斯

Critios　科里提奥斯

Croesos　科罗伊索斯

Cronos　科罗诺斯

Ctesicles　科特西克莱斯

Cybelon　库贝隆

Cyclades　库克拉德斯群岛

Cycneas　库克内阿斯

Cydathenaion　库达塞纳伊昂

Cydon　库冬

Cypros　塞浦路斯

Cypselos　库普塞罗斯

Cyrene　库勒内

Cyrra　库拉

Cytherros　库塞洛斯

Cythnos　库斯诺斯

Cyzicos　库齐克斯

D

Daidalos　达伊达罗斯

Daippos　达伊普斯

Damasicleios　达马西克莱奥斯

Damasios　达马西奥斯

Damis　达米斯

Damnameneos　达莫纳美内奥斯

Damotimos　达莫提莫斯

Danaos　达那奥斯

Dardania　达达尼亚

Darios　大流士

Datis　达提斯

Deceleios　德克雷伊奥斯

Deinodices　德伊诺迪克斯

Deinomenes　德伊诺迈奈斯

Deirmendjik　代尔曼德基克

Delos　提洛

Delphi　德尔菲

Demeter　得墨忒耳

Demetrios　德莫特里奥斯

Democleides　德莫克雷伊德斯

Democles　德莫克莱斯

Demogenes　德莫戈奈斯

Demophilos　德莫菲罗斯

Demosthenes　德莫斯提尼

Demostratos　德莫斯特拉托斯

Demoteles　德莫泰莱斯

Derdenes　德尔德奈斯

Deucalion　德乌卡里昂

Dexileos　德克西莱奥斯

Dicaia　狄卡亚

Dicaios　狄卡伊奥斯

Dıdyma　狄迪马

Dieiphes　狄耶伊弗斯

Dieos　狄埃奥斯

Diitrephes　狄伊特莱弗斯

Dioceles　狄奥克莱斯

Diodoros　狄奥多洛斯

Diogenes　狄奥戈奈斯

Diognetos　狄奥戈奈托斯

Diomos　狄奥莫斯

Dion　狄雍

Dione　狄奥内

Dionusios　狄奥尼西奥斯

Dionysos　狄奥尼索斯

Diopeithes　狄奥佩塞斯

Diophantos　狄奥方托斯

Diotimos　狄奥提莫斯

Diphilos　狄菲罗斯

Dodona　多多那

Dracon　德拉古

Dracontides　德拉孔提德斯

Dreros　德莱洛斯

Duris　杜里斯

E

Echetimos　埃克提莫斯

Elaiousia　埃拉伊乌西亚

Elephantine　埃勒凡泰尼

Eleusis　厄琉西斯

Eleutherai　埃莱乌塞拉伊

Elimiotis　埃利米奥提斯

Elis　埃利斯

Epacria　埃帕克里亚

Epaminondas　埃帕米农达斯

Ephesos　以弗所

Epichares　埃皮哈莱斯

Epicharmos　埃皮哈尔摩斯

Epidauros　埃皮达洛斯

Epieices　埃皮埃伊克斯

Epigenes　埃皮戈奈斯

Epirus　伊庇鲁斯

Epiteles　埃皮特莱斯

Erasinides　埃拉西尼德斯

Erchia　埃尔西亚

Erechtheis　埃莱赫塞奥斯部落

Erechtheos　埃莱赫塞奥斯

Halicarnassos　哈利卡尔纳索斯

Halirrhothios　哈利罗提奥斯

Hamilcar　哈米尔卡

Harmodios　哈尔莫迪奥斯

Hecale　赫卡勒

Hecataios　赫卡塔伊奥斯

Hegelochos　赫戈洛霍斯

Hegemon　赫戈蒙

Hegesandros　赫戈山德洛斯

Hegesias　赫戈西阿斯

Hegesios　赫戈西奥斯

Hegesippos　赫戈西普斯

Helena　海伦

Helesibios　赫勒西比奥斯

Helios　赫利奥斯

Hellen　赫伦

Hellespont　赫勒斯滂

Hera　赫拉

Heracleides　赫拉克莱德斯

Heracles　赫拉克勒斯

Heraclios　赫拉克里奥斯

Hermes　赫尔墨斯

Hermion　赫尔米昂

Hermocritos　赫尔莫克里托斯

Hermodoros　赫尔莫多洛斯

Hermos　赫尔摩斯

Herocleides　赫洛克莱德斯

Herodotos　希罗多德

Hestia　灶神

Hestiaios　赫斯提阿伊奥斯

Hieroboulos　希耶罗布罗斯

Hierocleides　希耶罗克雷伊德斯

Hierocles　希耶罗克莱斯

Hieroitas　希耶罗伊塔斯

Hieron　希耶隆

Hieronymos　希耶罗尼莫斯

Himera　希莫拉

Hipparchos　希帕尔霍斯

Hippias　希庇亚斯

Hippocrates　希波克拉泰斯

Hippodamas　希波达马斯

Hippothontis　希波松部落

Histiaea　希斯提亚埃亚

Hyagnis　胡阿格尼斯

Hygiainon　胡基亚伊农

Hygieia　叙基埃娅

Hymettos　叙迈托斯山脉

Hyperbolos　西佩尔保罗斯

Hypodicos　胡珀底克斯

Hystaspes　胡斯塔斯拜斯

I

Ialysos　伊阿吕索斯

Iason　伊阿宋

Iasos　伊阿索斯

Icaria　伊卡利亚

Icaros　伊卡洛斯

Icos　伊克斯

Ida　伊达

Ilion　伊利昂

Illyria　伊吕里亚

Imbros　因布洛斯

Ion　伊昂

Ionia　伊奥尼亚

Ioulis　伊奥乌利斯

Iphecrates　伊菲克拉泰斯

Iphistios　伊菲斯提奥斯

Ischia　伊斯基亚

Issos　伊索斯

Iulius　尤利乌斯

L

Laches　拉赫斯

Laciadai　拉基亚达伊

Lacios　拉基奥斯

Ladarma　拉达尔马

Lagorinos　拉戈里诺斯

Lamia　拉米亚

Lampon　兰蓬

Laomedon　拉奥麦冬

Laossos　拉奥索斯

Lartos　拉尔托斯

Lemnos　勒莫诺斯

Leogoros　雷奥戈罗斯

Leonippos　勒奥尼普斯

Leontis　勒奥斯部落

Leostratos　莱奥斯特拉托斯

Leotratos　莱奥特拉托斯

Lepreum　莱普雷乌姆

Leptines　莱普提奈斯

Lesbos　莱斯沃斯

Lete　莱忒

Leucadia　莱乌卡底亚

Leucippos　莱乌基波斯

Leucoreia　吕克莱亚

Leuctra　留克特拉

Lindos　林多斯

Lobon　劳庞

Locris　罗克里斯

Lucius Mummius　鲁奇乌斯·穆米乌斯

Lycaithos　吕卡伊索斯

Lyceos　吕克奥斯

Lyceum　吕克昂

Lycia　吕基亚

Lycopadas　吕克帕达斯

Lycophron　吕克弗隆

Lycourgos　吕库尔戈斯

Lydia　吕底亚

Lysander　来山德

Lysanias　吕萨尼阿斯

Lysanios　吕萨尼奥斯

Lysias　吕西亚斯

Lysicles　吕西克莱斯

Lysimachos　吕西马霍斯

Lysiphon　吕西封

Lysistratos　吕西斯特拉托斯

Lyson　吕松

M

Magnesia　马格奈西亚

Malia　马利亚

Manticlos　曼提克罗斯

Mantinea　曼提内亚

Marathon　马拉松

Marcus Annius　马尔库斯·阿尼乌斯

Mardonios　马尔多尼奥斯

Maronea　马罗内亚

Medi　米底

Megacleides　迈伽克雷伊德斯

Megacles　迈伽克莱斯

Megara　迈加拉

Melanippides

Melite　迈利泰

Melitene　迈利特内

Melos　迈罗斯

Memnon　迈穆农

Memphis　孟菲斯

Menandros　迈南德洛斯

Mende　曼德

Menecrates　迈奈克拉泰斯

Menelaos　迈奈拉奥斯

Menestheos　迈奈斯塞奥斯

Menestratos　迈奈斯特拉托斯

Menidi　迈尼迪

Menis　迈尼斯

Menon　迈农

Mentor　曼托尔

Meriones　迈里奥奈斯

Meropis　迈罗皮斯

Mesogeia　迈索戈亚

Messenia　美塞尼亚

Methone　迈索内

Methymna　迈苏姆纳

Micion　米基昂

Micon　米孔

Miletos　米利都

Miltiades　米尔提亚德斯

Minerva　米涅尔瓦

Minoa　米诺斯城

Minos　米诺斯

Mithradates　米斯里达泰斯

Mnesilaos　姆内西拉奥斯

Mnesiphilos　姆内西菲罗斯

Molon　摩隆

Molos　摩罗斯

Molossos　摩罗索斯

Moschos　摩斯霍斯

Mounychia　穆努基亚

Myconos　穆科诺斯

Mynnion　穆尼昂

Myos　穆奥斯

Myron　穆隆

Myson　穆松

Mytiline　密提林

N

Nausigenes　纳乌西戈奈斯

Nausinicos　纳乌西尼克斯

Naxiades　纳克西亚德斯

Naxos　纳克索斯

Neleos　奈勒奥斯

Nellos　奈罗斯

Nemea　奈美亚

Neocles　奈奥克莱斯

Neoptolemos　奈奥普托勒莫斯

Nestor　奈斯托尔

Nicagoras　尼卡戈拉斯

Nicandre　尼坎德勒

Nicanor　尼卡诺尔

Nicasylos　尼卡苏罗斯

Nicesermos　尼克塞尔莫斯

Nicetos　尼克托斯

Nicias　尼西阿斯

Nicocles　尼克克莱斯

Nicocrates　尼克克拉泰斯

Nicodemos　尼克德莫斯

Nicoleos　尼克莱奥斯

Nicomachos　尼克马霍斯

Nicophemos　尼克斐莫斯

Nicophilos　尼克菲罗斯

Nicophronos　尼克弗洛诺斯

Nicostratos　尼克斯特拉托斯

Nympharetos　努姆法勒托斯

Nysa　努萨

O

Odessa   奥德萨

Oeneis   奥伊内奥斯部落

Oetea   奥埃特亚

Oianthea   奥伊安塞亚

Olymbias   奥林比亚斯

Olympichos   奥林匹霍斯

Olynthos   奥林索斯

Onasos   奥纳索斯

Onesimos   奥奈西莫斯

Onetorides   奥奈托里德斯

Oniades   奥尼亚德斯

Onomastos   奥诺马斯托斯

Ophelas   奥费拉斯

Orchomenos   奥尔克美诺斯

Orestes   俄瑞斯忒斯

Oropos   奥洛坡斯

Orpheos   奥尔费奥斯

Orthoboulos   奥尔索布罗斯

P

Pabis   帕比斯

Paion   帕伊昂

Pairisadas   帕伊里萨达斯

Palacos   帕拉克斯

Palaisciathos   斯基亚索斯老城

Pallas   帕拉斯

Paltes   帕尔泰斯

Pancis   潘吉斯

Pandaros   潘达洛斯

Pandion   潘狄昂

Pandionis   潘狄昂部落

Pandios   潘狄奥斯

Pantaretos   潘塔莱托斯

Panticapaion   潘提卡帕伊昂

Parmeniscos   帕尔迈尼克斯

Parmenon   帕尔迈农

Parnassos   帕尔纳索斯

Parnes   帕尔奈斯山

Paros   帕罗斯

Pausanias   保桑尼阿斯

Pedon   佩冬

Peiraieus   比雷埃夫斯

Pelargicon   皮拉斯基人城墙

Peleus   珀琉斯

Pelopidas   佩罗皮达斯

Peparethos   佩帕莱索斯

Perdiccas   贝尔迪卡斯

Pergamum   帕加马

Periandros   佩里安德洛斯

Pericles   伯里克利

Perinthos   派林索斯

Perrhaebia   派拉埃比亚

Persephone   珀尔塞福涅

Phaennos   法埃诺斯

Phaidimides   法伊迪米德斯

Phainippides   法伊尼皮德斯

Phainippos   法伊尼普斯

Phalacros   法拉克洛斯

Phalaris   法拉里斯

Phanastratos   法纳斯特拉托斯

Phanias   法尼亚斯

Phantocles   范托克勒斯

Pharnabazos   法尔纳巴佐斯

Phaselis   法塞利斯

Pheidon   费冬

Pherae   费拉埃

Pherecles　费莱克莱斯

Philaios　腓拉伊奥斯

Philemon　腓勒蒙

Philinos　腓力诺斯

Philios　腓力奥斯

Philippos　腓力

Philistides　腓力斯提德斯

Philistos　腓力斯托斯

Philittios　腓力提奥斯

Philochares　腓罗哈莱斯

Philocles　腓罗克莱斯

Philocomos　腓罗克莫斯

Philocrates　腓罗克拉泰斯

Philon　腓隆

Philopoemen　腓罗普埃蒙

Philorgos　腓罗尔戈斯

Philotas　腓罗塔斯

Philourgos　腓鲁尔戈斯

Philoxenos　腓罗克塞诺斯

Phlios　弗利奥斯

Phlyos　弗吕奥斯

Phocaia　弗卡亚

Phocis　弗基斯

Phocos　弗克斯

Phoenicia　腓尼基

Phrasicleides　弗拉西克雷德斯

Phraxos　弗拉克索斯

Phrygia　弗吕基亚

Phrynichos　弗吕尼霍斯

Phthiotis　弗提奥提斯

Phylacos　弗拉克斯

Phyromachos　弗洛马霍斯

Pieria　皮埃里亚

Pisistratos　庇西斯特拉托斯

Pistocrateos　皮斯托克拉特奥斯

Pitheus　皮塞乌斯

Pithodelos　庇多德罗斯

Pittacos　皮塔克斯

Platea　普拉提亚

Pleiston　普雷伊斯同

Pnyx　普尼克斯

Poiessa　波伊埃萨

Polemarchos　波雷马尔霍斯

Polites　波利泰斯

Pollis　波利斯

Polyainos　波吕阿伊诺斯

Polycles　波吕克莱斯

Polydeuces　波吕德乌克斯

Polyidos　波吕伊多斯

Polymnis　波吕姆尼斯

Polyon　波吕昂

Polystratos　波吕斯特拉托斯

Polyzalos　波吕扎罗斯

Polyzelos　波吕泽洛斯

Pompeius　庞培

Pontos　本都

Poplius　普布利乌斯

Poseidippos　波塞迪普斯

Poseidon　波塞冬

Poseidonia　波塞冬城

Potidaea　波提达埃亚

Praxias　普拉克西阿斯

Praximenes　普拉克西迈奈斯

Priene　普里埃内

Pronnoi　普罗诺伊

Prophetes　普罗菲泰斯

Propontis　普罗滂沱斯

Protagolas　普罗塔戈拉

Protarchos　普罗塔尔霍斯

Psammates　普萨马泰斯

Psamtic　普萨美提克

Ptolemaeos　托勒密

Pydna　皮德纳

Pyrgoteles　普尔戈特莱斯

Pyrrha　普拉

Pyrrhandros　普兰德洛斯

Pyrrhos　皮鲁士

Pythannas　普撒纳斯

Python　普西昂

Pythodelos　普索德罗斯

Pythodoros　普索多洛斯

Python　普松

R

Rameses　拉美西斯

Rhea　赫莱娅

Rhegium　赫雷基乌姆

Rhesos　赫雷索斯

Rhodocles　赫洛多克拉斯

Rhysiades　赫吕西阿德斯

S

Salamis　萨拉米

Samos　萨摩斯

Samothrace　萨摩斯拉斯

Sannion　萨尼昂

Sappho　萨福

Sardis　萨尔底斯

Saturides　萨图里多斯

Saturos　萨图洛斯

Saumacos　萨乌马克斯

Sciathos　斯基亚索斯

Scirophorion　斯基洛弗里昂

Scopas　斯克帕斯

Scyros　斯库洛斯

Scythia　西叙亚

Seleucos　塞琉古

Selumbria　塞吕姆布里亚

Semichides　塞米西德斯

Serdaioi　塞尔达伊奥伊人

Sicelia　西西里

Sicinos　西基诺斯

Sicyon　西库昂

Silenos　西莱诺斯

Simias　西米阿斯

Simon　西蒙

Simonides　西摩尼德斯

Sindron　辛德隆

Sinis　西尼斯

Sinope　西诺贝

Siphnos　西弗诺斯

Smicrion　斯米克里昂

Smyrna　斯穆尔纳

Socles　索克莱斯

Soclos　索克罗斯

Socratides　索克拉提德斯

Solon　梭伦

Somenes　索美奈斯

Sosandros　索桑德洛斯

Sosicrates　索西克拉泰斯

Sosilas　索西拉斯

Sosiphanes　索西法奈斯

Sosis　索西斯

Sotelides　索泰利德斯

Sphettos　斯菲托斯

Spoudias　斯普狄亚斯

Stagira　斯塔基拉

Stephanos　斯特法诺斯

Stesichoros　斯特西霍洛斯

Stratocles　斯特拉托克莱斯

Stratonax　斯特拉托纳克斯

Stratos　斯特拉托斯

Styria　斯图里亚

Sybaris　叙巴里斯

Syma　叙马

Syracusae　叙拉古

Syria　叙利亚

Syros　叙洛斯

T

Tanais　塔纳伊斯

Tarentum　塔兰图姆

Tauris　塔乌里斯

Tauriscos　塔乌里斯科斯

Teisandros　特伊桑德洛斯

Teisulos　特伊叙罗斯

Teleles　特莱勒斯

Telemachos　特勒马霍斯

Telephos　特莱弗斯

Telestes　特莱斯泰斯

Temenos　特麦诺斯

Tenedos　特奈多斯

Tenos　特诺斯

Teos　特伊奥斯

Terpander　特尔潘德尔

Tetichos　特提霍斯

Tetrapolis　泰特拉波利斯

Teucros　特乌克洛斯

Thargelios　萨尔戈利奥斯

Tharsagoras　萨尔撒格拉斯

Thasos　萨索斯

Theaitetos　塞阿伊特托斯

Thebai　底比斯

Theles　泰勒斯

Themistocles　地米斯托克利

Theodoros　塞奥多洛斯

Theodosia　塞奥多西亚

Theogeiton　塞奥戈伊同

Theomnestos　塞奥姆奈斯托斯

Theophrastos　塞奥弗拉斯托斯

Theopompos　塞奥彭普斯

Theoros　塞奥罗斯

Theotimos　塞奥提莫斯

Thera　塞拉

Thermopylae　温泉关

Theron　塞隆

Theseus　提修斯

Thespia　塞斯皮亚

Thespis　塞斯皮斯

Thessalonica　塞萨罗尼科城

Thessalos　塞萨罗斯

Theugenes　塞乌戈奈斯

Thoricos　索里克斯

Thourioi　苏里奥伊

Thracia　色雷斯

Thrasubolos　斯拉苏伯罗斯

Thrasyboulos　斯拉苏布罗斯

Thrasyllos　斯拉苏罗斯

Thymondas　叙蒙达斯

Timachidas　提马希达斯

Timachos　提马霍斯

Timenor　提麦诺尔

Timocrates　提莫克拉泰斯

Timocritos　提莫克里托斯

Timonides   提莫尼德斯

Timonothos   提莫诺索斯

Timotheos   提莫塞奥斯

Timoxenos   提莫克塞诺斯

Tiryns   提林斯

Tlapolemos   特拉波莱莫斯

Tlasias   特拉斯亚斯

Tricala   特里卡拉

Triptolemos   特里普托勒莫斯

Troezen   特洛伊曾

Troia   特洛伊

X

Xanthippos   科桑提普斯

Xenagoras   科塞纳戈拉斯

Xenocrates   科塞诺克拉泰斯

Xenodocos   色诺多克斯

Xerxes   薛西斯

Xextius Pompeius   塞克斯提乌斯·庞培

Z

Zacynthos   扎库恩索斯

Zea   齐亚

Zenon   泽农

Zeus   宙斯

参考书目

一、工具书

- Bérard, F., Feissel, D., Laubry N., et al., *Guide de l'épigraphiste : Bibliographie choisie des épigraphies antiques et médiévales*, Rue d'Ulm 4ᵉ édition, 2010.
- Cancik, H. and Schneider, H., (Antiquity) and Landfester, M., (Classical Tradition) , English translation edited by Christine F.Salazar(Antiquity)and Francis G.Gentry(Classical Tradition) , *Brill's New Pauly*, Leiden-Boston : Brill, 2002-.
- Chantraine, p., *Dictionaire étymologique de la langue grecque*, Paris : Editions Klincksieck, 1990.
- Smith, W., ed., *Dictionary of Greek and Roman Biography and Mythology*, Ann Arbor, University of Michigan Library, 2005.
- Thompson, E.M., *A Handbook of Greek and Latin Palaeography*, Chicago : Ares Publishers, 1966.

二、铭文整理

- Chandler, R., ed., *Marmora Oxoniensia*, Oxonii e Typographeo Clarendoniano, MDCCLXIII.
- Paton, W.R.and Hicks, E.L., *The Inscriptions of Cos*, Oxford : Clarendon Press, 1891.
- Rhodes, P.J.and Osborne, R., eds., *Greek historical inscriptions : 404－323 BC*, Oxford : Oxford University Press, 2003.
- Seldenus, J., ed., *Marmora Arundelliana*, Londoni apud Ioannem Billium Typographeum Regium, MDCXXIX.
- Stroud, R.S., *The Athenian Grain-Tax law of 374/3 B.C.*, *Hesperia Supplement* 29, American School of Classical Studies at Athens, 1998.
- Willetts, R.F., *The Law Code of Gortyn*, Kadmos, Suplement I, Berlin : de Gruyter, 1967.

三、铭文学论著

- Austin, R.P., *The Stoichedon Style in Greek Inscriptions*, Oxford: Oxford University Press, 1938.

- Baumbach, M. et al., eds., *Archaic and Classical Greek Epigram*, Cambridge: Cambridge University Press, 2010.

- Bodel, J., ed., *Epigraphic Evidence: Ancient history from inscriptions*, Routledge, 2001.

- Cook, B.F., *Greek Inscriptions*, London: British Museum Publications, 1987.

- Hicks, E.L. and Hill, G.F., *A Manual of Greek Historical Inscriptions*, Oxford: Clarendon Press, 1901.

- Immerwahr, H.R., *Attic Script*, Oxford: Clarendon Press, reprinted 2003.

- Lambert, S., *Inscribed Athenian Law and Decrees 352/1 - 322/1 BC*, Leiden-Boston: Brill, 2012.

- Liddel, P. and Low, P., eds., *Inscriptions and Their Uses in Greek and Latin Literature*, Oxford: Oxford University Press, 2013.

- Mclean, B.H., *An Introduction to Greek Epigraphy of the Hellenistic and Roman Periods from Alexander the Great down to the Reign of Constantine (323B.C.-A.D.337)*, The University of Michigen Press, 2005.

- Woodhead, A.G., *The Study of Greek Inscriptions*, Cambridge: Cambridge University Press, 1981.

后　　记

平日读史,常常会遇到铭文,总感到只可远观。直到有一天,因一篇早期铭文的不同拟补,促使我找到原刻图片及摹本想看看究竟。结果是,更加的无所适从,不仅未能卒读,甚至连字母也辨识不出一二,余下的只有茫然。现在伏案想来,这已是十多年前的事了。也正是从那时我专注起铭文来,如蒙童般从识文断字开始。所幸古典所当时已庋藏伍德黑德的《希腊铭文研究》,著录本则有希克斯与希尔的《希腊历史铭文导读》以及托德的《希腊历史铭文选》。这些藏书都是业师林公志纯(笔名日知)早年所购,借书卡上都还留有先生的签名!

从识字到试读铭文,其间收获良多。所习所得,结项及文库评审专家均提出过宝贵的意见与建议,令人感念。修改过程中,铭文学家 E.贝尔蒂博士的解惑答疑使本书避免了对意大利语著述的若干误读。图例的收集与处理则幸赖阴元涛博士、张楠博士、刘军博士、葛会鹏博士、郭子龙博士、周秀文女士、刘波博士等诸君相助才告完备。入选“国家哲学社会科学成果文库”后,中华书局学术著作编辑室罗华彤主任、编辑吴爱兰女士的真诚与耐心亦令人难忘。

其实我一直在想,若能亲自隶定一篇未经整理的古希腊铭文,残勒处能有所拟补,校勘记能多抒己见,那才是学有所成,方今呈正的仅仅是一份草就的课业而已,让人期待来日了。

2018 年 1 月 23 日

记于东北师范大学世界古典文明史研究所

图书在版编目(CIP)数据

古希腊铭文辑要/张强译注. —北京:中华书局,2018.3
(国家哲学社会科学成果文库)
ISBN 978-7-101-13093-5

Ⅰ.古…　Ⅱ.张…　Ⅲ.金文-研究-古希腊　Ⅳ.K885.457.34

中国版本图书馆 CIP 数据核字(2018)第 033500 号

书　　　名	古希腊铭文辑要	
译 注 者	张　强	
丛 书 名	国家哲学社会科学成果文库	
责任编辑	吴爱兰	
出版发行	中华书局	
	(北京市丰台区太平桥西里 38 号　100073)	
	http://www.zhbc.com.cn	
	E-mail:zhbc@zhbc.com.cn	
印　　　刷	北京瑞古冠中印刷厂	
版　　　次	2018 年 3 月北京第 1 版	
	2018 年 3 月北京第 1 次印刷	
规　　　格	开本/710×1000 毫米　1/16	
	印张 22½　插页 3　字数 280 千字	
印　　　数	1-2000 册	
国际书号	ISBN 978-7-101-13093-5	
定　　　价	128.00 元	